JÉSUS
selon
MAHOMET

GÉRARD MORDILLAT
JÉRÔME PRIEUR

JÉSUS selon MAHOMET

ÉDITIONS DU SEUIL / ARTE ÉDITIONS

Cet ouvrage a été édité
sous la direction de
Maurice Olender

Sauf indication contraire, les citations du Coran renvoient
à la traduction de Denise Masson
(Gallimard, 1967 ; « Bibliothèque de la Pléiade » ou « Folio classique »).

Les citations de la Bible sont empruntées
à la traduction de la Bible de Jérusalem (éd. du Cerf, 1998),
et celles du Nouveau Testament sont extraites de la TOB
(éd. du Cerf, 1976).

Pour la littérature des hadîths, on pourra se référer à la version intégrale bilingue
de *Sahîh Muslim* (six volumes), Al-Hadîth Édition, 2012,
et de *Sahîh al-Bukhârî* (cinq volumes), Al Qalam, 2009.

ISBN 978-2-02-117206-5

www.seuil.com
www.arte.tv

À la mémoire de notre ami
Pierre-Antoine Bernheim

L'obscure clarté du Coran

Au commencement était le Verbe.

Au commencement était Yahvé, puis il y eut Dieu le Père et enfin il y eut Allah, ultime figure d'un dieu unique à trois têtes, occupant le territoire céleste.

Au commencement il y eut Moïse – un berger –, puis Jésus – un guérisseur –, puis Mahomet[1] – un caravanier.

Au commencement il y eut trois dieux, trois prophètes, trois croyances auxquelles les hommes peuvent attacher plus d'importance qu'à leur propre vie.

Au commencement était la Torah, puis vinrent les évangiles et enfin le Coran, ultime production littéraire née du monothéisme.

Au commencement était la littérature.

Au commencement *est* la littérature comme elle est de tout temps et en tout lieu.

La littérature est toujours au présent dès que l'on cherche à y lire les commencements.

Première et immense littérature, la Bible hébraïque, cette histoire passionnelle d'un Dieu avec son peuple, contient

1. Nous adoptons ici la convention habituellement utilisée en français pour nommer Mahomet, plutôt que Muhammad ou Mohammed employés en arabe (tout en respectant évidemment l'emploi qui en est fait dans certaines des citations).

vingt-sept livres, tout autant que le Nouveau Testament qui prétendra la compléter et la parachever pour en faire l'Ancien Testament.

Venu en dernier, au VIIe siècle de notre ère, le Coran se substitue à l'Écriture juive et aux textes chrétiens ; c'est un livre unique qui contient tous les autres, les rappelle, les oublie, les périme. Par l'intermédiaire de l'ange Gabriel, Allah a révélé le Coran à Mahomet. C'est le Livre venu de Dieu pour les croyants, l'un de ses attributs, sa Parole.

Dès le début, ce récit dut être vivement contesté puisqu'on peut lire, à la sourate LXXXI, que le Coran lui-même est obligé de prendre la défense de Mahomet :

Je jure par les planètes qui glissent et qui passent ;
par la nuit quand elle s'étend ;
par l'aube quand elle exhale son souffle :
ceci est la Parole d'un noble Messager,
doué de force
auprès du Maître du Trône inébranlable,
obéi autant que fidèle !
Votre compagnon [Mahomet] n'est pas possédé !
Il l'a vu à l'horizon lumineux [Gabriel] ;
il n'est pas avare du mystère.
*Ceci n'est pas la parole d'un démon maudit (*LXXI, 15-25[1]*).*

Le langage nous enferme dans un piège subtil. On mentionne les paroles « révélées » à Mahomet comme on évoque dans le domaine chrétien l'« événement de la résurrection » ; comme si la « révélation » ou la « résurrection » étaient, objectivement, de l'ordre de l'histoire alors que la « révélation » comme la « résurrection » sont des événements théologiques

1. Les références au Coran seront signalées uniquement par le chiffre romain correspondant à la sourate et les chiffres arabes renvoyant aux versets.

qui engagent une position croyante. Sans présupposer la ou les sources d'inspiration du texte coranique, nous déprendre de cet acte de foi, et donc de cette convention de langage, est un préalable indispensable si l'on veut lire le Coran comme un livre, comme d'autres livres ; pour le lire autrement que comme un livre sacré.

Dans le Coran, un personnage soliloque tantôt avec sa voix, tantôt avec la voix de beaucoup d'autres, comme il arrive dans *Ulysse* de James Joyce. Voix bruissant de fables, d'espoirs, de peurs, de prières, de méditations, de reproches, d'invocations. Dieu s'adresse en personne au Prophète, exhorte son messager, le prend à parti, fait les questions et les réponses, détaille son argumentaire contre ceux qui doutent, lance des menaces et des anathèmes, promet le paradis à ceux qui croient en lui. Ce monologue intérieur proféré à voix haute place le lecteur dans une intimité parfaite avec celui qui parle.

Mais qui parle ?

Dieu, le Prophète ou sa communauté ?

Comment accepter que Dieu – même si l'on y croit – ait pu se perdre dans autant de détails concrets sur les olives, les abeilles ou la cosmogonie, qu'il ait pu ressasser les règles de pureté, les interdits alimentaires, les lois du mariage ou l'aide aux veuves déjà connues des textes anciens ? Comment l'être divin – dont le Coran affirme qu'il « connaît toute chose » (II, 29), qu'il « est puissant » (LVII, 2) et « réalise ce qu'il veut » (LXXXV, 16) – a-t-il pu abaisser sa parole à soutenir autant de polémiques, à dénoncer les « associateurs » ou ceux qu'il désigne à mots couverts comme les « hypocrites » ?

Avant de se considérer comme son porte-parole, Mahomet apparaît comme le témoin de Dieu, de sa miséricorde, de sa colère ; un témoin qui a pour mission de délivrer un message à ses compagnons et à ses disciples, à ses concitoyens de La Mecque qui ne veulent pas l'entendre, à ceux de Médine qui l'accueillent, sans songer peut-être aux Arabes des autres tribus de la Péninsule. Une parole prioritairement réservée à Mahomet ; un livre que seul un ordre divin l'autorise à révéler : « Lis au Nom du Seigneur qui a créé ! » (XCVI, 1).

Depuis que le texte a été mis par écrit, l'ordonnancement des pages du Coran défie la logique, égarant le lecteur dans la forêt des versets. « Je l'ouvris au hasard. Les caractères m'étaient inconnus. Les pages, qui me parurent assez abîmées et d'une pauvre typographie, étaient imprimées sur deux colonnes à la façon d'une bible. Le texte était serré et disposé en versets. À l'angle supérieur des pages figuraient des chiffres arabes. Mon attention fut attirée sur le fait qu'une page portait, par exemple, le numéro 40514 et l'impaire, qui suivait, le numéro 999[1] », écrit Borges. L'ordre chronologique des sourates nous échappe comme le principe même de leur succession de même qu'il est toujours impossible de reconstituer l'ordre selon lequel Pascal aurait publié ses *Pensées*. Le contexte historique et le contexte géographique du Coran s'avèrent quasi indécelables. L'unité du texte n'est assurée que par l'édition qui aplanit les aspérités et dissimule les hiatus, alors qu'un œil simplement attentif n'a aucune peine à déceler les répétitions, les doublons, les ruptures de sujet ou de ton, les contradictions, les apartés, les refrains, qui font de l'ensemble une rhapsodie, une vaste mosaïque.

À de nombreuses reprises, le Coran fait entendre à quels reproches Mahomet fut en butte. L'un d'eux revient, lancinant : celui d'avoir été un poète. « Il a dit : "Mon Seigneur connaît toute parole prononcée dans le ciel et sur la terre, il est celui qui entend et qui sait tout." Mais ils dirent : "Voici plutôt un amas de rêves qu'il a inventés lui-même. C'est un poète" » (XXV, 1). Et si, au lieu de contester cette critique comme l'implique le texte coranique, il fallait la prendre à la lettre pour déchiffrer

1. Jorge Luis Borges, *Le Livre de sable*, traduit par Françoise Rosset, Gallimard, « Folio bilingue », 1978, p. 271-273.

les entrelacs, les tournures d'expression, les énigmes, les allégories, les métaphores, les signes qui brillent d'un éclat noir dans le texte du Coran ? Rappelons-nous le grand historien de l'Antiquité Paul Veyne allant non sans crainte et tremblement rendre visite dans sa demeure à Réné Char pour essayer d'éclairer le travail du poète : « Quand on entendait René Char parler, faire oralement des brouillons, on était frappé de l'entendre reprendre bien vite sa première formule pour la rendre plus énigmatique. Il est donc croyable qu'à ses yeux l'obscurité ait été génératrice de poésie ; trop de clarté messied, la bienséance exige une certaine pénombre, qu'il appelle lui-même l'*élégance de l'ombre*[1]. »

L'injonction fondamentale du Coran – « Lis ! » – semble plus que jamais résonner fortement : nous devons lire, lire et relire, lire encore, lire toujours, comme nous cherchons à lire les livres majeurs de l'humanité ou les autres grands textes de l'Antiquité bien que nous n'en détenions plus le mode d'emploi. Lire le Coran à la fois comme un document d'histoire sur l'Arabie à la veille de l'islam et comme un monument littéraire dans le plus grand sens du mot.

Le Coran appartient à une autre culture. Il vient pour nous d'un autre temps, d'un autre monde où les modes de récit, les structures rhétoriques, les références à d'autres livres, l'importance des procédés de récitation orale relèvent de règles très différentes de celles qui ont prévalu en Occident. Aussi devons-nous accepter le Coran tel que nous le connaissons aujourd'hui, dans sa radicale étrangeté, mais tenter patiemment d'en découvrir les secrets comme les beautés.

Ce texte, souvent si opaque, toujours déroutant, porte en lui une sagesse, une musique, une vibration propres à l'arabe que la plus subtile même des traductions ne saurait, paraît-il, réussir à faire ressentir. Dès le premier paragraphe de sa préface à

1. Paul Veyne, *René Char en ses poèmes*, Gallimard, 1990.

l'édition du Coran traduit par Denise Masson, Jean Grosjean, le poète et traducteur de textes sacrés, alertait les lecteurs : « Un livre sacré s'adresse d'abord à ceux qui en savent la langue. Il la consacre, il la propage. Mais il ne peut s'empêcher de rayonner plus loin qu'elle. Alors commencent les traductions à leurs risques et périls.[1] »

1. In *Le Coran*, Gallimard, « Bibliothèque de la Pléiade », 1967, p. XI.

1
Jésus messager d'Allah

Le lecteur intrépide qui, « à ses risques et périls », s'aventure pour la première fois à lire le Coran a la surprise de voir Jésus, plus de six siècles après sa crucifixion à Jérusalem, refaire surface dans le texte saint des musulmans.

Dès le deuxième chapitre, la sourate II du livre de l'islam, Jésus apparaît comme un personnage toujours présent, une figure active, un enjeu qui demeure fondamental : « Nous avons, en vérité, donné le Livre à Moïse, et nous avons envoyé des prophètes après lui. Nous avons accordé des preuves incontestables à Jésus, fils de Marie et nous l'avons fortifié par l'Esprit de sainteté » (II, 87). Et quelques versets plus loin : « Dites : "Nous croyons en Dieu, à ce qui nous a été révélé, à ce qui a été révélé à Abraham, à Ismaël, à Isaac, à Jacob et aux tribus ; à ce qui a été donné à Moïse, et à Jésus ; à ce qui a été donné aux prophètes, de la part de leur Seigneur. Nous n'avons de préférence pour aucun d'entre eux ; nous sommes soumis à Dieu" » (II, 136).

Poursuivant sa lecture, le lecteur n'en finit d'être étonné. Dans le Coran, Jésus, figure fondatrice du christianisme, n'est pas n'importe qui. Il apparaît dans plus d'une dizaine de sourates, sous le nom d'Issa, *'Isâ ibn Maryam,* Jésus fils de Marie, *al-Masîh,* le Messie. Sa désignation s'accroît de titres de plus en plus considérables. Non seulement il est « messie », mais encore « messager de Dieu », « esclave de Dieu », « Verbe de Dieu » (en arabe *kalima,* équivalent du *logos* grec), « souffle de Dieu », selon le *rûh* divin intemporel. Plus encore, Jésus dans le Coran naît d'une vierge et apparaît comme le nouvel Adam, créé par Dieu sans intermédiaire mâle.

Un jour, Marie entendit les anges : « Ô Marie ! Dieu t'annonce la bonne nouvelle d'un Verbe émanant de Lui. Son nom est : le Messie, Jésus, fils de Marie ; illustre dans ce monde et dans la vie future ; il est au nombre de ceux qui sont proches de Dieu. Dès le berceau il parlera aux hommes comme un vieillard ; il sera au nombre des justes » (III, 45). Son destin exceptionnel est prédit dès l'origine.

Le texte ne porte pas autant d'attention à celui qui deviendra le prophète de l'islam, cité seulement quatre fois sous le nom de Mahomet (sourates III, XXXIII, LVVII, LVIII) et une fois sous celui, discuté, d'Ahmed (LXI, 6). Le Coran énonce sèchement : « Mahomet n'est qu'un prophète – des prophètes ont vécu avant lui » (III, 144).

Comparativement à Mahomet, Jésus émerge du Coran comme un personnage hors du commun, parlant dès sa naissance, faisant des miracles, insufflant la vie à des oiseaux d'argile, guérissant l'aveugle et le lépreux, ressuscitant les morts, ne mourant pas, s'élevant auprès de Dieu... À dire vrai pourtant, le Jésus coranique n'a pas la consistance d'un personnage de chair comme dans la littérature chrétienne, spécialement dans les évangiles. C'est bien davantage une silhouette dont on ne perçoit que les contours, la trace d'un personnage, parfois un être légendaire ou merveilleux, une ombre glorieuse, mais une ombre.

La crucifixion

Même si elle donne lieu à une évocation plus détaillée que d'autres épisodes de sa biographie, la crucifixion de Jésus apparaît sous un faux jour. Il est vrai que l'événement s'est produit à Jérusalem, à plus de mille kilomètres à vol d'oiseau de l'Arabie, longtemps auparavant.

Au milieu de la sourate IV, le Coran revient sur le sommet tragique de l'histoire du christianisme. Pourtant ce n'est pas une scène que l'on peut observer de près ni même un tableau qui est décrit, c'est juste une évocation qui surgit des brumes de la mémoire, le souvenir d'un souvenir.

Un récit dans le récit, ainsi que le Coran le pratique souvent.

Au verset 157, le Coran donne la parole à des témoins de premier plan ; à ceux-là même qui passent pour avoir été les acteurs de la mise à mort de Jésus. « Ils ont dit… » Comme bien souvent le texte demeure très allusif, n'évoquant au verset 153 que « les gens du Livre ». Le contexte permet alors de comprendre que ce sont les juifs qui sont incriminés sans la moindre ambiguïté par cette expression. Le texte ne précise pas si leurs propos sont ceux de personnes particulières dont le nom serait connu ou s'ils reflètent une opinion générale en circulation autour de Mahomet.

Selon le Coran, les juifs auraient affirmé :

« Nous avons tué le messie Jésus, fils de Marie » (IV, 157).

Aveu sidérant, revendication d'une très grande violence.

La crucifixion n'était certes pas un châtiment inconnu des juifs. L'historien juif Flavius Josèphe relate qu'Alexandre Jannée, roi asmonéen de Judée et grand prêtre de Jérusalem (103-76 av. J.-C.), fit crucifier huit cents pharisiens à Jérusalem… Mais à l'époque de Jésus, au Ier siècle de notre ère, sous Ponce Pilate, les juifs de Judée n'avaient nullement le droit de mettre à mort ; le *jus gladii* (le droit du glaive) était le privilège exclusif des autorités romaines d'occupation. La crucifixion était par excellence le « supplice servile » réservé aux esclaves qui se révoltaient contre leurs maîtres ; un mode d'exécution qui fut rapidement étendu aux autochtones des provinces de l'Empire condamnés pour des motifs politiques ou de droit commun.

Dans la tradition chrétienne, la crucifixion de Jésus est d'ailleurs l'un des deux points du récit où l'on peut avancer avec certitude que le texte touche à l'histoire, aux faits bruts. Quand les évangiles sont écrits, avant et après la première guerre juive contre Rome, c'est-à-dire entre 70 et 90 de notre ère, quarante à soixante ans après l'événement, les partisans de Jésus auraient tout intérêt à minimiser la responsabilité romaine dans sa mort et à accentuer, plus encore qu'ils ne le font, la culpabilité des autres juifs avec qui ils sont en conflit religieux. Or, ils ne le font pas parce que, précisément, la crucifixion, châtiment romain et non juif, est un fait incontournable. Il n'y a rien à faire, Jésus n'a pas été lapidé par les juifs comme les Romains toléraient qu'ils le fassent en cas de blasphème, mais il a été exécuté comme criminel politique, crucifié, quelle qu'ait été l'importance réelle de son atteinte à la paix romaine.

Les quatre évangiles canoniques rapportent bien que Jésus a été exécuté par les Romains après avoir été condamné à mort comme « roi des Juifs », c'est-à-dire pour rébellion et crime de lèse-majesté, des raisons d'ordre public. Ce motif de condamnation est le second point où la probabilité de toucher à l'histoire est quasi certaine. Cette dénomination « roi des Juifs » ne peut venir que de l'extérieur, des Romains. Les juifs ne se nomment pas « juifs » mais « Israël ». Si les juifs avaient été les bourreaux de Jésus, ils l'auraient condamné comme « roi d'Israël » pour dénoncer sa prétention à les gouverner au nom de Dieu. Choisir ce titre d'accusation aurait permis aux auteurs chrétiens des premiers temps d'incriminer les juifs de la façon la plus directe.

Une version juive de l'exécution de Jésus se trouve bien dans le Talmud, mais elle est largement réactive à l'essor du christianisme. « On rapporte : la veille de Pâque, on pendit Jésus. Quarante jours auparavant le héraut le précédait en annonçant : "On emmène Jésus de Nazareth pour le lapider en châtiment des chefs suivants : sorcellerie, séduction et égarement d'Israël. Quiconque a connaissance de quelque chose qui soit à sa décharge doit se présenter et plaider en sa faveur !" Mais on ne lui trouva rien qui soit à sa décharge et on le pendit la veille de Pâque » (Talmud Babylone,

Sanhédrin 43a)[1]. Ce récit bien postérieur aux évangiles indique clairement que si Jésus avait été condamné par les juifs pour blasphème – ce qui n'a pas été le cas – il aurait été lapidé avant d'être pendu au bois, conformément au protocole prévu par le Deutéronome à l'égard des criminels condamnés à la peine capitale : « Il sera mis à mort et tu le pendras au bois » (Dt 21,22-23). Du point de vue juif, le condamné ne doit pas mourir sur la croix, c'est son cadavre qui est « pendu au bois » et qui est l'objet d'une malédiction : « Maudit soit quiconque est attaché au bois » (Dt 21,23).

Le Coran connaît lui aussi le châtiment de la crucifixion. Ainsi à la sourate VII peut-on lire cette sentence prononcée par le Pharaon : « Je vous ferai couper la main droite et le pied gauche, puis je vous ferai tous crucifier » (VII, 124) ; ensuite à la sourate XII, puis aux sourates XX et XXVI, on trouve toujours le même scénario d'un châtiment infligé par le Pharaon à ceux qui refusent de renier leur foi. Mais dans la sourate V, le Pharaon disparaît. Les musulmans reprennent à leur compte le mode d'exécution contre ceux « qui font la guerre contre Dieu et son Prophète, ceux qui exercent la violence sur la terre : ils seront tués ou crucifiés ou bien leur main droite et leur pied gauche seront coupés ou bien ils seront expulsés du pays » (V, 33). De même que l'on peut lire dans le Deutéronome deux manières opposées de concevoir la crucifixion, les écoles juridiques musulmanes ne s'accordent pas sur l'interprétation à donner du verset 33 de la sourate V. Pour deux écoles sunnites, les malékites et les hanafites, il est prescrit de crucifier l'homme vivant – comme dans une version du Deutéronome retrouvée parmi les manuscrits de la mer Morte à Qumrân où l'on a pu lire cette variante : « S'il arrive qu'un homme rapporte contre son peuple et qu'il trahisse son peuple,

1. Dans Gustaf Dalman, *Jesus-Christ in the Talmud, Midrash, Zohar and the Liturgy of the Synagogue,* 1893, textes traduits et commentés par H. Laible, cité par Jean-Pierre Osier, *L'Évangile du ghetto ou comment les juifs se racontaient Jésus,* Berg International, 1984, p. 148.

enfin qu'il le livre à un peuple étranger et qu'il agisse mal contre son peuple, vous le pendrez sur le bois et il mourra. » Au contraire, les écoles chaféite et hanbalite prônent l'exposition du cadavre sur la croix après la mise à mort du condamné en obéissant à la prescription traditionnelle du Deutéronome.

Pour Abû Dâwûd (817-888), l'auteur de l'une des six collections de *hadîths,* les paroles et actions attribuées à Mahomet, le premier utilisateur de ce châtiment cruel aurait été le calife Omar ibn al-Khattâb (le deuxième successeur de Mahomet, mort en 644) afin de punir deux esclaves qui avaient prémédité l'assassinat de leur maîtresse. Pourtant, selon la plus ancienne source de hadîths et de préceptes juridiques, Mâlik ibn Anas (mort en 795) rapporte dans son *al-Muwatta',* pour fonder la légitimité du châtiment selon l'islam, que c'est Mahomet qui aurait été le premier à crucifier un homme à un arbre ; l'exégèse se montrant divisée quant à savoir si l'homme avait été crucifié vivant, ou seulement son cadavre par analogie au Deutéronome.

Quand le verset 157 affirme ensuite « ils ne l'ont pas tué, ils ne l'ont pas crucifié », on pourrait aussi l'interpréter comme le fait que Jésus n'a pas été tué par les juifs avant d'être crucifié. Le Coran témoignerait ainsi de sa très bonne connaissance de la Loi juive, ou du moins qu'il rapporte les propos de témoins qui se réfèrent avec exactitude au Deutéronome, même s'ils trahissent la vérité historique quant à la responsabilité de la mort de Jésus.

L'accusation chrétienne

L'accusation portée contre les juifs d'avoir tué Jésus n'est pas nouvelle.

Très vite, les juifs ont été considérés par les premiers chrétiens comme historiquement responsables de la mort de Jésus. Peut-être faut-il chercher l'origine secrète de cette accusation dans le nom du traître : « Cette âme qui, en haut, souffre la plus grande peine, dit mon Maître, est Judas Iscariote, qui a la tête dedans, et dehors agite les jambes » (Dante, *La Divine Comédie,* chant XXXIV). En hébreu, Judas (*Yehudah*) est un prénom mais c'est aussi le nom générique des juifs de Judée, les Judéens (*Yehoudi*). Pour les évangélistes, celui qui trahit Jésus se nomme *Yehudah* (Judas), le *Yehoudi* (Judéen) donc, par sophisme, les *yâoud* (les juifs).

Datée des années 50 de notre ère, dans la première épître aux Thessaloniciens (1 Th 2,14-15), l'apôtre Paul affirmait : « Ce sont ces juifs qui ont fait mourir le Seigneur Jésus et les prophètes, qui nous ont persécutés, qui ne plaisent point à Dieu, et qui sont ennemis de tous les hommes[1]. » Dans les Actes des Apôtres, au verset 24 du chapitre 2, l'auteur de ce récit des débuts du christianisme imagine un discours de Pierre cinquante ans après les événements : « [...] ce Jésus, vous l'avez pris et fait mourir en le clouant à la croix par la main des impies » ; c'est-à-dire par la main des soldats romains comme il est dit dans les évangiles de Marc, Matthieu, Luc et Jean. Douze versets plus loin, dans le même discours, on lit tout au contraire : « que toute la maison d'Israël le sache avec certitude. Dieu l'a fait Seigneur et Christ ce Jésus que vous avez crucifié », le pronom « vous » incriminant directement les Juifs.

Dans l'évangile de Pierre, récit non canonique écrit vers 180, les juifs outragent Jésus : « Ils le poussaient en courant et disaient : "Traînons le fils de Dieu, puisque nous le tenons en notre pouvoir" [...]. Ceux qui étaient présents lui crachaient à la face et d'autres lui frappaient les joues, d'autres le piquaient avec un roseau et certains le fouettaient en disant : "Par cet hommage, honorons le fils de Dieu." » Plus loin, ce sont les mêmes juifs qui le crucifient, tirent au sort ses vêtements et « accomplirent tout et accumulèrent les péchés sur leur tête[2] ». Au IIe siècle encore,

---

1. Mais il s'agit très probablement d'une interpolation tardive, voir notre *Jésus après Jésus. L'origine du christianisme,* Seuil, « Points Essais » n° 533, 2005, p. 231-252.

2. Évangile de Pierre, traduit et présenté par Éric Junod, dans *Écrits apocryphes chrétiens,* t. I, sous la direction de François Bovon et Pierre Geoltrain, Gallimard, « Bibliothèque de la Pléiade », 1997, p. 248-249.

vers 160-170, dans son *Homélie sur la Pâque,* l'évêque Méliton de Sardes, grand théologien d'Asie Mineure, exhorte les juifs : « Voici les paroles, ô Israël, que tu aurais dû crier à Dieu. Ô maître, s'il faut que ton fils souffre, et si telle est ta volonté qu'il souffre, mais pas par moi. Qu'il souffre par les gens d'une autre race, qu'il soit jugé par des gens circoncis, qu'il soit cloué par une main tyrannique mais par moi non[1]. » La main tyrannique n'est plus désormais celle des Romains, mais celle des juifs.

Méliton ira encore plus loin, osant écrire : « Celui qui est maître est outragé, celui qui est Dieu est assassiné, celui qui est le roi d'Israël est écarté par une main israélite. » Méliton fonde ici la théorie chrétienne du « peuple déicide ». Une théorie qui, du IIe siècle à nos jours en passant même par Alphonse de Lamartine, sera constamment soutenue par les chrétiens les plus intégristes, les plus antisémites : « Serions-nous donc pareils au peuple déicide / Qui, dans l'aveuglement de son orgueil stupide / Du sang de son Sauveur teignit Jérusalem ? » (Lamartine, *Harmonies poétiques et religieuses,* I, 6.)

Avec le temps, avec constance et opiniâtreté, les auteurs chrétiens vont métamorphoser leur propagande antijuive en réalité historique, comme Justin de Naplouse à la fin de son *Dialogue avec Tryphon* : « Maintenant encore, en vérité, votre main est levée pour le mal ; car, après avoir tué le Christ, vous n'en avez pas même le repentir ; vous nous haïssez, nous qui par lui croyons au Dieu et Père de l'univers, vous nous mettez à mort chaque fois que vous en obtenez le pouvoir ; sans cesse vous blasphémez contre lui et ses disciples, et cependant tous nous prions pour vous et tous les hommes sans exception[2]. »

Au IVe siècle, Éphrem le Syrien (v. 306-373) reprend l'Évangile de Pierre : « Pris de rage, ils l'ont revêtu, distribuant aussi ses

1. *Homélie sur la Pâque,* traduit par O. Perler, « À la naissance de la Parole chrétienne », *Cahiers Évangile*, 1991, p. 142.
2. Justin martyr, *Dialogue avec Tryphon,* 133, présenté par Jean-Daniel Dubois, traduit par G. Archambault et L. Pautigny, Migne, 1994.

vêtements purs. Ces scribes pleins d'orgueil se condamnaient eux-mêmes[1]. » Et dans l'hymne XX sur les azymes, c'est à nouveau qu'il répète : « Louange au Christ qu'en cette fête le peuple impie a fixé avec des clous. » L'affaire est entendue, saint Augustin (354-430), Jean Chrysostome (v. 344-407) (*Adversus Judaeos*), Jacques de Saroug (v. 450-521) (*Homélies contre les Juifs*) comme Isaac d'Antioche autour du ve siècle reprennent la même antienne : « Si les juifs t'avaient appelé alors qu'ils le crucifiaient au Golgotha, tu l'aurais transpercé par une autre lance en cherchant à le scruter[2] » (*Hymne sur l'incarnation*).

Le réformateur Martin Luther ne sera pas en reste, écrivant en 1543 dans son traité *Des Juifs et de leurs mensonges* : « Si nous voulons laver nos mains du blasphème des juifs et ne pas partager leur culpabilité, nous devons nous séparer d'eux » et « les conduire comme des chiens enragés[3] ». Le refrain antijudaïque n'a pas été inventé par l'acteur et réalisateur Mel Gibson ni par l'évêque négationniste Richard Williamson. Emboîtant le pas à Paul et aux Actes des Apôtres, les textes apocryphes puis les ouvrages des Pères de l'Église, ses docteurs, ses chantres iront de surenchère en surenchère dans l'accusation et la détestation des juifs jusqu'à la période contemporaine. Il faudra attendre 1963 pour que le pape Jean XXIII avoue dans une prière : « Pardonne-nous la malédiction dont nous avons injustement accablé les juifs. Pardonne-nous pour t'avoir, par notre péché, crucifié une seconde fois. »

Une fois encore, rappelons que Jésus, Marie, les apôtres, tous les premiers « chrétiens » étaient juifs, nés et morts sous la Loi

1. « Hymne sur la Crucifixion », traduit du syriaque par François Cassingena-Trévedy, dans *Hymnes pascales,* éd. du Cerf, « Sources chrétiennes », 2006.

2. Paul Féghali, « Isaac d'Antioche, une hymne sur l'incarnation », dans *Parole de l'Orient, revue semestrielle des études syriaques et arabes chrétiennes,* vol. 11, 1983, p. 213.

3. Édition critique par Pierre Savy, traduit de l'allemand par Johannes Honigmann, Honoré Champion, 2015, chap. III.

sans autre religion que celle du dieu d'Israël. En s'ouvrant à des non-juifs, le christianisme primitif (qui est un judaïsme) va changer de nature, s'affranchir d'Israël et se tourner vers Rome. Pour mesurer dans les textes eux-mêmes cet incroyable basculement de l'histoire, il n'y a qu'à observer l'évolution du personnage de Pilate à travers les évangiles canoniques : de juge impitoyable chez Marc (le plus primitif), il accède au statut d'avocat de la défense de Jésus dans l'évangile selon Jean (le plus tardif).

Les « craignant-Dieu », ces païens devenus majoritaires dans les communautés chrétiennes, vont peu à peu écarter parmi eux tous les juifs qui veulent reconnaître Jésus comme le Messie d'Israël tout en restant fidèles à la loi mosaïque. Ces juifs chrétiens constitueront alors une nébuleuse dont on désignera les membres du terme vague de « judéo-chrétiens », tandis que les autres formeront la grande Église, définitivement coupée de ses racines juives et, pis encore, ennemie déclarée du judaïsme, donné comme intrinsèquement meurtrier.

Le Coran répercute l'onde de choc de cette vieille accusation.

Malédiction d'Israël

À l'occasion d'une trentaine de versets, la sourate IV du Coran instruit à charge contre les juifs qui se sont écartés du chemin de Dieu, les maudissant, proclamant qu'ils seront châtiés sans merci pour leur prévarication, leur pratique de l'usure, leur impiété, etc. Une pyramide d'accusations au sommet de laquelle culmine la responsabilité d'avoir voulu crucifier Jésus. Le réquisitoire est sans appel, détaillé comme un inventaire.

Les juifs sont accusés d'avoir réclamé à Moïse de voir Dieu, d'avoir adoré le veau d'or, d'avoir rompu l'Alliance, d'avoir transgressé le sabbat et ignoré les commandements, d'avoir calomnié Marie, d'avoir tué les prophètes, d'être impies, mécréants et finalement d'être « des cœurs incirconcis » (IV, 155). Le même thème résonne dans la sourate « La Vache » : « Chaque fois qu'un prophète est venu à vous, en apportant ce que vous ne vouliez pas, vous vous êtes enorgueillis ; vous avez traité plusieurs d'entre eux de menteurs et vous en avez tué quelques autres » (II, 87). Dans la sourate « La Table servie », parmi d'autres accusations, le texte reproche aux juifs de se dire « fils de Dieu », de suivre des enseignements erronés : « Pourquoi leurs maîtres et leurs docteurs ne leur interdisent pas de pécher en paroles et de manger des gains illicites ? Que leurs œuvres sont donc exécrables ! » (V, 63).

Le début de la sourate V rappelle d'abord l'historique de l'élection des juifs puis leur trahison : « Dieu a contracté une alliance avec les fils d'Israël et nous avons suscité douze chefs parmi eux. Dieu a dit : "Moi, en vérité, je suis avec vous : Si vous vous acquittez de la prière, si vous faites l'aumône, si vous croyez, si vous croyez en mes prophètes et si vous les assistez, si vous faites à Dieu un beau prêt. J'effacerai alors vos mauvaises actions et je vous introduirai dans des jardins où coulent des ruisseaux." Celui d'entre vous qui, après cela, serait incrédule s'égarerait loin de la voie droite. Mais ils ont rompu leur alliance, nous les avons maudits et nous avons endurci leurs cœurs. Ils altèrent le sens des paroles révélées, ils oublient une partie de ce qui leur a été rappelé. Tu ne cesseras pas de découvrir leur trahison – sauf chez un petit nombre d'entre eux – Oublie leur faute et pardonne. – Dieu aime ceux qui font le bien » (V, 12-13). Venue de tous côtés, la condamnation des juifs semble irrémédiable, d'autant qu'ils sont même accusés par la sourate II d'inciter à l'apostasie : « Poussés par la jalousie un grand nombre des gens du Livre voudraient – bien que la Vérité se soit manifestée à eux – vous faire revenir à l'incrédulité après que vous avez eu la foi » (II, 109).

Les juifs eux-mêmes ont peut-être indirectement prêté le flanc à ces accusations si l'on considère que, depuis la nuit des temps, les réquisitoires contre Israël et son peuple constituent un genre récurrent dans la Bible hébraïque elle-même. Le prophète Osée s'emporte : « Ne te réjouis pas Israël ; ne jubile pas comme les peuples ; car tu as abandonné ton Dieu pour la prostitution ; tu as aimé le salaire sur toutes les aires de blés » (Os 9,1). Michée met en procès les commandants de la maison d'Israël pour avoir péché ; les formules sont assassines : « Vous qui haïssez le bien et aimez le mal » (Mi 3,2) ou « Vous qui exécrez la justice et qui tordez tout ce qui est droit » (Mi 3,9). Michée jure que « Yahvé leur cachera sa face en ce temps à cause des crimes qu'ils ont commis » (Mi 3,4) ; dans le chapitre 6, la liste des accusations et des reproches s'enfle encore : « Puis-je supporter une mesure fausse et un boisseau diminué, abominable ? Puis-je tenir pour pur qui se sert des balances fausses, d'une bourse de poids truqués ? » (Mi 6,10-11). Déjà, le Deutéronome faisait entendre cet avertissement : « Mais si tu n'obéis pas à la voix de Yahvé ton Dieu, ne gardant pas ses commandements et ses lois que je te prescris aujourd'hui, toutes les malédictions que voici t'atteindront » (Dt 28,15), suivi d'une impressionnante liste de fléaux qui s'abattront sur Israël « pour la perversité de [ses] actions, pour [l]'avoir abandonné » (Dt 28,20). Mais, aussi violents soient-ils, contrairement à ce qu'affirme le Coran, les prophètes ne sont pas mis à mort dans la tradition juive. Ils sont injuriés, chassés, bannis ; nul ne les écoute, on les raille, on les contredit, on les tance mais leur vie n'est pas en péril.

La tradition chrétienne, héritière autoproclamée des textes juifs, va récrire l'histoire des prophètes bibliques à son goût et à sa manière. Dans l'évangile de Matthieu, Jésus fulmine contre les « pharisiens hypocrites » : « Vous qui bâtissez les sépulcres des prophètes et décorez les tombeaux des justes, et vous dites : "Si nous avions vécu du temps de nos pères, nous n'aurions pas été leurs complices pour verser le sang des prophètes." Ainsi vous témoignez contre vous-mêmes : vous êtes les fils de ceux qui ont assassiné les prophètes ! » (Mt 23,29-31). Ce discours n'est qu'un début. À la suite des évangiles, toute une littérature chrétienne va se développer dans les premiers siècles pour gonfler jusqu'à la démesure cette accusation de crime contre les prophètes, comme Justin de Naplouse au milieu du IIe siècle : « Vous avez tué le juste et avant lui ses prophètes » (*Dialogue avec Tryphon,* 16, 4).

Plus tard, dans les *Vies des Prophètes* écrites à partir de traditions juives christianisées, on découvrira qu'Amos a été tué avec une massue par le fils du prêtre Amassia, Michée jeté d'un rocher, Isaïe scié en deux par Manassé, Jérémie lapidé en Égypte, Zacharie tué par le roi Zora, Ézéchiel tué à Babylone et ainsi de suite…

Un véritable catalogue de récits d'horreur.

La falsification des Écritures

De toutes les accusations contre les juifs, historiquement celle qui eut une portée majeure est sans conteste d'avoir falsifié les Écritures. Les juifs selon le Coran auraient déformé leurs textes saints et corrompu la parole de Dieu : « ils altèrent le sens des paroles révélées » (V, 41) ou « ceux d'entre eux qui étaient injustes substituèrent d'autres paroles à celles qui avaient été dites » (VII, 162). De ce point de vue, le Coran n'innove pas. Il se place ouvertement dans la droite ligne des auteurs chrétiens qui, de *L'Apologie* d'Aristide à l'*Adversus Judaeos* de Tertullien en passant par Justin, Méliton de Sardes et l'Évangile de Barnabé, formaliseront cette question[1]. Dans son *Dialogue avec Tryphon,* Justin discute avec un rabbin fictif, prétendant lui démontrer pourquoi et comment le christianisme est le véritable judaïsme (27, 4). Ce que le rabbin, aussi imaginaire soit-il, a

1. Voir Christine Bergano, « L'émergence de la théologie de la substitution dans les discours des Pères de l'Église », dans *Judaïsme, christianisme et islam,* Didier Devillez Éditeur/Institut d'études du judaïsme, Bruxelles, 2010.

forcément des difficultés à accepter : « Quoi donc ? dit Tryphon, vous êtes Israël ? » Pour Justin, c'est indiscutable, c'est une vérité établie, une vérité révélée : « Nous sommes la véritable race israélite » (135, 3). Les juifs sont disqualifiés pour n'avoir pas su lire que leurs Écritures annonçaient la venue du Christ à chaque ligne : « Vous êtes un peuple au cœur dur » (Ez 3,7), sot, aveugle, boiteux, « des fils qui n'ont pas la foi » (Dt 32,20), « Vous enseignez vos enseignements et non les siens ». Pour Justin, la Bible appartient à ceux qui savent l'interpréter et se laisser « persuader par elle » ; l'interprétation des juifs ne mérite aucun crédit (20, 3) car ils ne comprennent pas (34, 1).

Ces arguments se retrouveront sans exception dans le Coran. Comme s'y retrouveront ceux de Méliton, d'Éphrem le Syrien, de Jean Chrysostome et des Pères de l'Église.

Une chaîne de transmission court du Nouveau Testament et des autres écrits chrétiens jusqu'aux sourates coraniques. Les mêmes accusations, les mêmes malédictions circulent d'une tradition à l'autre comme une réserve sans fond d'où extraire ce qui sert sa cause.

L'Orient des chrétiens et des juifs

À l'époque de Mahomet (v. 570-v. 635), la péninsule Arabique est enclavée entre deux grands empires, l'Empire romain byzantin et l'Empire perse sassanide. Les Sassanides zoroastriens contrôlent l'Afghanistan actuel, l'Iran et l'Irak ; Byzance domine la Turquie, la Syrie, la Palestine et la Transjordanie, de petits royaumes semi-nomades et l'Égypte. L'Égypte, l'Éthiopie sont chrétiennes ; il y a des traces de christianisme en Iran et tout le long du golfe Persique. Quant au Yémen, le royaume oscille entre judaïsme et christianisme du IVe au VIe siècle.

Au VIIe siècle, le Hedjaz est une terre de commerçants qui sillonnent l'Arabie entre l'Iran et l'Éthiopie, entre le Yémen et Byzance. Si les caravanes transportent des marchandises, elles véhiculent aussi des récits, des savoirs, des croyances. Le commerce des biens va avec le commerce des idées. Vivant sur un territoire pris en étau entre des royaumes chrétiens et juifs, Mahomet et son entourage héritent en fait de six siècles de polémiques plus ou moins affirmées, plus ou moins diffuses. Comme ses compagnons, Mahomet entend les récits chrétiens de la crucifixion et, probablement, les prend au pied de la lettre, les adoptant ainsi que la plupart des auditeurs de son temps, ironie de l'histoire, comme « parole d'évangile ».

Mais les juifs honnis seraient-ils, comme ils le furent souvent dans le christianisme, des juifs imaginaires ?

« Si les sources rabbiniques ignorent presque totalement l'existence du judaïsme en Arabie ou d'une forme spécifique de judaïsme, si les sources grecques et syriaques ne mentionnent guère la présence juive, sauf dans le royaume de Himyar (Yémen) entre le début du IVe et la fin du Ve siècle, plusieurs historiens arabes entre les IXe et XIe siècles font état de la présence du judaïsme en se livrant, d'après l'étude de la généalogie tribale, à un recensement des religions pratiquées dans les tribus arabes à la veille de l'islam. Il apparaît que le judaïsme est solidement ancré au nord-ouest de l'Arabie et au sud-ouest de la Péninsule, au Yémen. Ce judaïsme a des adeptes dans plusieurs tribus du Hedjaz, notamment dans la fédération à laquelle se rattache la tribu de Quraysh, celle de Mahomet[1]. »

À Médine plus précisément, les sources musulmanes semblent reconnaître à côté de deux tribus dites païennes l'existence de trois grandes tribus juives (Banû Qaynuqâ', Banû Nadîr et Banû Qurayza), les unes et les autres étant des tribus arabes. Mais leur identification demeure toujours problématique – ainsi ces trois noms n'apparaissent pas dans la charte de Yathrib que

1. Voir Christian Julien Robin, « Quel judaïsme en Arabie ? », p. 15-295, dans Christian Julien Robin (éd.), *Le Judaïsme de l'Arabie antique* (Judaïsme antique et origines du christianisme, I), Brepols, 2015.

Mahomet aurait édictée mais, plus tard, dans le livre des *Expéditions* d'Al-Wâqidî (745-822). Il semblerait que ces tribus juives – en tout ou en partie – aient constitué la seule population sédentaire, se livrant essentiellement à l'agriculture et à l'artisanat, et que par leur intermédiaire soient arrivées dans l'islam un certain nombre de pratiques religieuses : la prière en direction du Temple unique, le pèlerinage, la circoncision, les règles de pureté rituelles, l'aumône, les interdits alimentaires.

Si l'on connaissait la chronologie de la composition des sourates, on pourrait tenter de reconstituer l'évolution de Mahomet vis-à-vis des juifs. Aller de la période des premières années à La Mecque, pendant lesquelles le Prophète, selon la phraséologie islamique, aurait « beaucoup espéré des juifs », aux tensions puis à la rupture qui se produisent à Médine lorsque les juifs sont qualifiés d'« hypocrites » – comme les pharisiens le furent par l'évangile de Matthieu : « Malheur à vous, scribes et pharisiens hypocrites, parce que vous fermez au nez des hommes le royaume des cieux ! » (Mt 23,13). À l'origine, la communauté juive médinoise s'est peut-être réjouie de voir Mahomet partager son monothéisme absolu. Mais, dans un second temps, elle a dû résister à son assurance et à sa prétention de définir la bonne interprétation des messages divins quand Mahomet – sans être juif lui-même – a prétendu la rallier à sa cause et se faire reconnaître comme prophète par le premier peuple du Livre.

On peut facilement deviner que les juifs de Médine n'ont pas dû être immédiatement convaincus par le zèle du néophyte ni par son ambition à leur donner des leçons d'interprétation et d'exégèse du texte biblique. « Les juifs ont dit : "Uzaïr est fils de Dieu", les chrétiens disent : "Le Messie est fils de Dieu." Telle est la parole qui sort de leurs bouches. Ils répètent ce que les incrédules disaient avant eux. Que Dieu les anéantisse ! » (IX, 30). Comme le fait bien comprendre Jacqueline Chabbi, « les juifs médinois ne voulurent jamais retrouver le passé de leurs mythes dans la version coranique des histoires de prophètes bibliques, celles de Moïse, Abraham, Noé. Depuis beau temps ces histoires leur étaient contées dans leurs propres textes sacrés. Elles continuaient de l'être dans leur mémoire traditionnelle, transmises de bouche en bouche, à travers les versions bien différentes de celles, nouvelles venues, que leur proposait le Coran. Celui-ci atteint d'ailleurs à un sommet du paradoxal. L'opération d'appropriation qu'il pratique se fait au nom d'un mythe de fidélité à un passé dont l'autre se réclame mais dont il se trouve dans les faits complètement dépossédé. De quelque côté qu'il se tourne, "l'autre" n'a alors le choix que de trahison. Il trahit la foi qu'on met en lui en ne voulant pas se reconnaître dans le regard qui est porté sur lui à travers son passé déconstruit[1] ». À Médine, l'exaspération des juifs dut être intense face à ce vol des ancêtres[2].

Un récit des origines

Il faut citer intégralement ce qu'écrit un intellectuel musulman comme Soheib Bencheikh, qui éclaire la situation historique des commencements d'une lumière singulièrement vive : « Aux premiers temps de l'islam, à l'époque mecquoise, et quelques années durant le vécu du Prophète à Médine, non seulement Mahomet incitait ses disciples à ressembler aux juifs et à imiter leur comportement, mais il cherchait une fraternisation entre eux et les nouveaux croyants d'origine goï. Tous, ensemble, priaient un seul Dieu avec chaleur et ferveur en direction de Jérusalem. L'ambition de cet Arabe était que Sassanides et Byzantins devaient impérativement céder leur place au grand monothéisme renouvelé. Une fois à Médine où le contact est

1. Jacqueline Chabbi, *Le Seigneur des tribus. L'islam de Mahomet,* Noêsis, 1997, p. 60-61.

2. Selon le concept développé par Pierre Geoltrain à partir de Nietzsche dans « Le Vol des ancêtres ou comment procéder à une captation d'héritage », dans *Annuaire EPHE, Section des Sciences religieuses,* t. 104, 1994-1995, p. 17-32.

devenu permanent avec de grandes communautés juives, la majorité d'entre elles refusa alors de le suivre, et *on peut le comprendre* [c'est nous qui soulignons]. Ce refus s'explique probablement par le fait que le Prophète n'appartenait pas à la lignée davidique. Pire encore, Mahomet n'était ni juif ni même prosélyte. Il ne pouvait faire valoir une filiation avec aucun des patriarches des douze tribus d'Israël. Pour les juifs, la prophétie ainsi que le messianisme ne pouvaient se produire que parmi l'un des leurs, comme en attestent les textes vétérotestamentaires. Le Prophète, surpris puis déçu, revint dans la prière, une révélation à l'appui, en direction de son sanctuaire ancestral de La Mecque[1]. »

C'est à ce moment, en l'an 2 de l'hégire (l'ère musulmane, dont le commencement a été fixé le 2 septembre 622), que l'orientation de la prière ne fut plus comme auparavant la direction de Jérusalem mais celle de La Mecque et de la Kaaba. « Nous n'avions établi la Qibla [le sanctuaire] vers laquelle vous vous tourniez que pour distinguer ceux qui suivent le Prophète de ceux qui retournent sur leurs pas. C'est, vraiment, un grand péché, sauf pour ceux que Dieu dirige [...]. Nous te voyons souvent la face tournée vers le ciel ; nous t'orienterons vers une Qibla qui te plaira. Tourne donc ta face dans la direction de la Mosquée sacrée » (II, 143-144).

Peut-être faudrait-il discuter certains détails de ce récit religieux – comme on dit « récit national » –, mais tel quel il résume très clairement le face-à-face de Mahomet avec le judaïsme. Il faudrait sûrement rapprocher le comportement de ce dernier avec celui de l'apôtre Paul ? La fascination première pour le grand schéma monothéiste éprouvée par Paul ne reçut aucune reconnaissance de la part des juifs de son temps. L'apôtre, accusé par les ébionites d'être un prosélyte – c'est-

1. Soheib Bencheikh, « Existe-t-il dans l'Islam une théologie de la falsification ? », dans *Judaïsme, christianisme et islam, op. cit.*, p. 121.

à-dire un païen converti au judaïsme –, éprouva ce qu'on pourrait appeler un profond dépit, si le terme n'était trop connoté psychologiquement. En tout cas ces accusations provoquèrent sa rupture avec le judaïsme ; rupture d'autant plus profonde que le fonds commun des thèmes et des valeurs partagés était proche. Dans le cas de Paul, ce mouvement entraîna la fondation théologique du christianisme comme religion dissociée du judaïsme ; qui plus est comme *Verus Israël,* comme véritable Israël, comme véritable judaïsme[1].

Rapporté au cas de Mahomet, on comprend mieux pourquoi Jésus est le point focal du différend avec les juifs ; pourquoi Mahomet a objectivement tout intérêt à accuser les juifs d'avoir voulu tuer Jésus ; pourquoi Jésus le juif du Ier siècle en rupture avec le judaïsme de son temps est le prototype de la rupture de Mahomet avec les rabbins du VIIe siècle. Pourquoi en somme ce juif crucifié à Jérusalem vers l'an 30 de notre ère compte tellement pour cet Arabe de La Mecque six cents ans plus tard.

De débat en dispute, de leçon en injonction, de polémique en anathème, Mahomet acquerra peu à peu la certitude que les tribus juives ne pourront jamais être ses alliées. À ses avances, à ses appels, à ses prières, le Prophète ne recevra que des moqueries comme réponse de « ceux parmi lesquels le Livre a été donné avant vous » (V, 57). Il ne pourra alors que se lamenter et mettre en garde ses partisans contre les juifs : « Ô vous qui croyez, ne prenez pas pour amis ceux qui considèrent votre religion comme sujet de raillerie et de jeu ! » (V, 57).

Quand la rupture sera irrémédiable, les invectives contre les juifs ne se limiteront pas au plan verbal, elles se traduiront en actes. Les recueils de hadîths, les deux recueils les plus res-

1. Voir le livre capital de Marcel Simon, *Verus Israël,* « Étude sur les relations entre chrétiens et juifs dans l'Empire romain (135-425) », 1948, éd. de Boccard, 1983.

pectés étant l'œuvre de Bukhârî (809-870) et de Muslim (816-876)[1], les paroles et les histoires du Prophète mises par écrit ultérieurement se feront l'écho d'une véritable haine des juifs, d'une jouissance à croiser le fer et à faire couler le sang : « Vous combattrez les juifs et aurez le dessus sur eux de sorte que la pierre dira : Ô musulman ! Voici un juif caché derrière moi, viens le tuer » (Bukhârî, n° 3593). Dans les paroles prêtées au Prophète, des dizaines de cris de guerre, de jugements définitifs, de récits de massacres de juifs lui sont attribuées : « Aucun musulman ne mourra sans qu'Allah n'admette à sa place un juif ou un chrétien dans le feu de l'enfer » (Muslim, n° 6666), « il viendra des gens parmi les musulmans le jour de la résurrection avec des péchés aussi lourds qu'une montagne, Allah les pardonnera et il mettra à leur place les juifs et les chrétiens » (Muslim, n° 6668).

Ces textes, transmis par une chaîne de témoins pendant près de deux cents ans après la mort de Mahomet, ne sauraient prétendre à l'histoire. Mais avec le temps, pour les croyants, ces anathèmes, ces malédictions, ces menaces se calcifieront en vérités historiques comme s'ils émanaient sans conteste de Mahomet lui-même. Leur « canonisation » va leur conférer une autorité immense et gauchir profondément la lecture qui sera faite du Coran apparu près de deux siècles plus tôt. Ce qui à l'origine n'avait qu'une portée conjoncturelle, liée à une situation historique précise, va devenir, hors de tout contexte, une vérité intangible.

L'antijudaïsme

Il faut donc distinguer trois temps dans la réception et l'interprétation qui a pu être donnée des versets hostiles aux juifs dans le Coran. Le premier temps, celui de l'élaboration du texte au VIIe siècle avec ses enjeux ponctuels et ses perspectives locales ;

1. Voir chap. 3.

puis un deuxième temps, deux siècles plus tard, avec l'apparition du *Hadîth* – les recueils d'actes et de paroles du Prophète et de la *Sîra an-nabawīya* – la biographie du Prophète – qui, longtemps après la mort de Mahomet, explique, complète et développe ce que le Coran infère et aggrave les accusations portées contre les juifs ; enfin un troisième temps, une très longue période qui va du Moyen Âge jusqu'à nos jours où s'exerce un usage subséquent des textes contre les juifs, une instrumentalisation idéologique et politique oublieuse de l'histoire.

Dans un mouvement très comparable à celui qui irrigue l'histoire du christianisme, les musulmans passeront ainsi d'un antijudaïsme religieux à un antijudaïsme ethnologique, puis glisseront de l'antijudaïsme vers l'antisémitisme au sens moderne du terme. Les juifs, incarnant ontologiquement le Mal, deviendront unanimement les ennemis de l'islam. « En avril 2002, le cheikh saoudien Abd El-Rahman al-Sudayyis, imam et prédicateur à la mosquée Al-Harâm, c'est-à-dire la mosquée de la Kaaba à La Mecque, premier lieu saint du monde musulman, déclarait dans un sermon : "Lisez l'histoire et vous comprendrez que les juifs d'hier sont les ancêtres malfaisants des juifs d'aujourd'hui, une descendance malfaisante composée d'infidèles qui déforment la parole (de Dieu), d'adorateurs du veau, d'assassins des prophètes, de négateurs des prophéties[1]..." » Au cours des siècles, les critiques circonstancielles que Mahomet a pu adresser aux juifs de Médine se sont transformées en armes contre le judaïsme et les juifs, chacun y trouvant les appuis textuels nécessaires à l'expression d'une haine d'Israël alimentée par les conflits contemporains. « Ô nation de l'islam, aujourd'hui nous nous trouvons en plein conflit avec nos ennemis d'hier, d'aujourd'hui et de demain : la descendance des (trois tribus juives de Médine) Banû Qaynuqâ', Banû Nadîr et Banû Qurayza sur lesquelles reposera la malé-

1. Cité par Joël Kotek, « Dérives médiatiques de la théologie de la falsification », dans *Judaïsme, christianisme et islam, op. cit.*, p. 129.

diction d'Allah jusqu'au Jour du Jugement[1]. » On touche là à ce que la décontextualisation des textes peut avoir de plus atroce.

À l'origine, le texte sacré des musulmans est pourtant loin d'être univoque vis-à-vis du judaïsme, ne serait-ce que parce que la plupart de ceux qu'il considère comme prophètes et qu'il vénère sont issus de la Bible hébraïque : Adam (considéré par le Coran comme le premier prophète), Noé, Abraham, Moïse, par excellence le modèle de Mahomet, et Jésus… Mais le Coran tient à opérer des distinctions parmi les juifs : « Tous ne sont pas semblables : il existe, parmi les gens du Livre, une communauté droite dont les membres récitent durant la nuit les Versets de Dieu » (III, 113). Dans le Coran, les juifs sont aussi célébrés comme « enfants d'Israël » (*Banî Isrâ'îl*), le peuple élu par Dieu « parmi tous les peuples de l'univers » (XLIV, 32) ; un peuple où se levèrent de nombreux prophètes : « Souvenez-vous de la grâce de Dieu à votre égard, quand il a suscité parmi vous des prophètes ; quand il a suscité pour vous des rois ! Il vous a accordé ce qu'il n'avait donné à nul autre parmi le monde ! » (V, 20).

À s'en tenir aux versets parfois très hostiles aux juifs, parfois très favorables, le Coran est à l'origine sans doute moins antijudaïque qu'antirabbinique. C'est-à-dire qu'il conteste fondamentalement l'interprétation de la Torah par les rabbins comme l'a fait, à partir de la réforme du judaïsme à Yavné, à la fin du Ier siècle, le courant chrétien du judaïsme, marginalisé puis exclu par les pharisiens détenteurs du pouvoir religieux en Palestine.

Rhétorique

Les auditeurs de Mahomet n'ignorent pas que les juifs n'ont en aucun cas tué Jésus. Mais le Coran veut jouer d'un décalage avec la réalité, connue et indéniable. Il s'agit d'un double dis-

1. *Ibid.*

cours, pour signifier que, malgré tout, malgré l'évidence, les juifs sont responsables de la mort de Jésus : leur crime existerait, ne serait-ce que par intention. Les juifs auraient bien aimé avoir tué Jésus, semble dire le texte, mais ils ont pris leur désir pour la réalité.

Formulons une autre hypothèse. Supposons qu'à l'époque de Mahomet les juifs de la région aient, par vantardise, par provocation, voire par ignorance, réellement revendiqué d'avoir été les auteurs de la crucifixion. Pourquoi s'en seraient-ils réjouis ? Simplement parce qu'au début du VIIe siècle le messie Jésus dont parle le Coran n'est plus le prophète galiléen, le juif rebelle, mais le Christ en gloire qui règne à travers tout l'Empire romain jusqu'à Constantinople, jusqu'en Orient.

Dernière suggestion : les juifs se seraient volontairement noircis pour s'opposer à Mahomet, à ce nouveau prophète qui leur semblait, à juste titre, si favorable à Jésus. Cela aurait été une manière à peine voilée de le menacer, signifiant de manière indirecte qu'ils n'hésitaient jamais à faire taire ceux qui leur apparaissaient comme de faux prophètes.

Pourtant, aussitôt après avoir laissé les juifs s'accuser eux-mêmes de la mort de Jésus, le texte du Coran réfute cette prétention : « Ils ne l'ont pas tué, ils ne l'ont pas crucifié » (IV, 157), affirme-t-il catégoriquement. Est-ce une manière de clore la question ? Ou d'ajouter aux charges de l'accusation celle du mensonge ? Manière d'indiquer que les juifs ne reculent devant rien, qu'ils sont prêts à trahir la vérité, de même qu'ils ont été accusés d'avoir répandu sur Marie « une horrible calomnie » (IV, 156). Serait-ce à dire que leurs bouches mêmes sont empoisonnées ? Le texte n'en dit pas davantage, sauf qu'on ne peut exclure qu'il murmure ces sous-entendus.

La revendication des juifs dans la sourate IV ne résulte évidemment pas d'un enregistrement d'époque, ne remontant d'ailleurs ni au Ier siècle ni au VIIe. Le Coran n'est pas davantage une chronique que ne l'ont été les controverses des apologètes chrétiens. Pas plus que le *Dialogue avec Tryphon* ne reflète une dispute réelle qui aurait eu lieu entre un chrétien et un rabbin du IIe siècle, pas plus le Coran ne reproduit ce que des juifs du VIIe siècle – des Arabes juifs de Médine – auraient déclaré ou auraient pu déclarer à Mahomet.

Revenons une fois encore au texte de la sourate IV concernant la prétention des juifs d'avoir crucifié Jésus. « Ils ont dit : “Oui, nous avons tué le Messie Jésus, fils de Marie, le Prophète de Dieu” » (IV, 157). Non seulement, que ce soit de bonne ou de mauvaise foi dans sa propre logique, le Coran travestit l'histoire, mais le texte opère un tour de vis supplémentaire : il fait porter par les juifs l'aveu même de leur crime, d'un crime qu'ils n'ont pas commis. L'aveu renforce évidemment la crédibilité du propos : le crime est d'autant plus irrécusable qu'il est avoué par les criminels eux-mêmes ; ce qui ne devrait pas manquer d'alerter le lecteur moderne, tellement l'autocritique est un genre dont le XXe siècle a prouvé les limites.

Dans le Coran, il s'agit d'un procédé rhétorique assez classique auquel de nombreuses sourates ont recours, multipliant les occasions de s'exprimer sous la forme d'un contre-discours[1] qui laisse à l'autre la responsabilité de ses paroles. C'est un procédé qui permet à la fois de dire et de ne pas dire. Le Coran aime mettre dans la bouche de ses adversaires des paroles qu'ils ne sauraient avoir prononcées, du moins en ces termes.

Si des juifs de Médine s'étaient vantés, ne serait-ce que pour narguer Mahomet et les siens, d'avoir tué Jésus, ils n'auraient pas manqué d'insulter sa prétention à la royauté, de se moquer de sa bâtardise, de le diffamer, de l'accuser au moins – comme dans le Talmud – d'avoir « trompé Israël », d'être un faux messie, un faux prophète dont aucune des prophéties ne s'est réalisée, un magicien égyptien, un charlatan. Au lieu de quoi le Coran leur fait proclamer les titres de gloire de Jésus, comme dans les évangiles ses adversaires sont amenés plus d'une fois à

1. Voir Mehdi Azaiez, *Le Contre-discours coranique*, De Gruyter, 2015.

exprimer ce que ce dernier ne veut ou ne peut reconnaître ouvertement. Ainsi dans l'évangile selon Jean, Pilate demande-t-il à Jésus : « Tu es donc roi ? » Ce à quoi ce dernier répond : « C'est toi qui le dis que je suis roi » (Jn 18,37), de même dans l'évangile de Marc, le centurion qui l'a exécuté déclare devant la croix : « Vraiment cet homme était le fils de Dieu » (Mc 27,54).

Dans le Coran, ce rôle de composition est dévolu aux juifs qui, à leur corps défendant, participent activement à l'identification de la figure de Jésus. Dans le verset 157, les voici requis pour proclamer, selon les termes mêmes du Coran, la place éminente que Jésus occupe dans le plan divin mais aussi pour en tracer les limites. Jésus est « Fils de Marie » et non pas « Fils de Dieu », « Messie » et non pas « Christ », « Envoyé de Dieu » et non pas « roi ».

2

La ruse de Dieu

Les juifs – contre l'histoire – prétendent avoir mis Jésus à mort, mais…

Dans le Coran il y a un *mais*.

Un *mais* qui introduit un correctif, et de taille : « *Mais* ils ne l'ont pas tué, ils ne l'ont pas crucifié, cela leur est seulement apparu ainsi » (IV, 157).

Le prophète de l'islam aurait-il cru que le prophète juif n'était pas mort crucifié ; que Jésus était toujours vivant comme on peut lire dans l'évangile de Luc : « Pourquoi cherchez-vous le vivant parmi les morts ? Il n'est pas ici, il est ressuscité » (Lc 24,5). Le Coran touche ici au nerf du christianisme, à ce qu'on appelle en terme technique le kérygme, le noyau dur de la profession de foi chrétienne : Jésus est né, il est mort, il est ressuscité. Si le verset se contentait d'annoncer : « ils ne l'ont pas tué », on pourrait croire que Mahomet est plus ou moins chrétien, acceptant la résurrection du Christ quelles qu'en soient les modalités théologiques ; et l'on sait qu'elles ont fait débat dans le christianisme primitif. Contre ceux qui niaient la résurrection – y compris à l'intérieur du mouvement des disciples de Jésus – dès les premiers temps, toute la dogmatique chrétienne a soutenu avec force que Jésus était vivant malgré son exécution sur le « bois de malheur ». Mais le Coran redouble sa première proposition et insiste, affirmant : « ils ne l'ont pas crucifié ». Dès lors, comment parvenir à dépasser la contradiction entre l'affirmation de la résurrection et la négation de la crucifixion ?

La position semble intenable.

Dès les années 55, dans la première épître aux Corinthiens, Paul a donné le *la* de la réponse chrétienne : « Le langage de la croix est folie pour ceux qui se perdent, mais pour ceux qui sont en train d'être sauvés, pour nous, il est puissance de Dieu [...]. Nous, nous prêchons un messie crucifié » (1 Co 1,18 et 23). Quant à Ignace, l'évêque d'Antioche, l'un des premiers Pères de l'Église, il écrit vers l'an 100, dans sa Lettre aux Philadelphiens, une formule qui fera date : « Mes archives à moi, c'est Jésus Christ, mes archives inviolables, c'est sa croix, sa mort, sa résurrection, et la foi qui vient de lui[1]. »

La grande illusion

Le Coran préfère suivre une tout autre voie.

Le verset 157 de la même sourate IV dément que Jésus ait été crucifié par les juifs : « cela leur est seulement apparu ainsi ». Cette petite phrase recèle l'un des points les plus vertigineux de la traduction et de l'interprétation du Coran, le pot au noir de la navigation exégétique. Elle a donné lieu à d'innombrables commentaires de la part des savants musulmans à partir de la période médiévale jusqu'à nos jours. Au XXe siècle, le chercheur saoudien Al-Qâsimi y a consacré à lui seul soixante-dix pages de ses *Commentaires*. Comme si le texte lui-même avait par avance deviné l'ampleur du problème qu'il ne manquait pas de faire naître, le Coran ajoute aussitôt à la fin du même verset 157 : « Ceux qui sont en désaccord à son sujet restent dans le doute ; ils n'en ont pas une connaissance certaine ; ils ne suivent qu'une conjecture ; ils ne l'ont certainement pas tué. » Preuve de l'ambi-

1. Philadelphiens, 8, 2, dans *Les Évêques apostoliques*, traduit et présenté par Adalbert-Gauthier Hamman, Migne, 2000, p. 142.

guïté même de l'exégèse interne au Coran, Jacques Berque a proposé une traduction plus radicale de ces deux lignes en écrivant : « Ceux qui là-dessus controversent ne font qu'en douter, sans avoir en l'espèce d'autre science que de suivre la conjecture. » Ou encore le traducteur Sadok Mazigh qui propose : « Ceux qui disputèrent ensuite de sa mort sont demeurés en doute à son sujet ; ils s'en tenaient pour toute science à des conjectures. »

Le vrai cœur du problème tient dans l'expression arabe *« wa lâkin shubiha lahum »* qu'emploie le texte arabe du verset. Denise Masson – dont la traduction du Coran, quoique non confessionnelle, a été agréée par plusieurs autorités musulmanes et notamment la mosquée du Caire – adopte un point de vue qui paraît, au vu des difficultés posées par le texte, volontairement neutre, y traduisant l'expression problématique par « cela leur est apparu ainsi ». Cela permettrait de comprendre pourquoi Jésus n'a pas été crucifié – selon le texte – quand bien même les acteurs de son exécution – ici les juifs – auraient prétendu l'avoir mis à mort.

Quand Hamza Boubakeur traduit la phrase par « Ils ne l'ont point tué ni crucifié. Ce n'était qu'un faux-semblant », René Khawam écrit : « Ils ne l'ont pas tué, ils ne l'ont pas crucifié, mais quelque chose de semblable leur est apparu. » Selon Jacques Berque, « l'illusion les en a possédés [...]. Ils ne l'ont pas tué en certitude ». Mohammad Ali, qui a traduit le Coran en anglais, a choisi comme solution de dire : « La chose a été rendue ambiguë pour eux. » Sadok Mazigh va un peu plus loin dans la transposition : « Non, ils ne l'ont pas tué ni ne l'ont crucifié mais furent le jouet d'une illusion », écrit-il.

Quelle sorte d'illusion ?

Le terme arabe *« shubiha »,* rappelle Jacqueline Chabbi, est de la même famille philologique que le mot « mirage ». L'Arabie est une terre de mirages où l'on se méfie plus de ce que l'on voit que de ce que l'on entend. La vue n'y est pas sûre. Le supplice de la croix n'est pas nécessairement ce que l'on croit voir, dit le

Coran, comme si quelque chose d'autre s'était produit et qu'il fallait détromper ceux qui avaient été abusés par leurs sens, victimes des apparences.

Mais pourquoi tant de divergences pour déchiffrer ce passage ?

C'est que le verbe est au parfait de la troisième personne du singulier masculin, un passif de la deuxième forme, et qu'il est lisible en arabe soit à la forme pronominale, soit de façon impersonnelle. Comme dans toute la linguistique arabe, à partir des trois consonnes construisant la racine du verbe, il faut identifier le sujet du verbe. Dans un cas, le verbe aurait ici le sens d'*apparaître,* mais dans la seconde forme ce serait de *faire apparaître.* Pourquoi cette différence ? Si le passif est employé de façon impersonnelle, c'est l'opération elle-même qui est le sujet de la phrase. C'est-à-dire ce qui se passe ou ce qui est censé se passer sur la croix. « Cela leur est apparu ainsi. » Mais en même temps comme le verbe est un passif masculin singulier, il peut alors signifier aussi bien « on leur a fait apparaître ».

Autrement dit, toute la question tourne autour de savoir si le hiatus se situe entre l'interprétation que les juifs se font de l'épisode de la crucifixion et ce qui s'est passé ou bien entre la perception visuelle des témoins et ce qui a réellement eu lieu. Uniquement sur la base de cette analyse grammaticale, des exégètes ont pu déduire que si le sujet de l'action, la troisième personne du singulier, est Jésus, c'est ce dernier qui a provoqué la transformation. Seule l'apparence de Jésus aurait été concernée par la scène de la crucifixion, non pas Jésus lui-même.

L'ombre du Christ

Ancien haut fonctionnaire auprès du calife omeyyade, Jean de Damas (connu aussi comme Jean Damascène), auteur chrétien d'un traité contre les hérésies vers l'an 740 commente certains passages d'un Coran qui semble (en partie du moins) très proche de celui qui nous est parvenu. C'est en connaissance de cause que ce contemporain des débuts de l'islam, fait référence à la sourate IV et à l'épisode de la crucifixion. Au dire de Mahomet, interprète-t-il, les juifs voulurent mettre en croix Jésus mais « après s'être emparés de lui, ils n'ont crucifié que son ombre[1] ». Que Jean de Damas ait pu lire déjà certaines sourates du Coran ou qu'il les ait seulement entendues réciter, sa remarque montre bien que c'est ainsi qu'il comprenait les versets de la crucifixion ou leur exégèse parmi les cercles de lettrés musulmans du VIIIe siècle. Depuis lors, l'ombre du Christ ainsi qu'elle est figurée par la toile de Jean-Léon Gérôme *Golgotha, Consummatum est* (1867)[2] ne cessera d'inspirer l'exégèse.

Ludovico Marracci, membre de la communauté des Clercs réguliers de la Mère de Dieu à Padoue, donna en 1698, outre une réfutation, une traduction latine du Coran, qui ne fut pas la première mais que l'on aurait aimé comparer à celle d'Antoine Galland, l'illustre traducteur des *Mille et Une Nuits,* si elle n'avait été perdue. On sait pourtant que Marracci a traduit ainsi le verset en question : « *sed obieta est eis similitudo eius* », « ce qui était devant leurs yeux, c'était sa similitude ». Pour Albert Félix Kasimirski de Biberstein, interprète de la légation française de Perse en 1840 : « non, ils ne l'ont point tué, ils ne l'ont point crucifié, un autre individu qui lui ressemblait lui fut substitué ». Ou bien, plus récemment, au XXe siècle, selon la traduction d'Ameur Ghedira : « non, ils ne l'ont pas crucifié, ce n'était qu'un sosie », tandis que pour l'orientaliste Régis Blachère : « son sosie a été substitué à leurs yeux ».

De l'avis des arabisants, la théorie du sosie ou du simulacre est difficile à extrapoler à partir du texte lui-même car elle va beaucoup plus loin que les mots eux-mêmes. Mais cette théorie

---

1. Jean de Damas, *Écrits sur l'islam,* présentation, commentaires et traduction par Raymond Le Coz, éd. du Cerf, « Sources chrétiennes », 2011, p. 213.
2. Exposée au musée d'Orsay, à Paris.

permet de résoudre le clair-obscur dans lequel demeure plongée la scène de la crucifixion, c'est-à-dire ce qui a pu, d'un point de vue uniquement vraisemblable, réellement avoir lieu.

Scénarios

Dès les premiers temps, les exégètes musulmans ne se sont pas privés, sur cette base, de faire prospérer nombre de scénarios, d'explorer les possibilités romanesques – osons le mot – qui ouvrent largement ce verset à l'espace du conte tellement il stimule l'imagination.

On peut répertorier parmi la vingtaine d'interprétations anciennes que rapportent les recueils du *Hadîth* trois scénarios principaux. Dans le premier, les juifs se trompent de victime en exécutant un quidam à la place de Jésus ; dans le deuxième, un disciple s'offre volontairement pour remplacer son maître ; dans le troisième cas, Jésus se métamorphose et, échappant miraculeusement à ses bourreaux, se venge de ceux qui ont voulu sa mort.

Hasan al-Basrî (642-728) et Ibn Ishâq (704-768), l'auteur de la *Sîra*, racontent qu'un soir de shabbat, tandis que les juifs allaient arrêter Jésus, ses traits furent transférés à l'un de ses jeunes compagnons qui fut emmené et crucifié à sa place. « Ils mirent même une couronne d'épines sur sa tête pour se moquer de lui. Les chrétiens qui n'assistèrent pas à la scène crurent les affirmations des juifs, qui disaient avoir tué Jésus » alors qu'il avait été élevé au ciel par la fenêtre de la maison. Chez le grand exégète Muhammad ibn Jarîr Tabarî (né dans la ville perse d'Amol en 839 et mort à Bagdad en 923), on lit que les juifs de Jérusalem s'allient à Hérode mais ne se saisissent pas du bon Jésus. Ils arrêtent Simon, c'est-à-dire Pierre, le premier des disciples selon la littérature chrétienne, qui renie aussitôt Jésus, puis ils se saisissent d'un autre qui accepte de leur montrer où il se cache…

Un autre hadîth du XIIe siècle précise la scène, mais supprime du scénario le fait du hasard. Ibn Abû Hâtim (811-890) rapporte ainsi que, selon Ibn Abbâs, Jésus est allé voir ses douze compagnons qui étaient rassemblés dans une maison. Il leur prédit que certains le renieraient. Puis demande lequel parmi eux serait prêt à revêtir ses traits et à être tué à sa place pour être élevé ensuite au paradis auprès de lui. Un jeune homme se propose. Jésus lui ordonne de se rasseoir. Puis il répète la question. Le même jeune homme se lève et se désigne à nouveau. Alors Jésus lui dit : « Ce sera toi. » C'est alors que l'apparence de Jésus est transférée sur ce jeune volontaire inconnu, lequel est crucifié à sa place.

Mixte des deux versions, Tabarî rapporte que, selon Wahb ibn Munabbih (mort en 719), lorsque les juifs entrèrent dans la maison, Allah transféra les traits de Jésus sur tous ceux qui s'y trouvaient. Les disciples de Jésus, au nombre de dix-sept dans ce récit, ont tous le même visage : celui de Jésus. Furieux, les juifs menacent : « Vous nous avez ensorcelés ! Soit Jésus se livre à nous, soit nous vous tuons tous. » Jésus propose à tous ses compagnons que l'un d'eux se dénonce en échange du paradis. Un disciple, qui reste encore anonyme, se rend en déclarant à voix haute : « Je suis Jésus. »

La victime expiatoire n'a pas de visage. Elle ressemble à qui l'on veut. Dans le commentaire d'Abû Ja'far, un autre savant du début du XIIe siècle, la scène est presque identique, sauf qu'est indiquée cette fois l'identité de celui qui se dévoue pour Jésus et accepte de mourir pour le sauver : Pierre, nommé aussi Simon ou Kifa (Céphas). Ailleurs, c'est un certain Serge qui s'offre comme otage pour être exécuté en lieu et place de Jésus d'après Ibn Ishâq cité par le *Tafsîr,* le commentaire de Tabarî. Le nom de Serge, absent de toutes les listes connues des disciples de Jésus, est en revanche, dans les Actes des Apôtres, celui « d'un homme avisé » (Ac 13,7) et, dans la littérature musulmane, celui d'un moine nestorien qui aurait transmis à Mahomet tout ce qui, dans le Coran, est conforme aux enseignements chrétiens[1].

Une autre forme de l'histoire est répertoriée encore chez Tabarî, jouant cette fois sur la proximité et la confusion entre le nom donné à Jésus dans le Coran, *'Isâ*, et sa désignation en araméen, *Yeshua*, qui correspond également au nom de Josué. Tabarî rapporte en effet un autre récit qui permute cette fois deux personnages antagonistes, comme si leurs noms faisaient pivoter l'identité de chacun et permettaient désormais de se venger de ceux qui veulent la mort de Jésus.

Les juifs réussissent à arrêter Jésus et se moquent de lui car il s'avère incapable de se délivrer. « Ils le traînèrent à un endroit où ils avaient préparé une croix pour le crucifier, et un grand nombre de juifs se rassemblèrent autour de lui. Ils avaient un chef nommé *Isou'a* [Josué], qui était également parmi eux. Quand ils voulurent attacher Jésus à la croix, Dieu l'enleva à leurs regards et donna la forme et l'aspect de Jésus à Josué, leur chef. [...] Quand ils regardèrent, ils virent Josué entièrement ressemblant à Jésus, et ils le saisirent. Il dit : "Je suis Josué." Ils répondirent : "Tu mens ; tu es Jésus, tu t'es dérobé à nos regards par la magie ; maintenant la magie est passée et tu es devenu visible." Il protesta en vain qu'il était Josué ; ils le tuèrent et l'attachèrent à la croix. Quant à Jésus, Dieu l'éleva au ciel comme il est dit dans le Coran : "Ils ne l'ont pas tué et ils ne l'ont pas crucifié, quelqu'un qui lui ressemblait." Josué resta sur la croix pendant sept jours[2]. » L'auteur affine le récit, il développe les protestations du faux Jésus et même la douleur de Marie, persuadée que son fils est vraiment mort sur la croix.

Dans cette ligne surgit enfin la version du châtiment de Judas. Tabarî, à nouveau, rapporte que Jésus à son retour sur terre

1. Voir l'*Apocalypse de Bahîrâ,* rédigée sans doute au IXe siècle, mais aussi l'*Apologie* du philosophe Al-Kindî (801-873), dialogue entre un musulman et un chrétien.

2. Tabarî, *La Chronique. Histoire des prophètes et des rois,* t. I, traduit du persan par Hermann Zotenberg, Actes Sud/Sindbad, 1984, p. 114.

cherche à retrouver ses disciples qui ne l'ont pas abandonné, mais aussi Judas qui l'a renié alors que dans la tradition chrétienne ce rôle est dévolu à Pierre. Jésus apprend que l'Iscariote s'est repenti. Sachant qu'il avait commis un crime, Judas s'est suicidé ; ce qui correspond purement et simplement à ce que raconte l'évangile de Matthieu où, après avoir tenté en vain de rendre l'argent de son forfait aux grands prêtres, il « se retira et s'en alla se pendre » (Mt 27,5).

Mais d'autres récits musulmans vont plus loin et font de Judas la victime expiatoire selon le récit précoce au Iᵉʳ siècle de l'hégire de Wahb ibn Munabbih (au VIIᵉ siècle), ou chez Abd al-Jabbar (935-1025) au Xᵉ siècle de notre ère, auteur par ailleurs du premier ouvrage de critique islamique contre le christianisme. Cette version doit son retentissement dans tout l'islam à sa reprise dans un texte dont l'origine est disputée, l'Évangile de Barnabé, où Judas devient le sosie de Jésus.

Au moment fatidique, Jésus est enlevé par les anges Gabriel, Michel, Raphaël et Uriel, qui le mènent au troisième ciel. Pendant ce temps, Judas, venu le dénoncer, fait irruption dans la pièce où Jésus est censé dormir avec ses disciples, Dieu le rend aussitôt semblable à Jésus par son langage et son visage. Et, lorsque Judas réveille les autres pour savoir où est Jésus, ceux-ci lui répondent, stupéfaits : « Mais c'est toi, Seigneur, notre Maître ! Nous as-tu oubliés[1] ? »

La milice entre alors et met la main sur Judas dont les traits sont devenus ceux de Jésus. Les disciples s'enfuient, y compris Jean qui dormait. Comme un soldat le saisit par le drap dont il s'est enveloppé, Jean se sauve nu à l'instar du jeune homme dans l'évangile de Marc : « Et tous l'abandonnèrent et prirent la fuite. Un jeune homme le suivait, n'ayant qu'un drap sur le corps. On l'arrête, mais lui lâchant le drap s'enfuit tout nu » (Mc 14,50-52). « Les soldats s'emparèrent de Judas et le ligotèrent non sans

---

1. *Évangile de Barnabé,* fac-similé, traduction et notes par Luigi Cirillo et Michel Frémaux, 2ᵉ éd., Beauchesne, 1999, EB, CCXVI, 481.

dérision car il niait la vérité qu'il était Jésus. Ils lui disaient en se moquant de lui : "Ne crains pas, Seigneur, nous sommes venus pour te faire roi d'Israël ! Nous ne t'avons ligoté que parce que nous savons que tu refuses le royaume !" Judas répondit : "Avez-vous perdu la cervelle ? Vous êtes venus prendre Jésus Nazaréen avec des armes et des lanternes comme un voleur et vous m'avez ligoté pour me faire roi, moi qui vous ai conduits ici !" Alors les soldats perdirent patience et à coups de poing et à coups de pied ils commencèrent à rendre à Judas la monnaie de sa pièce et en furie, ils le conduisirent à Jérusalem. [...] Celui-ci débitait tant de folies qu'il faisait rire tout le monde, tous croyant qu'il était vraiment Jésus et qu'il faisait le fou par crainte de la mort » (EB CCXVII, 482-483).

Tel Amphitryon dans la comédie de Plaute (–187) ou chez Molière, voire dans *La Comédie des erreurs* de Shakespeare, Judas devient le héros malgré lui d'une suite de quiproquos et de malentendus qui parodient les traitements humiliants subis par Jésus lors du récit de la Passion. L'Évangile de Barnabé monte un théâtre où la scène se vide de tout sens tragique. Jouant à plein du décalage entre les situations, l'arrestation de Jésus-Judas devient férocement comique par sa trivialité même. Le spectateur ou le lecteur savent bien que c'est Judas qui reçoit les coups, les moqueries, les insultes, les crachats, les outrages destinés à Jésus. Et plus Judas tente de se justifier auprès des grands prêtres puis devant Pilate, plus ses dénégations ne servent qu'à augmenter les effets burlesques.

Quand le gouverneur romain, ébranlé tout de même par les arguments de l'accusé, va plaider la cause de Jésus (alias Judas), son personnage s'inscrit en droite ligne dans le schéma tracé par l'évangile selon Jean. Comme chez Jean, Pilate renonce au rôle de procureur (le sien dans la réalité historique) pour endosser la robe d'avocat du prévenu. Sa tâche est d'autant plus rude que Judas l'a averti : « Si je te dis la vérité, tu ne me croiras pas » (EB CCXVII, 485).

Pilate plaide courageusement la cause de son client : soit Judas n'est pas Jésus, comme il le prétend, et on doit le libérer ; soit c'est lui mais il a perdu la raison et on ne peut le condamner. Pilate est d'autant plus fondé à s'obstiner à contrer l'accusation que le coupable est d'autant moins coupable qu'il y a erreur sur son identité, comme dans *Les Misérables* de Victor Hugo où le tribunal confond Champmathieu et Jean Valjean. Dans *Les Misérables,* Jean Valjean se fait reconnaître et sauve Champmathieu du bagne ; dans l'Évangile de Barnabé, Jésus n'intervient pas et Judas est mis en croix à sa place, nu, se lamentant parce que Dieu l'a abandonné. « Dieu pourquoi m'as-tu oublié, car le malfaiteur a fui et moi je suis tué à tort ! » (EB, CCXVII, 490), démarque de la célèbre parole présente dans les évangiles de Marc et de Matthieu : « Jésus cria d'une voix forte : *"Eloi, Eloi, lama sabaqthani ?"* ce qui signifie : Mon Dieu, mon Dieu, pourquoi m'as-tu abandonné ? » (Mt 27,46 ; Mc 15,34). L'illusion est telle qu'elle trompe non seulement ses bourreaux et ses accusateurs, mais certains de ses partisans qui répudient sa doctrine, considérant Jésus comme un faux prophète et un magicien puisqu'il leur avait promis (selon le Coran) qu'il ne mourrait qu'à l'approche de la Fin des temps et qu'à ce moment-là il serait enlevé du monde. Ceux qui lui demeurèrent fidèles « étaient si affligés de douleur en voyant mourir celui qui lui ressemblait qu'ils ne se rappelaient pas ce qu'il avait dit » (EB CCVII 490). En compagnie de la mère de Jésus, les disciples vont enterrer leurs espoirs et ensevelir Judas dans le tombeau neuf de Joseph d'Arimathie après avoir enveloppé son corps de cent livres de parfums précieux, croyant que c'est Jésus qui est mort crucifié.

Barnabé, le véritable évangile

L'Évangile de Barnabé serait dû à l'un des disciples de Jésus, celui qui introduisit Paul de Tarse auprès des apôtres à

Jérusalem : « Alors Barnabé le prit avec lui et l'amena aux apôtres et leur raconta comment, sur le chemin, Saul [Paul] avait vu le Seigneur, qui lui avait parlé et avec quelle assurance il avait prêché à Damas au nom de Jésus » (Ac 9,27). Barnabé fut plus tard le premier compagnon de voyage de Paul. « Il l'amena à Antioche. Toute une année durant ils vécurent ensemble dans l'Église et y instruisirent une foule considérable » (Ac 11,26). Le choix de Barnabé comme figure tutélaire d'un évangile (Barnabas – étymologiquement « fils de prophète » ou « fils de la consolation ») semble présenter toutes les garanties d'authenticité. De fait, il est devenu une référence majeure de l'islamologie populaire, mais pas uniquement comme en témoigne notamment le récent ouvrage *Jésus. Prophète de l'Islam* (1977) de Muhammad Ata Ur-Rahim qui s'y réfère constamment.

L'histoire de l'Évangile de Barnabé commence véritablement au début du XXe siècle quand le texte fut imprimé pour la première fois.

À peine la première édition critique venait-elle d'être publiée avec la traduction anglaise que le texte fut traduit en arabe au Caire, sous le patronage de la revue réformiste *Le Manar* (1908). Célébré comme « l'évangile authentique » par opposition à ceux de la littérature chrétienne canonique ou apocryphe, cet évangile est présenté alors ni plus ni moins comme le seul et véritable évangile à l'exclusion de tous les autres. Les prophéties du Coran y seraient clairement validées, preuve s'il en fallait de la falsification des évangiles chrétiens qui ignoreraient ou feindraient d'ignorer les annonces de la venue de Mahomet. Barnabé confirmerait – entre autres – la sourate IV du Coran et les interprétations qu'en ont données les premiers savants musulmans. Il établirait noir sur blanc que Jésus n'aurait pas été crucifié mais que Judas l'a été à sa place.

Ainsi, depuis plus de cent ans, cet évangile s'est-il transformé en arme dans la polémique engagée par l'islam contre le christianisme. Aujourd'hui, pour une part importante de l'islam, l'Évangile de Barnabé a même valeur de preuve, comme le suaire de Turin, linge peint au XIVe siècle, a toujours valeur de relique authentique pour un grand nombre de catholiques[1].

La fausse relique

L'argument fondamental des tenants de l'Antiquité (et par conséquent de l'authenticité de l'Évangile de Barnabé) serait d'ordre historique. Selon eux, cet évangile était connu dès l'Antiquité, mais il fut rejeté par la grande Église au motif qu'il soutenait une profession de foi hérétique. Ce qui expliquerait pourquoi, la tradition manuscrite étant quasi inexistante, le texte aurait disparu si par chance n'avait été découverte une copie au début du XVIIIe siècle en Europe.

La preuve, c'est qu'une mention officielle de l'existence de cet évangile figure vers la fin du Ve siècle dans un document du pape Gélase, reprenant des éléments de la fin du IVe siècle, le *Décret de Gélase*. Ce décret énumère une liste de textes agréés par l'Église tandis qu'elle en proscrit d'autres. C'est parmi ces derniers, qui doivent « être évités par les catholiques », que figure l'écrit intitulé Évangile de Barnabé, au milieu d'autres textes considérés comme apocryphes étant les Actes d'André, les Actes de Philippe ou l'Évangile de Jacques le Mineur, l'Évangile de Mathias, l'Évangile de Pierre, l'Évangile de Thomas. Certains de ces textes sont demeurés inconnus jusqu'à nos jours, d'autres n'ont été découverts qu'assez récemment comme les manuscrits copiés sur papyrus de l'Évangile de Pierre, retrouvé à Akhmîm en 1886-1887, ou de l'Évangile de Thomas, retrouvé également en haute Égypte, à Nag Hammadi, en 1945.

Pourtant, sans même entrer dans la discussion sur la datation exacte et sur la fiabilité même du décret dit « gélasien » – amalgame, semble-t-il, de plusieurs textes d'origines diverses –,

1. Voir notre *Jésus contre Jésus*, Seuil, « Points Essais » n° 608, 2008, p. 105-120.

on ne voit aucun commencement d'argument strictement épigraphique ou textuel pour garantir que le récit actuellement connu sous le nom d'Évangile de Barnabé corresponde à ce titre.

Le texte connu se présente sous la forme de deux cent vingt-deux chapitres, soit un évangile nettement plus long que les quatre évangiles canoniques qui, de Marc à Jean, en comptent environ une vingtaine.

Sa lecture complète montre qu'il s'agit d'un évangile qui connaît dans le détail Marc, Matthieu, Luc et Jean. En ce point il est comparable au *Diatessaron* de Tatien, cette forme populaire d'anthologie des évangiles élaborant un seul récit à partir des quatre évangiles, leur donnant cohérence en écartant leurs divergences et leurs contradictions. Bien que le *Diatessaron* ait constitué un évangile unique très répandu dans le christianisme primitif et spécialement dans l'Orient chrétien, au moins jusqu'à la fin du ve siècle, aucun exemplaire n'a jamais été retrouvé. Le contenu de cette harmonie évangélique ne nous est connu qu'indirectement par les citations d'un commentaire d'Éphrem le Syrien, né à Nisibe vers 306 et mort à Édesse en 373.

Ne serait-ce qu'à ce titre, l'Évangile de Barnabé semblerait un témoin précieux d'une autre forme de *Diatessaron* puisqu'on y lit une version autre de la vie de Jésus. Avec une aisance d'écriture et une liberté de narration qui n'ont d'égal que leur grande familiarité avec les récits chrétiens, le récit attribué à l'apôtre Barnabé n'hésite pas à combiner et à augmenter les évangiles plutôt qu'à simplifier et à retrancher. Il utilise beaucoup d'épisodes propres à Luc et à Jean, outre un récit de la création et une évocation d'Abraham reformulant à sa manière son interprétation de la Bible, et affiche des positions résolument anti-pauliniennes, hostiles à la théologie antijuive de l'apôtre Paul. Ce qui est pour le moins curieux de la part de celui qui aurait été l'un de ses plus proches compagnons, mais Luc, l'auteur putatif des Actes des Apôtres, est lui aussi très peu paulinien en dépit des apparences.

L'Évangile de Barnabé laisse surtout penser qu'il est « musulman » ou protomusulman.

Selon l'Évangile de Barnabé, les ismaélites – dénomination essentiellement chrétienne des premiers musulmans – étaient déjà présents à l'époque de Jésus, la promesse faite à Abraham l'avait été au sujet d'Ismaël et non d'Isaac (EB XLIII-XLIV). L'ange Gabriel avait fait descendre le livre de Dieu sur Jésus « comme un brillant miroir » (EB X, 56). C'est déjà un Coran. Adam lui-même voyait dans le ciel des lettres étincelantes qui clamaient sa profession de foi : « Il n'y a qu'un seul dieu, et Muhammad est le messager de Dieu » (EB XXXIX, 117), inscription dont le Créateur livre dans le texte l'exégèse en réponse aux questions du premier homme. Jésus n'est ainsi que le précurseur de Mahomet, il le dit et le répète : « Je ne suis pas digne de dénouer les courroies des chaussures ni les lacets des sandales du Messager de Dieu que vous appelez le Messie. Celui-là est fait avant moi et viendra après moi » (EB XLII, 125), écho manifeste de Jean le Baptiste dans l'évangile selon Jean : « je ne suis même pas digne de dénouer la lanière de sa sandale » (Jn 1,27).

Jésus a bien prévenu ses disciples qu'il leur faudra attendre sans doute quelques siècles celui qui doit venir : « Je suis venu dans le monde pour préparer la voie au messager de Dieu qui portera le salut du monde. Mais prenez garde d'être trompés, car beaucoup de faux prophètes viendront qui pilleront mes paroles et contamineront mon évangile [...]. Il ne viendra pas de votre temps, mais bien des années après vous » (EB LXXII, 185).

Par ailleurs, conformément au Coran, Jésus sait qu'il ne sera crucifié qu'en apparence mais, plus précis que le Coran, il sait aussi que ce sera sous les traits de Judas. « Même si je suis assuré que celui qui me vendra sera tué sous mon nom car Dieu m'enlèvera du monde et transformera tellement le traître que chacun croira que c'est moi, comme il mourra mal, je resterai néanmoins longtemps avec ce déshonneur dans le monde. Mais quand viendra Muhammad, messager sacré de Dieu, cette infamie sera enlevée. Dieu le fera parce que j'ai proclamé la vérité du Messie. C'est celui-ci qui me donnera la récompense : on saura que je suis vivant et étranger à cette mort infâme ! » (EB CXII, 277).

Ce tour de passe-passe revêt une telle importance pour l'Évangile de Barnabé que le vrai récit de la crucifixion y est rappelé à nouveau à la toute fin du texte comme son point d'orgue. « Je fus innocent dans le monde, mais comme les hommes m'ont appelé Dieu et fils de Dieu, Dieu a voulu, pour que je ne sois pas raillé par les démons au jour du jugement, que les hommes me bafouent dans le monde par la mort de Judas en faisant croire à chacun que c'était moi qui étais mort sur la croix. Aussi cette dérision durera-t-elle jusqu'à la venue de Muhammad, le messager de Dieu » (EB CCXX, 497).

En guise d'épilogue, Jésus charge Barnabé d'écrire son évangile pour décrire tout ce qui lui est arrivé durant son séjour sur terre. Cela va de pair avec la part cachée que Barnabé est chargé de révéler. « Écris de même, lui dit Jésus, tout ce qui est arrivé à Jésus, pour que les fidèles soient détrompés et que chacun croie à la vérité ! » Trois jours plus tard, Jésus réunit ses disciples, du moins ceux qui n'avaient pas fui, juste avant l'Ascension. Ils prennent peur de le voir parmi les anges. « Il en réprimanda beaucoup qui croyaient qu'il était mort et ressuscité. Nous prenez-vous, moi et Dieu, pour des menteurs ? Dieu m'a donné de vivre jusqu'aux approches de la fin du monde comme je vous l'ai dit. Je vous le dis, je ne suis pas mort, c'est le traître Judas qui est mort. Prenez garde, Satan fera tout pour vous tromper ! » (EB CCXI, 499).

Malgré son extraordinaire prescience du contenu futur de la révélation coranique, l'auteur ne craint ni les invraisemblances ni les erreurs géographiques : Nazareth se retrouve au bord du lac de Tibériade à la place de Capharnaüm, et Capharnaüm sur une montagne… Sur le plan chronologique, l'évangéliste ne s'embarrasse pas davantage de rendre contemporains Hérode le

Grand et Pilate, en dépit de la trentaine d'années qui sépare leur pouvoir sur la Judée.

Mais laissons faire ces petits détails…

L'invention du manuscrit

L'histoire du texte peut être éclairante.

Aucune édition ancienne n'a jamais été retrouvée. La copie datant du XVIIIe siècle conservée à la Bibliothèque nationale de Vienne est rédigée en italien avec quelques annotations en arabe ; 506 feuillets de petit format sous une reliure en cuir qui la font ressembler à un gros livre d'heures. À la suite de la découverte du vol dans un musée d'Ankara d'un papyrus prétendument vieux de mille cinq cents ans qui aurait contenu celui de l'Évangile de Barnabé, certains musulmans veulent absolument croire que l'original perdu date des premiers temps du christianisme.

Pour l'un des meilleurs spécialistes, un argument interne conduit à une datation nécessairement beaucoup plus récente. Dans l'Évangile de Barnabé, Jésus évoque les temps messianiques de l'avenir et ajoute : « et l'année du jubilé qui maintenant revient tous les cent ans reviendra chaque année et en tout lieu à cause du Messie » (EB LXXXII, 209). « Le jubilé était une institution juive périodique tombant tous les cinquante ans. Le jubilé tous les cent ans fut une exception dans l'Église romaine lorsque fut décrétée en 1300 une année jubilaire qui aurait dû se renouveler cent ans plus tard. Mais, dès 1350, la périodicité augmenta. Il y eut un jubilé en 1350 et ensuite tous les vingt-cinq ans. Que les années jubilaires au lieu de tomber tous les cent ans se soient multipliées est un phénomène qui nous reporte après 1350[1]. »

1. Jacques Jomier, « L'Évangile de Barnabé, à propos d'un apocryphe », *Esprit et Vie*, n° 22, novembre 1999.

Quoique d'autres experts plus indulgents acceptent de faire remonter la datation du texte au Moyen Âge voire à la Renaissance, plusieurs éléments devraient maintenir en alerte l'esprit critique.

Ni l'analyse de l'encre ni l'étude du papier ne permettent de beaucoup progresser dans la datation non seulement de la copie en italien, mais du texte lui-même, c'est-à-dire de remonter avant le XVe siècle. En effet, au cent soixante-dix-huitième chapitre, l'auteur de l'Évangile de Barnabé fait référence à « neuf cieux », lesquels apparaissent en 1472 dans la première édition, en italien, de *La Divine Comédie* de Dante. Or, la cosmologie du Coran ne connaît encore que sept cieux : « C'est lui qui a créé pour vous tout ce qui est sur la terre. Il s'est ensuite tourné vers le ciel qu'il a organisé en sept cieux » (II, 29).

Peut-être faut-il se tourner vers les circonstances de la découverte du manuscrit pour en savoir plus.

Dans son ouvrage *Nazarenus* publié à Londres en 1718, *Le Nazaréen ou le christianisme des juifs, des gentils et des mahométans,* un auteur presbytérien d'origine catholique mais qualifié de libre-penseur, John Toland (1668-1722), raconte avoir découvert le manuscrit de l'Évangile de Barnabé quelques années plus tôt, en 1709, un « évangile mahométan », écrit-il. À l'en croire, ce manuscrit aurait appartenu à Johann Friedrich Cramer, consul de Frédéric Ier, résident du roi de Prusse à Amsterdam, lequel le détenait d'un haut personnage qui y tenait beaucoup. Toland qui l'aurait lu alors à Amsterdam aurait révélé aussitôt son importance à Cramer, mort en 1715, sans pouvoir ni le confirmer ni le contredire. Puis Toland se serait entremis pour que le prince Eugène de Savoie en fasse l'acquisition.

De l'Évangile de Barnabé, il existe également une copie en espagnol. Le premier à l'avoir vu est George Sale, qui a traduit le Coran en anglais pour la première fois en 1734 et qui l'évoque dans son introduction. Pourtant, la traduction espagnole aurait été faite d'après la traduction italienne, selon le prologue ajouté à l'Évangile (qui ne craint pas le roman-feuilleton : caché au Vatican, un religieux aurait subtilisé le manuscrit espagnol dans la bibliothèque personnelle du pape Sixte Quint [1585-1590] et après sa lecture se serait converti à l'islam). Une copie du manuscrit espagnol appartient aujourd'hui à la Fisher Library de l'université de Sydney, mais sous une forme incomplète : les chapitres 120 à 200 inclus manquent sur un total de deux cent vingt-deux.

L'auteur inconnu

Mais peut-être faut-il se concentrer sur deux faits des plus simples pour éviter de se perdre en conjectures : la langue du texte et son « inventeur ».

D'une part, la plus ancienne copie complète du texte n'existe pas en arabe mais en italien. Or il s'agit d'un mauvais italien, reproduit par un copiste dont manifestement ce n'est pas le métier ni même la langue maternelle. D'autre part, cet unique exemplaire a été découvert par un auteur, John Toland, qui le cherchait depuis longtemps et qui voit dans sa découverte l'instrument de la Providence : « Enfin, même après avoir longtemps désespéré de me trouver jamais mieux instruit sur cet évangile, j'ai eu le bonheur de le trouver lui-même, traduit en italien par un renégat apparemment, ou pour l'usage des renégats ; car la transcription en a été très certainement faite par un mahométan[1]. »

Beaucoup d'hypothèses ont été avancées pour cerner l'origine de l'Évangile. On a envisagé une source judéo-chrétienne remaniée et incorporée ultérieurement dans une apologie musulmane. Plus solidement, on a pu supposer que l'auteur aurait été un « morisque », un de ces musulmans espagnols convertis en apparence au christianisme après la *Reconquista,*

1. *Le Nazaréen ou le christianisme des juifs, des gentils et des mahométans,* traduction française publiée à Londres (sous le nom de Jean Toland), 1777.

mais conservant leur religion musulmane, comme les marranes du Portugal étaient demeurés juifs tout en semblant catholiques. L'orientaliste Henry Corbin était-il sur la voie quand il imagina que l'auteur de l'Évangile de Barnabé avait écrit bien plus qu'une « Harmonie évangélique » une « Harmonia Abrahamica » et qu'il fallait supposer « un élève de Pic de La Mirandole, un familier de l'Académie platonicienne de Florence que ses études orientales auraient conduit à compiler cet évangile pour son usage personnel[1] ». Pour l'auteur du *Nazarenus*, ce manuscrit prouve que les musulmans – ceux qu'on appelle alors les « mahométans » – ont bien un évangile dont le résumé serait contenu dans le Coran « comme si quelqu'un [d'obédience mahométane] eût entrepris d'introduire un nouvel Évangile à la place des quatre reçus chez tous les chrétiens. Mais je suis certain, écrit précautionneusement Toland, que toute crainte à cet égard se dissipera entièrement, et que Matthieu, Marc, Luc et Jean défendront leur terrain contre Barnabas, auteur prétendu de l'Évangile des mahométans ». Même si John Toland l'affirme avec plus de ruse que de prudence (nous sommes au début du XVIIIe siècle, et la critique du Nouveau Testament n'est pas chose aisée, même en Angleterre), la découverte de cet Évangile va bien au-delà de l'enrichissement de la bibliographie coranique. John Toland annonce Voltaire dans sa critique du christianisme.

Son livre *Amyntor* (du nom mythologique de la mère de Phénix), publié en 1699, a été une remise en question du canon du Nouveau Testament, ainsi que l'un des premiers recensements critiques des textes dits apocryphes. Toland veut montrer que l'hérésie n'est pas une évidence qui s'impose naturellement, mais une construction dont la légitimité repose souvent sur le droit du plus fort. Surtout, le déisme de John Toland ressort très nettement conforté par la découverte de ce nouvel Évangile – « quoiqu'il n'ait peut-être plus toute la pureté qu'il a eue dans

1. Préface à la première édition en fac-similé de *L'Évangile de Barnabé*, Beauchesne, 1977, p. VI.

son origine ». Voici en somme un texte réputé archaïque qui permet de faire apparaître les points communs entre les trois monothéismes, de défendre une conception « moderne » du monothéisme que la doctrine mahométane, rompant avec la superstition comme avec l'apport néfaste de Paul, parvient, selon lui, à épurer.

Esprit très éclairé pour son temps, John Toland est-il pour autant au-dessus de tout soupçon ? L'homme, apprend-on, était grand amateur de pseudonymes – dont celui de « Janus » ! S'il a lu dans le texte l'Évangile de Barnabé, c'est donc que Toland comprenait l'italien. L'inventeur du manuscrit, pour aller plus loin dans le soupçon, aurait-il pu l'écrire lui-même ? Ou à tout le moins inspirer la plume du lettré, et excellent connaisseur de la littérature chrétienne primitive, qu'a été indéniablement l'auteur de cet « apocryphe incontesté », selon les termes de Louis Massignon dans la *Revue du Monde musulman* ou de cette « fumisterie » (*Gaukelei*), selon le mot d'Ignaz Goldziher dans ses études sur le Coran (*Die Richtungen der islamischen Koranauslegung*, 1920, p. 342[1]). Quant au père Lagrange, le directeur de l'École biblique et archéologique de Jérusalem, il eut cette appréciation dans une recension : « c'est un curieux monument d'un étrange état d'âme ; il n'est pas aussi ennuyeux que d'autres apocryphes[2] ».

Le désir de découvrir un texte inconnu produirait-il des miracles ?

On peut se le demander en se souvenant de la découverte de l'Évangile secret de Marc dont l'histoire ressemble curieusement à celle de la découverte de l'Évangile de Barnabé. C'est à l'intérieur d'une lettre de Clément d'Alexandrie, conservée parmi les ouvrages de la bibliothèque du monastère de Saint-Sabas, dans le désert de Juda, à vingt kilomètres de Jérusalem,

1. Cité dans la préface de l'édition par Luigi Cirillo et Michel Frémaux de *L'Évangile de Barnabé*, *op. cit.*, p. VI.
2. *Revue biblique*, 1908, p. 300.

que le savant anglais Morton Smith avait découvert en 1958, copiée au XVIIIe siècle sur un folio resté vierge et au revers de la reliure, une version longue, quoique incomplète, du chapitre 10 de l'évangile de Marc, comprenant deux passages inconnus, le tout intitulé « Évangile secret ». Le document fut aussitôt objet de controverses, notamment à cause de la thèse défendue par Morton Smith assurant que le Jésus historique baptisait ses disciples lors d'un rite secret et nocturne. « L'étude du manuscrit de la lettre de Clément reste pour l'instant grevée d'une troublante incertitude. En dehors de Morton Smith, aucun autre savant n'a eu accès au document original et ne l'a examiné dans sa matérialité[1] », écrit Jean-Daniel Kaestli dans sa présentation du texte. Des savants comme Pierre Geoltrain ou Martin Hengel étaient convaincus qu'il s'agissait d'une mystification savante imitant l'écriture du XVIIIe siècle et le style de Clément d'Alexandrie, d'autant que, depuis son transfert au patriarcat orthodoxe de Jérusalem, l'original est demeuré introuvable.

L'Évangile de Barnabé ne serait-il pas comme l'Évangile secret de Marc une forgerie savante, même s'il continue d'être largement mis à contribution par beaucoup de commentateurs musulmans ?

Docétisme

Quoi qu'il en soit de l'origine historique de l'Évangile de Barnabé, l'un des grands mérites du *Nazarenus* de John Toland est d'avoir sondé l'archéologie profonde du Coran. Guy Stroumsa en a signalé le caractère novateur et l'importance historiographique[2]. Dès 1718, Toland affirmait en effet que l'idée centrale

1. *Écrits apocryphes chrétiens,* t. II, sous la direction de Pierre Geoltrain et Jean-Daniel Kaestli, Gallimard, « Bibliothèque de la Pléiade », 2005, p. 58.

2. Guy Stroumsa, « Judéo-christianisme et origine de l'islam », Communication à l'Académie des inscriptions et belles lettres, *Comptes-rendus des séances*, janvier-mars 2013, diffusion de Boccard, 2013, p. 489-519.

dans l'islam qu'un autre ait pu mourir à la place de Jésus n'était pas une innovation. « On ne peut s'empêcher de crier contre l'ignorance de ceux qui s'imaginent que cette histoire de la mort de Jésus-Christ est originalement de l'invention des mahométans. Les basilidiens, au commencement du christianisme, niaient que Jésus-Christ eût souffert de la mort lui-même[1]. » Selon Irénée, il est vrai que pour les basilidiens « un certain Simon de Cyrène fut réquisitionné et porta sa croix à sa place. Et c'est ce Simon qui, par ignorance et erreur, fut crucifié, après avoir été métamorphosé par Jésus pour qu'on le prît pour lui[2] ».

Dès le IIe siècle, le christianisme s'était heurté à une contradiction insoluble. Si Jésus est de nature divine – ce qui s'affirme de plus en plus nettement depuis l'évangile de Jean jusqu'à l'épître aux Hébreux ou l'épître aux Philippiens : « Lui, de condition divine, ne retint pas jalousement le rang qui l'égalait à Dieu » (Phi 2,6) – une question capitale se pose : Dieu peut-il mourir sur la croix ?

Avec le personnage de Simon de Cyrène, qui figure chez les évangélistes Marc, Matthieu et Luc, les récits du Nouveau Testament offrent une échappatoire à ceux qui n'acceptent pas que le Christ ait pu mourir de la façon la plus ignominieuse qui soit. C'est notamment l'apanage de groupes que les hérésiologues appelleront « docètes » (du verbe *dokein,* « sembler »). Ce docétisme, on peut en trouver la trace même dans le christianisme canonique qui n'exclut pas entièrement la conception d'un corps spirituel du Christ, mais surtout chez les gnostiques pour lesquels le Christ ne peut avoir, selon la révélation réservée aux initiés, qu'un corps psychique, un corps pneumatique. Ainsi selon les Actes de Paul, Simon et Cleobios étaient venus à Corinthe répétant « Jésus-Christ n'a pas été crucifié mais c'est un simulacre qui a eu lieu[3] ». On n'est pas loin de la conception coranique.

1. *Le Nazaréen ou le christianisme des juifs, des gentils et des mahométans, op. cit.,* chap. VI.

2. Irénée, *Contre les hérésies,* I. 24, 4, traduit par Adelin Rousseau et Louis Doutreleau, éd. du Cerf, « Sources chrétiennes », 1979, p. 329.

3. Trad. par Willy Rordorf in *Écrits apocryphes chrétiens,* t. I, *op. cit.,* p. 1161.

Cette thèse revient dans deux des textes coptes retrouvés à Nag Hammadi. Pour *Le Traité du Grand Seth* : « Celui qui buvait le fiel et le vinaigre, ce n'était pas moi. Ils me flagellaient avec le roseau. C'était un autre, celui qui portait la croix sur son épaule, c'était Simon[1]. » L'Apocalypse de Pierre s'en fait l'écho également : « Le Sauveur me dit : "Celui que tu vois au-dessus de la croix, joyeux et riant, c'est le Jésus vivant. Mais celui dont ils clouent pieds et mains est son aspect physique, c'est-à-dire le substitut[2]." » Dans les Actes de Jean, le Christ révèle la vérité à son disciple : « Pour moi, quand je le vis souffrir, je n'assistai pas non plus à sa souffrance, mais je m'enfuis sur le mont des Oliviers, en pleurant à cause de ce qui était arrivé. Lorsqu'il fut suspendu le vendredi à la sixième heure, il y eut des ténèbres sur toute la terre ; et mon Seigneur se tint au milieu de la grotte, il m'illumina et dit : Jean, pour la foule d'en bas, à Jérusalem, je suis crucifié, je suis piqué par des lances et des roseaux, je suis abreuvé de vinaigre et de fiel. Mais à toi je vais parler, et ce que je vais dire, écoute-le. C'est moi qui t'ai donné l'idée de monter sur cette montagne pour que tu écoutes ce qu'il faut qu'un disciple apprenne de son maître et un homme de son Dieu [...]. Ce n'est pas la croix de bois que tu vas voir quand tu seras descendu d'ici. Je ne suis pas non plus celui qui est sur la croix, moi que maintenant tu ne vois pas, mais dont tu entends seulement la voix. J'ai été considéré pour ce que je ne suis pas, n'étant pas ce que je suis pour la multitude ; bien plus, ce qu'ils diront à mon sujet est vil et indigne de moi [...]. Tu entends dire que j'ai souffert, or je n'ai pas souffert ; que je n'ai pas souffert, or j'ai souffert ; que j'ai été transpercé, or je n'ai pas été transpercé ; que j'ai été frappé, or je n'ai pas été frappé ; que j'ai été suspendu, or je n'ai pas été suspendu ; que du sang s'est écoulé de moi, or il ne s'en est pas écoulé. En un mot, ce que ces gens-là disent de moi, je ne l'ai pas subi ; et ce qu'ils ne disent pas, voilà

1. Dans Guy Stroumsa, *Le Rire du Christ,* Bayard, 2006, p. 18.
2. *Ibid.*, p. 20.

ce que j'ai souffert[1]. » Enfin, pour Irénée, le Sauveur « est demeuré impassible : il ne pouvait en effet souffrir, étant insaisissable et invisible[2] ».

Le parallélisme entre les convictions docètes sur la crucifixion évitée de Jésus et la crucifixion « en apparence » défendue par le Coran puis par sa tradition interprétative est frappant ; ne serait-ce que de manière indirecte, par association d'idées, sans qu'il y ait obligatoirement contact direct, mais transfert dans un tout autre environnement religieux et anthropologique.

Substitution et apparition

D'un point de vue strictement littéraire, on pourrait formuler l'hypothèse que le remplacement de Jésus sur la croix par un autre a été suggéré par les récits canoniques eux-mêmes. Dans les quatre évangiles, au nom d'une très hypothétique coutume pascale, le gouverneur romain propose aux habitants de Jérusalem de choisir qui va être condamné à la croix : Jésus ou Barabbas, voire « Jésus Barabbas[3] ». C'est ce (Jésus) Barabbas qui est gracié, laissant pour longtemps en tête la supposition qu'un autre Jésus aurait pu prendre réellement la place du crucifié. La place du mort. Or, c'est avec d'autres substituts qu'une telle permutation va se retrouver virtuellement disponible pour les différents schémas mis à contribution par la Tradition musulmane.

Mais un second modèle narratif existe encore dans les récits chrétiens.

1. Trad. par Paolo Marrassini in *Écrits apocryphes chrétiens*, t. I, *op. cit.*, p. 1005-1007.

2. Irénée, *Contre les hérésies*, *op. cit.*, I. 7, 2.

3. Dans certains manuscrits anciens de l'évangile de Matthieu, la version syriaque du codex Sinaï – IVe ou Ve siècle –, le Codex Koridethi – XIe siècle – ou encore le manuscrit Egerton – XIe siècle –, le nom complet de Barabbas est Jésus Barabbas.

Si chaque évangile comporte son propre récit d'apparitions de Jésus, le point commun de ces « christophanies » est que le Ressuscité – étrangement semblable à lui-même – n'est pas immédiatement reconnu : « Aucun des disciples n'osait lui demander "Qui es-tu ?" » (Jn 21,12) même s'ils ne doutent pas que ce soit le Seigneur. Ainsi dans un premier temps, Marie de Magdala confond Jésus revenu d'entre les morts avec le jardinier. Quand elle avance la main pour s'assurer de sa réalité, Jésus lui ordonne : « Ne me touche pas » (Jn 20,17). Peu après, Thomas, l'un des douze disciples, réitère la même demande : « Si je ne mets pas mon doigt dans la marque des clous, et si je ne mets pas ma main dans son côté, je ne croirai pas » (Jn 20,25). Contrairement à ce que la peinture s'est ingéniée à figurer, Thomas face au Christ ressuscité retient son geste et devant le corps intouchable proclame : « Mon Seigneur et mon Dieu » (Jn 20,28). La scène de la tentation de Thomas se retrouve dans d'autres termes chez les Pères de l'Église. Ignace d'Antioche au début du IIe siècle, par exemple, cite une phrase attribuée à Jésus (en fait un extrait de la *Doctrine de Pierre* rapporté par Origène) : « Prenez, touchez-moi et voyez que je ne suis pas un démon incorporel[1]. » L'évangile de Luc évitait d'associer au Christ le mot « démon » tout en développant le même schéma : « Voyez mes mains et mes pieds ; c'est bien moi ! Palpez-moi et rendez-vous compte qu'un esprit n'a ni chair ni os, comme vous voyez que j'en ai » (Lc 24,39). Ressuscité, Jésus apparaît toujours corporel ; ce n'est ni un fantôme ni un spectre mais un être physique, quoique personne ne puisse obtenir de preuve tangible de sa réalité. Il faut croire et rien d'autre. Un être qui semble réel, mais que l'on ne peut toucher (ni Thomas ni Marie-Madeleine n'accomplissent ce geste si on lit bien), c'est très exactement un simulacre, une illusion, une apparence. Ce

1. Ignace, *Lettre aux Smyrniotes*, dans *Les Évêques apostoliques*, *op. cit.*, p. 145. On notera que, de son côté, le Coran réfute que Mahomet soit un « démon maudit » (LXXXI, 25).

dont le Coran, quelques siècles plus tard, garde la mémoire. Mais, au lieu que Jésus ressuscité retrouve la vie en apparence, le Jésus coranique n'est pas réellement crucifié.

Mort ou vif

L'islam résout l'impasse théologique dans laquelle les chrétiens sont enfermés par la mort de Jésus sur la croix grâce à la formule *« wa lâkin shubiha lahum »*, « il leur a semblé... ». Pour les musulmans, quelles que soient les interprétations données à la sourate IV, la crucifixion de Jésus n'a été finalement qu'une illusion. Dieu a pu laisser croire à ses accusateurs que Jésus était mort, voire les tromper sur l'identité de la victime. Si les juifs à la sourate IV « n'ont certainement pas tué Jésus », même s'ils l'ont cru, même s'ils l'affirment, c'est une ruse de Dieu, une illustration de sa puissance. Allah ne peut pas laisser mourir son envoyé. Au verset 158, le texte se porte aussitôt à son secours : « Mais Dieu l'a élevé vers lui » ou encore au verset 55 de la sourate III : « Dieu dit : "Ô Jésus, je vais en vérité te rappeler à moi ; t'élever vers moi ; te délivrer des incrédules, jusqu'au Jour de la Résurrection." »

Faut-il comprendre que Jésus va échapper à la croix et sera rappelé vivant auprès de Dieu ou qu'il va mourir avant de ressusciter ? Montera-t-il au ciel mort ou vif ?

La question est impossible à trancher.

Dans la sourate « Maryam », l'enfant Jésus déclare : « Que la paix soit sur moi, le jour où je naquis, le jour où je mourrai, le jour où je serai ressuscité » (XIX, 33). Le Jésus coranique admet donc qu'il mourra et puis qu'il ressuscitera. Dans la sourate V, il dialogue avec Dieu dans un regard rétrospectif, un passé dans le futur : « J'ai été contre eux un témoin, dit-il se souvenant des chrétiens, aussi longtemps que je suis resté avec eux, et quand tu m'as rappelé auprès de toi, c'est toi qui les observais... » (V, 117) sans que nous sachions si ses paroles se réfèrent à la crucifixion ou se situent à l'heure de la Fin des temps. Rien dans le texte coranique ne permet d'affirmer quand et dans quelles circonstances Jésus est mort ou s'il a échappé à la mort, ni même s'il est mort ou si sa mort est seulement envisageable.

La raison théologique ne s'embarrasse pas de vraisemblance ; elle opère dans un autre registre où la raison n'a pas cours. Par choix ou par la force de l'histoire, le Coran a besoin de Jésus et, pour ce faire, plie sans hésiter sa figure à sa seule nécessité. Toutes les questions à propos de son destin sont balayées par la conviction qu'il est entre les mains de Dieu, et que Dieu en dispose à son gré. Dieu est celui qui donne la vie et celui qui donne la mort. Ce que dit le verset 157 est sa vérité ; une vérité incontestable puisqu'elle est celle de Dieu.

À moins qu'il ne s'agisse d'un rêve, comme celui que rapportera, au XIIIe siècle, Jamâl al-Dîn ibn Wâsil : « Al-'Uris vit dans son sommeil le Christ Jésus fils de Marie, qui semblait, du paradis, tourner son visage vers lui. Al-'Uris lui demanda : "La crucifixion a-t-elle réellement eu lieu ?" Jésus dit : "Oui, la crucifixion a réellement eu lieu." Al-'Uris raconta alors son rêve à un interprète, qui dit : "L'homme qui a vu ce rêve sera crucifié." Car Jésus est infaillible et ne peut dire que la vérité, aussi la crucifixion dont il a parlé ne peut être la sienne, puisque le Coran glorieux établit en particulier que Jésus n'a été ni crucifié ni tué. En conséquence il ne peut s'agir que du rêveur, et c'est lui qui sera crucifié. La suite se déroula comme l'interprète l'avait dit[1]. »

1. Cité par Tarif Khalidi, *Un musulman nommé Jésus,* traduit de l'anglais et de l'arabe par Jean-Louis Bour, Albin Michel, 2003, p. 220.

3

Christ ou Messie

Dans le livre sacré des musulmans, Jésus est le seul à porter le qualificatif d'*al-Masîh,* « messie » (III, 45 ; IV, 157 ; V, 17 ; IX, 30-31). À l'origine, le Messie est celui qui a reçu l'onction d'un prophète de Dieu. Dans la Bible hébraïque, les rois Saül puis David sont des messies, oints par Samuel. « Yahvé dit : "Va, donne-lui l'onction : c'est lui !" Samuel prit la corne d'huile et l'oignit au milieu de ses frères. L'esprit de Yahvé fondit sur David à partir de ce jour-là et dans la suite » (1 Sam 16,12-13). Dans la tradition juive, le « prêtre consacré par l'onction » apparaît pour la première fois avec le Lévitique (4,3, 5, 16 et 6,15). Dans les Psaumes de David (Ps 2,2, 18,51, 20,7, 105,15) comme dans le livre de Daniel, le Messie est le roi vainqueur qui doit rétablir la royauté d'Israël et inaugurer une ère de paix, de prospérité et de bonheur. « Dans le temps de ces rois, le Dieu des cieux suscitera un royaume qui ne sera jamais détruit, et qui ne passera point sous la domination d'un autre peuple ; il brisera et anéantira tous ces royaumes-là, et lui-même subsistera éternellement » (Dn 2,44). Le Messie de la Bible hébraïque est le Messie d'Israël, appelé pour être « la lumière des nations, pour ouvrir les yeux des aveugles, pour extraire du cachot les prisonniers et de la prison ceux qui habitent dans les ténèbres » (Is 42,6-7).

Pour la tradition chrétienne, le Messie est le Rédempteur, celui qui, à la Fin des temps, selon l'apôtre Paul, « viendra juger les vivants et les morts » (2 Th 4). Les chrétiens utilisent alternativement deux termes : « messie » qui vient de l'hébreu *mashia'h* ou *christos*, « christ », sa traduction par la Septante (l'appellation de la Bible traduite en grec). Dans la littérature chrétienne, on lira donc comme parfaitement synonymes : Jésus-Christ ou le messie Jésus. « Nous avons trouvé le Messie (c'est-à-dire le Christ) », explique André à Simon-Pierre (Jn 1,41) comme si Jean l'évangéliste donnait la traduction d'un idiome incompréhensible pour un lecteur de langue grecque, langue dans laquelle a été rédigé son évangile. Certains traducteurs préfèrent utiliser le terme « oint » à la place de « christ », mais l'homophonie « l'oint du Seigneur » est problématique en français.

L'onction est une marque d'élection dans les deux traditions du monothéisme.

Mais le messie attendu par les juifs et le messie chrétien, le Christ, sont des notions totalement dissemblables ; le premier est un prêtre-roi, Jérusalem étant le centre de la terre, l'autre est un prophète « sauveur » qui apporte le salut non pas à Israël, mais à l'humanité entière. Le terme commun aux deux traditions n'est qu'un leurre qui dissimule les différences irréconciliables entre judaïsme et christianisme.

Le messie du Coran

Au VIIe siècle de notre ère, on peut s'étonner que les premiers musulmans n'emploient pas le mot « christ » qui désigne majoritairement Jésus chez les chrétiens. Une dénomination qui circulait certainement dans les communautés présentes en Arabie. Dans le Coran, « messie » est – aujourd'hui du moins – une épithète vidée de son sens premier. Ce n'est plus qu'un titre accolé au nom de Jésus comme une marque distinctive, une faveur qui lui est exclusivement accordée. Le rôle du messie Jésus se résume alors à garantir l'annonce coranique de la Fin des temps dont Jésus est le héraut : « Jésus est, en vérité, l'annonce de l'Heure. N'en doutez pas et suivez-moi ! Voilà un chemin droit » (XXXXIII, 61). Une autre traduction de ce verset est possible : où Denise Masson écrit « annonce », on peut lire « science », comme le signifie le terme « *'ilm* » en arabe. Jésus serait alors maître de la science de l'Heure.

Si ce titre ne recouvre rien d'autre qu'une manière de singulariser le personnage, pourquoi le Coran privilégie-t-il ce « messie » si exceptionnel pour les chrétiens ? Ce que Nietzsche raillait : « Quel est le seul emprunt que, plus tard, Mahomet fit au christianisme ? L'invention de Paul, son moyen d'asseoir la tyrannie des prêtres, de former des troupeaux : la croyance en l'immortalité – c'est-à-dire la doctrine du "jugement" » (*L'Antéchrist*).

L'explication se trouve certainement du côté de l'Église syriaque et des évangiles en araméen utilisés par la liturgie chrétienne orientale. Le syriaque, l'araméen des chrétiens – langue sémitique –, ignore le terme « christ » et ne connaît que le *meshi'ha,* le messie. Dans cette littérature il n'y a jamais de Jésus-Christ mais toujours, au plus près de la langue originelle, « un messie Jésus ». Avec le copte, le syriaque est une des langues par lesquelles les judéo-chrétiens (nazaréens, ébionites ou elkasaïtes) ont prêché au Moyen-Orient. Ce serait donc *via* ces groupes et *via* les églises de Syrie, les plus proches géographiquement et linguistiquement de l'Arabie, que l'expression « messie Jésus » serait arrivée en arabe dans le Coran.

Pourtant il semble bien que pour le proto-islam Jésus ait été ce messie attendu. Comme l'écrit Jacob d'Édesse, l'évêque de Mossoul (633-708), vers la fin du VIIe siècle à Jean le Stylite, les « musulmans » (les *mahgraye* en syriaque) « bien qu'ils ne reconnaissent pas comme Dieu et Fils de Dieu le véritable Messie qui est venu et qui est reconnu par les chrétiens – confessent tous sans hésitation qu'il [Jésus] est le véritable Messie qui devait venir et qui a été reconnu par les prophètes ;

ils n'ont à ce sujet aucune controverse avec nous, mais plutôt avec les juifs [...]. Ils disent à tous et toujours que Jésus, fils de Marie, est en vérité le Messie[1] ». C'est ce que confirme bien auparavant un autre témoignage externe, la *Doctrina Jacobi*, texte chrétien adressé aux juifs, écrit en grec à Carthage avant 640. On peut y lire cette phrase : « On disait que le prophète était apparu, venant avec les Saracènes [les sarrasins, les Arabes] et qu'il proclamait la venue du christ oint [du messie] qui allait venir[2]. »

Mais ce « messie » qui allait venir est-il trop chrétien ou trop juif pour apparaître comme tel dans le Coran ? C'est l'Évangile de Barnabé (voir chap. 2) qui va s'occuper de changer la donne et de faire de Mahomet le vrai messie. Ce qui suppose de réécrire le rôle de Jésus, lequel ne cesse dans le récit de Barnabé de nier toute prétention messianique.

Comme Jean le Baptiste, chez les chrétiens, s'effaçant devant Jésus dans l'évangile de Jean, dans celui de Barnabé, Jésus cède sa place à Mahomet : « Es-tu le Messie de Dieu que nous attendons ? » Jésus répondit : « Il est vrai que c'est ce que notre Dieu a promis, mais ce n'est pas moi, car il est fait avant moi et il viendra après moi » (EB XCVI, 241). Celui qui vient après Jésus est Mahomet selon le point de vue musulman de l'Évangile de Barnabé. Jésus est venu dans le monde pour préparer la voie au messager de Dieu, selon ce qui aurait été annoncé dans le Coran : « Et quand Jésus fils de Marie dit : Ô fils d'Israël, je suis en vérité Prophète de Dieu envoyé vers vous, pour confirmer ce qui de la Tora existait avant moi ; pour vous annoncer la bonne nouvelle d'un Prophète qui viendra après moi et dont le nom sera "Ahmad" » (EB LXI, 6).

---

1. Cité par Guillaume Dye, « La théologie de la substitution du point de vue de l'islam », dans *Judaïsme, christianisme et islam, op cit.*, p. 94-95.

2. *Doctrina Jacobi*, V, 16, éd. par Gilbert Dagron et Vincent Déroche, traduit par Vincent Déroche, *Travaux et Mémoires*, 11, Collège de France/De Boccard, 1991, p. 208-210.

Pourtant le nom de Mahomet n'est cité ni dans les textes chrétiens ni dans les textes juifs. D'ailleurs, comment aurait-il pu l'être ?

Certains musulmans y voient la preuve que le nom de Mahomet aurait été systématiquement effacé de la Bible hébraïque et des évangiles ! Preuve accablante s'il en est que les juifs et les chrétiens auraient falsifié leurs Écritures, en même temps qu'ils trahissaient la parole de Dieu et méprisaient ses commandements. Au IIe siècle, depuis Justin martyr et son *Dialogue avec Tryphon*, les chrétiens avaient porté la même accusation contre les juifs quand ils leur reprochaient d'avoir éliminé le nom de Jésus de la Bible hébraïque alors que, selon eux, chaque ligne annonçait sa venue.

Aucune de ces accusations n'est fondée au plan historique ou au regard du simple bon sens (toutes les copies en circulation auraient dû être falsifiées). Mais elles s'avèrent très symptomatiques de la concurrence des messies dans les trois traditions monothéistes où, d'une certaine manière, tous les coups sont permis. Tous les détournements de concepts comme tous les rapts d'ancêtres.

Dits du Prophète

Si, dans la terminologie du Coran, l'expression le « messie Jésus » se limite à être l'objet d'incantations, il en va tout autrement dans la Tradition musulmane où Jésus joue un rôle messianique fondamental lors des récits de la Fin des temps qui lui sont propres. Mais d'abord il convient de s'interroger sur l'histoire et la nature de cette littérature si essentielle pour l'islam.

Cette littérature de la Tradition, qui se veut l'écho de multiples traditions orales, a été rédigée et mise en forme près de deux siècles après la mort de Mahomet. Elle regroupe le *Hadîth,* les paroles et récits attribués au Prophète, qui auraient été mémorisés par une chaîne de compagnons au fil des premières générations, et la *Sîra*, sa biographie pieuse écrite par Ibn Ishâq, dont l'original a été perdu mais qui nous est connue par la recension d'Ibn Hishâm (mort v. 830) ; un texte qui a aujourd'hui statut de biographie officielle bien qu'il ne soit qu'un abrégé de l'œuvre primitive.

Parmi la cinquantaine de recueils de hadîths, pour l'essentiel sunnites, les deux recueils les plus respectés sont l'œuvre de musulmans persans : Muhammad ibn Ismâ'ïl Bukhârî (809-870) qui, pendant seize ans, sélectionna les 725 hadîths considérés comme les plus fiables sur un total de 6 000 ; et Abû al-Husayn Muslim (816-876) qui pendant sa vie en scruta 300 000 et n'en retint « sur preuves » que 9 200 qu'il compila en 54 chapitres. Les recueils de Bukhârî et Muslim sont les seuls de toute la littérature religieuse islamique à porter d'ailleurs comme titre *L'Authentique*.

Les recueils de hadîths d'Al-Nasâ'i (mort en 915), d'Abû Dâwûd (mort en 888) et de Tirmidhî (mort en 892) sont considérés comme d'un rang inférieur, sans compter les milliers d'autres hadîths que les érudits de l'islam reconnaissent depuis toujours comme faibles ou faux.

Les hadîths répondent à une classification très particulière. Bukhârî accepte comme authentiques (*sahîh*) ou bons (*hasan*), ceux rapportés par une chaîne de témoignages considérés comme fiables. D'autres sont jugés faibles (*dha'îf*) et tenus pour apocryphes, sans oublier ceux qui sont de pures inventions (*mawdû'*), corrompus par la présence de menteurs dans la chaîne de transmission. Mais il existe d'autres types de classification, selon la crédibilité, le volume, le nombre de références… On distingue alors les hadîths sacrés (*qudsî*), témoins directs de la parole divine dont on peut d'ailleurs s'étonner qu'ils ne soient pas présents dans le Coran ; les hadîths élevés (*marfû'*), dits du Prophète commençant par « J'ai entendu le Prophète dire… » ; les hadîths arrêtés (*mawqûf*), venus des compagnons du Prophète, ceux de leurs successeurs étant les hadîths coupés (*maqtû'*).

Contrairement à ce que font trop hâtivement non seulement des responsables religieux ou politiques, des prédicateurs ou des exégètes, mais aussi des chercheurs, il est plus que hasardeux de vouloir fusionner tous ces textes comme s'ils appartenaient à un seul et même corpus. Toute une partie de l'exégèse musulmane consistera d'ailleurs à tenter d'accorder le *Hadîth* et la *Sîra* au texte coranique quitte à surinterpréter les versets ou à en forcer le sens, alors même que, de façon paradoxale, « le *Hadîth* prophétique ne prend pas le Coran comme référence. On pourrait même dire qu'il doit nécessairement se passer du Coran pour devenir lui-même[1] ».

Dans la littérature chrétienne, Paul, l'auteur supposé des épîtres, et Paul, le héros du livre des Actes des Apôtres, sont très souvent confondus et réunis par la critique en une seule figure alors qu'ils n'ont en commun que le nom de l'apôtre qui circule d'un texte à l'autre. De la même manière, ce serait trahir le Mahomet du Coran en l'amalgamant avec le personnage construit par le *Hadîth* et la *Sîra,* sinon pour lui apporter une consistance que le Coran lui mesure. De même qu'il est impératif de séparer les épîtres de Paul des Actes des Apôtres, il est nécessaire d'opérer une distinction très nette entre le texte du Coran et celui du *Hadîth* ou de la *Sîra.*

Le volume des propos de Mahomet rapportés par les hadîths est tellement considérable que l'on finit par se demander, avec Alfred-Louis de Prémare, « comment un seul homme a pu dire et faire tant de choses dans l'espace d'une vie en tant de circonstances petites et grandes[2] ». À vrai dire, la mise en doute d'un

1. Jacqueline Chabbi, *Le Seigneur des tribus. L'islam de Mahomet, op. cit.,* p. 89.

2. Alfred-Louis de Prémare, *Les Fondations de l'islam. Entre écriture et histoire,* Seuil, « L'Univers historique », 2002, p. 21.

grand nombre de données véhiculées par le *Hadîth* s'est manifestée très tôt du fait de leur profusion et de leurs contradictions.

En 1890, le grand savant juif hongrois Ignaz Goldziher (1850-1921), qui fut au XIXe siècle l'un des fondateurs de l'islamologie critique[1], fut des plus réservés à l'égard de leur utilité. Il rapporte ceci : « Abdallah ibn Lahîa (mort en 174) raconte qu'un jour un hérétique converti à l'islam lui avait fait remarquer qu'il fallait être circonspect dans l'admission des traditions, car, dit-il, "quand nous émettions une de nos opinions, nous avions coutume de la présenter sous forme de hadîth". [...] Chaque courant et contre-courant, dans la vie de l'islam, a trouvé son expression dans des traditions et il n'y a là aucune distinction à faire entre les différentes opinions divergentes, dans quelque domaine que ce soit[2]. » Goldziher raconte en outre que, dans le but de contester des hadîths manifestement inventés, des auteurs les firent contester par la voix du Prophète lui-même, qu'il s'agisse d'inventions pures et simples ou d'interpolations partielles. « Dans cet ordre d'idées, le hadîth polémique le plus largement répandu est celui-ci, qui a été conservé dans de nombreuses versions : "Quiconque, à mon sujet, ment intentionnellement, qu'il prenne place dans le feu de l'Enfer." » L'avertissement de Mahomet, communiqué par le canal de quatre-vingts compagnons environ – sans parler de quelques paraphrases –, représente d'évidence une réaction « contre l'envahissement des traditions prophétiques forgées de toutes pièces[3] ».

Il est clair que les mises en garde de type prophétique sont souvent des réponses à des faits déjà avérés comme l'avertissement qui se trouve au dernier chapitre de l'Apocalypse de Jean : « Je déclare, moi [Jésus], à quiconque écoute les paroles prophétiques de ce livre : "Qui oserait y faire des surcharges,

1. Voir Maurice Olender, « Sémites comme Aryens », dans *Les Langues du Paradis*, Seuil, « Points Essais » n° 294, 2002, p. 211-242.

2. Ignaz Goldziher, *Études sur la tradition islamique*, traduit de l'allemand par Léon Bercher, Maisonneuve, 1984, p. 161.

3. *Ibid.*, p. 162.

Dieu le chargera de tous les fléaux décrits dans ce livre" » (Ap 22,18). De même, les serments d'authenticité laissent toujours soupçonner la fraude ou le mensonge. « Je dis la vérité dans le Christ, je ne mens point – ma conscience m'en rend témoignage dans l'Esprit Saint », jurait Paul dans l'épître aux Romains (Rm 9,1). Mais pourquoi vouloir si fort jurer de son innocence ?

Il ne s'agit pas de contester systématiquement l'authenticité de tous les hadîths, mais de montrer simplement combien la tradition orale a pu être inventive et sans cesse créative... Plutôt que l'histoire, c'est son écho que l'on entend dans le *Hadîth,* l'écho de l'histoire du IIIe siècle de l'hégire (IXe-Xe siècle de notre ère). Une histoire qui a eu souvent besoin d'actualiser certaines thématiques du Coran, de compléter son message, mais aussi de l'incarner, de le raconter et de le conter, de l'illustrer.

Portraits de Jésus et de Mahomet

Ni dans les évangiles canoniques ni dans les apocryphes ne se trouve de description physique de Jésus. Jésus est, par excellence, la figure absente des textes chrétiens. Selon Justin ou Irénée, s'appuyant sur la description du « Serviteur souffrant » d'Isaïe, Jésus était « sans beauté ni éclat pour attirer nos regards et sans apparence qui nous eût séduits » (Is 53,2). Selon Origène, il était petit, disgracié, semblable à un homme de rien ; Tertullien, Cyprien, Commodien, Hyppolite assurent qu'il avait l'apparence d'un esclave et certains iront même jusqu'à affirmer qu'il était lépreux[1] ! Une autre tradition, portée par Grégoire de Nysse, Jean Chrysostome, Ambroise, Augustin, Théodoret, soutiendra au contraire que Jésus était « le plus beau des enfants des hommes » conformément à la promesse des Psaumes (Ps 45). C'est cette deuxième tendance qui l'emportera grâce au soutien de l'immense production iconographique chrétienne

1. Voir notre *Jésus contre Jésus, op. cit.*, p. 107.

relayée par le cinéma dès 1898 avec *La Passion du Christ* de Georges Hatot ; en 1899 avec *Le Christ marchant sur les flots* de Georges Méliès, où il tenait lui-même le rôle de Jésus, jusqu'au sinistre *La Passion du Christ* de Mel Gibson (2004) et des centaines d'autres.

Du côté musulman, les hadîths ont tout autant cherché à donner à voir Jésus dans le registre des « portraits à ressemblance évitée » chers au peintre Jean Dubuffet : « Reconnaissez-le quand vous le verrez. C'est un homme de taille moyenne, son teint est clair, mêlé de rouge » (Abû Dâwûd). Ou encore : « Son teint est clair, mêlé de rouge. Il portera un vêtement fait de deux pièces d'étoffe jaune. Sa chevelure semblera ruisselante, bien qu'elle ne soit pas mouillée » (Ahmad ibn Hanbal, Musnad) ; voire : « Il a des cheveux châtains et bouclés et de larges épaules » (Suyûtî, Nuzûl, *'Isa ibn Maryam Akhir al-Zaman,* n° 182). S'il est souvent blond aux yeux bleus pour les chrétiens occidentaux, Jésus sera roux dans la Tradition musulmane – la racine de son nom (*'Isâ*) signifiant en arabe « couleur fauve ». Blond ou roux, chrétien ou musulman, l'image de Jésus en voit de toutes les couleurs dès que l'on s'aventure à le décrire, oubliant que nul ne sait comme il était, sinon que c'était un juif du Ier siècle qui aurait sans doute eu beaucoup de mal à se reconnaître dans ces caricatures.

Mahomet bénéficie du même traitement aux yeux de la Tradition musulmane. Les portraits qu'elle s'ingénie à peindre pallient le vide de description du personnage dans le Coran. Selon Anas ibn Mâlik, le plus vieux compagnon du Prophète, le dernier à lui survivre, Mahomet « était un homme d'une taille moyenne : ni longiligne ni trop court ; sa peau affichait une couleur qui n'était ni d'une blancheur éclatante ni brune ; sa chevelure n'était ni crépue ni outrancièrement longue » (Bukhârî, n° 3354, Muslim, n° 2338). « Les cheveux du Messager d'Allah n'étaient pas crépus, mais droits et assez longs pour atteindre ses oreilles et son cou » (Bukhârî, n° 5565, Muslim, n° 2337). Selon une autre version :

« ses cheveux frappaient ses épaules » (Bukhârî, n° 5563, Muslim, n° 2338). Ou encore : « le Messager d'Allah laissait ses cheveux descendre sur son front alors que les polythéistes séparaient les leurs au milieu de la tête. Les gens du Livre laissaient leurs cheveux descendre sur leur front et le messager d'Allah aimait faire comme eux en l'absence d'un ordre disant le contraire. Et puis il séparait ses cheveux en deux parties » (Bukhârî, n° 3365, Muslim, n° 2336). Selon Abû Hurayra, qui aurait transmis environ trois mille cinq cents hadîths, Mahomet avait « le teint blanc, un peu rosé. Ses yeux étaient très noirs et ses cils longs » (Tirmidhî, n° 1524). « Son front était large et l'espace qui séparait ses sourcils était aussi brillant que l'argent pur et ses prunelles étaient d'un noir teinté de rouge. Ces cils étaient fournis... Quand il souriait ou riait, ses dents brillaient de mille feux. Il avait de très belles lèvres... Sa barbe était épaisse. Son cou aussi était très beau, ni trop long ni trop court. Quand les rayons du soleil tombaient dessus, on aurait dit une coupe d'argent mêlée d'or. Sa poitrine était large. Elle était semblable à un miroir et blanche comme la lune... Ses épaules étaient larges et ses paumes douces comme la laine[1]. »

Quant à Ali, gendre du prophète, il voyait ainsi son beau-père : « Il n'était ni très grand ni très petit, mais c'était un homme de taille moyenne. Ses cheveux n'étaient pas vraiment raides ni bouclés mais avec une texture médiane. Son teint était rosé, et il avait de grands yeux bordés de longs cils. Il avait des articulations et les épaules saillantes... Entre ses épaules se trouvait le sceau de la prophétie. Il avait une poitrine plus fine que toute autre, était plus sincère dans ses propos que n'importe qui, il avait la meilleure nature et la meilleure lignée... Ceux qui le voyaient étaient frappés de stupeur et ceux qui le fréquentaient l'aimaient. Ceux qui l'ont décrit ont dit qu'ils n'ont jamais vu son semblable, ni avant ni après. Cela est rapporté par

1. Imam Ghazali, Ihya Ulum-Id-Din, *Le Livre des sciences religieuses*, t. II, Islamic Book Service, New Delhi, 2001, p. 251.

Ibrahim ibn Mohammad, l'un des petits-fils d'Ali » (Tirmidhî, n° 1524).

L'hagiographie oublie toute visée documentaire. Les adjectifs, les comparatifs, les superlatifs qui grêlent les textes donnent ici le sentiment que leurs auteurs s'écartent volontairement de toute réalité par la poésie, la foi, l'adoration. Les portraits de Mahomet ne sont pas ceux d'un homme, mais d'un saint, voire d'un ange, d'un être hors du commun, au-dessus de toute contingence humaine.

L'interdit de l'image

Dans la Bible hébraïque, au chapitre 20 du livre de l'Exode, on lit le commandement : « Tu ne feras aucune image sculptée, rien qui ressemble à ce qui est dans les cieux, là-haut, ou sur la terre, ici-bas, ou dans les eaux au-dessous de la terre » (Ex 20,4). « En déniant à la représentation des êtres animés la place légitime qu'elle occupe dans le système des productions artistiques visuelles de l'islam, [les orientalistes] n'ont fait qu'ajouter la confusion à la confusion[1] », déplore Houari Touati. En effet, cet « interdit de l'image » ne se retrouve pas dans le Coran. Il n'existe aucune injonction formelle contre la représentation dans le texte sacré des musulmans. Comme le rappelle encore Houari Touati, le Coran reprend à ce sujet la Loi de Moïse en se limitant à frapper d'interdiction les seules images conçues et réalisées en vue de leur adoration. L'idolâtrie est seule visée, comme l'indique la sourate VI : « Abraham dit à son père Azar : “Prendras-tu des idoles pour divinités ? Je te vois, toi et ton peuple, dans un égarement manifeste” » (VI, 74). Le Coran fait « une prohibition de la représentation d'Allah un principe

1. Houari Touati, « Le régime des images figuratives dans la culture islamique médiévale », dans *De la figuration humaine au portrait dans l'art islamique*, sous la dir. de Houari Touati, Brill, 2015, p. 1.

majeur de sa théologie. Comme le Dieu de la Bible, le Dieu du Coran n'a pas besoin d'être présentifié de manière magique pour exprimer sa présence au monde [...]. Mais, à la différence de la Bible, le Coran ne condamne pas tout ce qui est représentation d'êtres vivants. Pareil interdit n'existe nulle part dans la révélation coranique. Mais il n'est pas absent de la dogmatique islamique. C'est dans la Tradition qu'il a pris corps[1] ».

Cet interdit n'apparaîtra que des décennies plus tard, dans le *Hadîth*, sous une forme très souvent contournée : « Les anges n'entreront pas dans une maison où il y a un chien, ni dans celle où il y a des images » (Bukhârî, n° 77). Ou, dans un autre hadîth de la même origine : « Ceux qui seront punis avec le plus de sévérité le jour du Jugement dernier sont : les meurtriers des prophètes, celui qui a été mis à mort par un prophète, l'ignorant qui induit les autres en erreur et qui façonne des images et des statues[2]. » Au cours des siècles, cette crainte de l'image s'est développée sur deux grandes peurs : celle de l'idolâtrie et celle de l'associationnisme (c'est-à-dire d'associer d'autres figures ou des figures à celle d'Allah – impossible à représenter – ou à son prophète). Trois hadîths sont à la base de toutes les interprétations des juristes musulmans. Selon le premier, « Aïcha avait acheté un coussin sur lequel il y avait des images d'êtres animés. Ayant vu cela, le Prophète ne l'apprécia pas et demanda : "Comment se fait-il que ce coussin soit ici ? – Je l'ai acheté pour que tu t'assoies et que tu t'appuies dessus", répondit Aïcha. Le Prophète dit : "Ceux qui ont réalisé ces représentations seront punis le jour du Jugement, et il leur sera dit : 'Donnez vie à ce que vous avez créé.' Et les anges n'entrent pas dans une demeure où il y a des images" » (Bukhârî, n° 4886, Muslim, n° 2107). Selon un deuxième, « Aïcha avait tendu un rideau sur lequel il y avait des représentations d'êtres animés ». Ayant « vu cela, le

1. *Op. cit.*, p. 4.

2. Cité par Oleg Grabar, dans *La Formation de l'art islamique*, Flammarion, 2000, p. 112.

Prophète enleva le rideau et dit : “Ceux qui auront l’une des plus grandes punitions le jour du Jugement seront ceux qui imitent la création de Dieu” » (Muslim, n° 2106). Dans un troisième hadîth : « Abû Talhah Al-Ansârï et Sahl ibn Hunayf rapportent que le Prophète disait ce qu’il disait à propos des représentations d’êtres animés [que les anges n’entraient pas là où il y avait une représentation d’un être animé], mais qu’il disait aussi : “Sauf s’il s’agit d’un dessin fait sur un tissu” » (Tirmidhî, n° 1750). Cette interprétation extensive des préventions coraniques contre l’idolâtrie va faire jurisprudence, comme si Mahomet lui-même l’avait édictée en loi, alors qu’elle se met en place peu à peu et au plus tôt un demi-siècle après sa mort, probablement d’abord sous l’influence de juifs convertis à l’islam, puis de chrétiens iconoclastes ensuite.

En réalité, le durcissement absolu du rapport aux images, ce puritanisme intégriste, s’imposera au XVIIIe et surtout au XIXe siècle dans la tradition wahhabite, une vision rigoriste de l’islam qui s’oppose notamment à toute forme de piété populaire et ne veut connaître qu’une lecture littérale des textes. En sacralisant ainsi l’image du Prophète dont la représentation serait une offense à Allah, cet islam fondamentaliste ne fait-il pas de Mahomet une figure quasi divine, alors que c’est l’un des péchés majeurs aux yeux des textes fondateurs ?

Il reste important de distinguer deux concepts trop souvent confondus quant à la question de l’interdit de la représentation : l’aniconie (c’est-à-dire le refus de l’image) et l’iconoclasme (c’est-à-dire la destruction des images). « Certes, l’iconoclasme et l’aniconisme ne sont pas sans lien, mais la violence est propre à l’iconoclasme. Ainsi, l’on dira que l’islam est une religion aniconique, c’est-à-dire qui n’admet pas la représentation de Dieu, ni celle des êtres animés, et que les talibans afghans sont iconoclastes, parce qu’ils ont détruit de nombreuses images, dont les très célèbres Bouddhas de Bâmyân[1]. » Ce rapport à l’image,

1. Marie-France Auzépy, *L’Iconoclasme*, PUF, « Que sais-je ? », 2006, p. 33.

dont la prohibition et la destruction semblent désormais, et à tort, emblématiques de l'islam contemporain, était de plus très différemment interprété par les trois grandes composantes arabe, persane et turque qui, tour à tour, ont gouverné l'Empire musulman. La Bibliothèque nationale de France, par exemple, possède une impressionnante collection de livres enluminés et même une caricature de Mahomet, dessinée à l'encre rouge dans un manuscrit du XIIe siècle. Il existe en fait un très grand nombre de représentations de Mahomet dans les traditions perses et ottomanes, et encore aujourd'hui dans la tradition chiite. Sur les manuscrits enluminés des *Vies des prophètes,* on peut voir Mahomet parmi les prophètes de la Bible hébraïque et ceux du Nouveau Testament, entrant à Médine, intronisant Ali ou prosterné dans la lumière d'Allah. Dans un manuscrit persan du XVIe siècle, *Al-âthâr al-bâqiya* d'Al-Bîrûnî, *Vestiges des siècles passés*[1], les deux prophètes chevauchent côte à côte, l'un sur un dromadaire, l'autre sur un âne, sous le regard d'Isaïe le prophète juif. Un double portrait peint avec délicatesse. Si l'on oublie combien la représentation du visage était alors étroitement codifiée, la ressemblance entre Mahomet et Jésus est remarquable, comme si les deux figures étaient purement et simplement interchangeables, comme s'ils étaient jumeaux.

La Fin des temps est proche

Les vingt-sept livres du Nouveau Testament sont animés par la conviction quasi unanime que la Fin des temps est proche : des évangiles synoptiques qui annoncent « En vérité, je vous le déclare, cette génération ne passera pas que tout cela n'arrive » (Mt 24,34 ; Mc 13,30 ; Lc 21,32) à l'Apocalypse de Jean, en passant par la réponse de la deuxième épître de Pierre adressée aux chrétiens qui s'impatientent : « Vous ne devez pas oublier que

1. BnF, manuscrit arabe 1489.

pour le Seigneur un seul jour est comme mille ans et mille ans comme un seul jour » (2 Pi 3,8). Dans son ouvrage *Le Royaume de Dieu et le christianisme* (1901), Albert Schweitzer (1875-1965) a magistralement démontré que pendant les premières décennies les disciples de Jésus étaient tous intimement persuadés que l'apocalypse approchait. Dix ans après Schweitzer, Paul Casanova (1861-1926), qui tint la chaire de langues orientales au Collège de France, publie *Mohammed et la fin du monde*, où il défend à propos de l'islam une thèse parallèle.

Selon Paul Casanova, le Prophète et ses premiers compagnons attendaient l'intervention de Dieu dans l'histoire, certains interprétant même la venue de Mahomet comme le signe le plus patent de l'arrivée de la Fin des temps. « Les temps annoncés par Daniel et Jésus étant révolus, Mahomet était le dernier prophète choisi par Dieu pour présider, conjointement avec le Messie revenu sur terre à cet effet, à la fin du monde, à la résurrection universelle et au Jugement dernier[1]. » Contredite tout autant par l'histoire que l'avaient été les prophéties chrétiennes, cette conviction de l'imminence de la fin demeure très présente dans les textes[2], et notamment dans les sourates les plus courtes qui sont, de l'avis général, les plus anciennes, et que l'on peut lire aujourd'hui à la fin du Coran.

« Par l'instant, oui l'homme est en perdition, à l'exception de ceux qui croient », traduit Denise Masson, là où Jacques Berque propose pour la même sourate : « Par le temps l'homme est en perdition, exception faite de ceux qui croient » (CIII, 1-3). Peut-être est-ce là un vestige de ce qu'était la prédication première de Mahomet, comme les annonces du Jugement sont un vestige des paroles primitives de Jésus dans les textes chrétiens. Le fait que la Fin des temps ne soit advenue ni du vivant de Jésus ni du vivant de Mahomet et que leurs prophéties n'aient pas pour

1. Paul Casanova, *Mohammed et la fin du monde. Étude critique sur l'islam primitif*, Librairie Paul Geuthner, 1911, p. 8.

2. Voir Jean-Pierre Filiu, *L'Apocalypse dans l'islam*, Fayard, 2008.

autant été éliminées des écrits fondateurs permet d'avancer que nous touchons là probablement à l'histoire. Les juifs, les chrétiens et les musulmans se rejoignent dans cette même croyance eschatologique. « J'estime pour ma part, écrivait Paul Casanova, que cet assentiment, au début, fut réel ; ce grand mouvement que suscitait le prophète arabe vers la croyance à l'heure prédite par les textes sacrés ne devait pas déplaire aux juifs et aux chrétiens qui pouvaient légitimement le détourner à leur profit. Le point délicat était le rôle que s'attribuait Mohammed, et c'est probablement là-dessus que se fit, plus tard, la rupture[1]. »

Pour les juifs, c'est Élie qui accompagnera le Messie aux derniers jours. Pour les chrétiens comme pour les musulmans, c'est le messie Jésus qui sera à l'œuvre.

Les deux traditions religieuses interprètent d'ailleurs un véritable duo sur ce thème. L'évangile de Matthieu s'interroge : « Dis-nous quel sera le signe de ton avènement et de la fin du monde ? » (Mt 24,3). L'apôtre Paul répond : « Vous savez vous-mêmes parfaitement que le Jour du Seigneur vient comme un voleur dans la nuit. Quand les hommes diront : "Quelle paix, quelle sécurité !" C'est alors que fondra sur eux la perdition, comme les douleurs sur la femme enceinte, et ils ne pourront y échapper » (1 Th 5,2-4). Le livre de l'Apocalypse confirme sans voiler la menace : « J'arriverai comme un voleur sans que tu saches l'heure » (Ap 3,3). L'évangile de Matthieu avoue, fataliste : « L'heure de la venue, nul n'en sait rien » (Mt 24,36). Le Coran, beaucoup plus discret, ou plus crypté, s'inquiète : « Veillent-ils donc de peur que l'Heure ne les surprenne ? » (XLVII, 18) et prolonge de nouvelles interrogations : « Sont-ils sûrs que le châtiment de Dieu ne les enveloppera pas ? Ou bien que l'Heure ne viendra pas soudainement à eux alors qu'ils n'en ont pas conscience ? » (XII, 107). L'évangile selon Matthieu exhorte les croyants au qui-vive : « Veillez car vous ne savez ni

1. Paul Casanova, *Mohammed et la fin du monde. Étude critique sur l'islam primitif*, *op. cit.*, p. 78.

le jour ni l'heure » (Mt 24,42). Ce à quoi le Coran fait écho : « Si les incrédules connaissaient le moment où ils ne détourneront le feu ni de leurs visages, ni de leurs dos ; le moment où ils ne seront pas secourus... Mais non !... Cela leur arrivera soudainement et ils en seront stupéfaits. Ils ne pourront pas le repousser et on ne leur accordera aucun délai » (XXI, 39-40).

Un contexte propice

Jusque dans les années 550-560, la péninsule Arabique était contrôlée par le royaume de Himyar, un État très ancien et très puissant dont la capitale se trouvait à Sanaa, au Yémen. Or une cinquantaine d'années avant Mahomet, vers 565, le royaume s'effondre soudainement, ce qui a des conséquences sur toute la région. Des villes sont entièrement détruites comme l'avait été Thamoud au nord, la ville des morts que cite près de trente fois le Coran pour déplorer qu'elle n'ait pas entendu les mises en garde du prophète Sâlih et qu'elle ait été châtiée : « Le cataclysme fondit sur eux et, le matin suivant, ils gisaient dans leurs demeures » (VII, 78). Si l'on entre aujourd'hui les coordonnées de La Mecque et de Médine sur le site de la Nasa, on observe que cette période s'est signalée par un nombre impressionnant d'éclipses, au point que le soleil est censé être resté quasi voilé pendant dix-huit mois. Quoi qu'il en soit exactement de l'amplitude des faits, ces phénomènes inhabituels pouvaient passer pour l'expression de la colère divine et l'annonce des châtiments prévus ici-bas ; une météorologie violente combinée à une activité tectonique particulièrement intense de la Péninsule créant un contexte très favorable à la recrudescence des théories eschatologiques.

« Le Jour du Jugement est, pour Mahomet comme pour l'eschatologie judéo-chrétienne, le jour de la ruine du monde, résumait l'islamologue Tor Andrae (1885-1947). L'univers entier chancelle. La terre est secouée d'un puissant tremblement ; elle vomit ce qu'elle renferme ; elle devient vide et complètement plate, elle est réduite en poudre. Les montagnes changent de place ; elles s'évanouissent comme une Fata morgana [une sorte de mirage] ; elles deviennent comme des flocons de laine ; elles sont broyées comme du sable, comme une poussière légère. Les mers se réunissent et débordent leurs rivages. La voûte du ciel chancelle, se fend et montre des fissures béantes. [...] Le disque du soleil est roulé, la lune se fend et devient sombre. Les étoiles s'éteignent et tombent dispersées du ciel [...]. Le ciel devient comme du minerai en fusion [...]. En fait, toute la piété de Mahomet a une orientation eschatologique. L'idée du Jugement à venir n'est pas une doctrine dogmatique à côté des autres, pas plus qu'un thème religieux à côté des autres ; la pensée de l'au-delà, en particulier sous la forme spéciale du solennel Jugement dernier, la dominante de la piété, l'idée à quoi tout le reste est soumis[1]. »

La Fin des temps approche, et l'heure du châtiment va sonner, promet Mahomet : « lorsque la terre sera secouée par son tremblement ; lorsque la terre rejettera ses fardeaux » (XCIX, 1-2) ; « Vous verrez sûrement la Fournaise ; vous la verrez avec l'œil de la certitude, puis, ce Jour-là, vous serez interrogés sur vos plaisirs passés » (CII, 6-8) ; « C'est le Feu de Dieu allumé qui dévore jusqu'aux entrailles » (CIV, 6-7).

Nous demeurons très proches de l'imaginaire chrétien tel que l'exprime encore aujourd'hui le catéchisme officiel de l'Église catholique : avant l'avènement du Christ, l'Église doit passer par une épreuve finale qui ébranlera la foi de nombreux croyants (cf. Lc 18,8 ; Mt 24,12). La persécution qui accompagne son pèlerinage sur la terre (cf. Lc 21,12 ; Jn 15,19-20) dévoilera le « mystère d'iniquité » sous la forme d'une imposture religieuse apportant aux hommes une solution apparente à leurs problèmes au prix de l'apostasie de la vérité. L'imposture religieuse

1. Tor Andrae, *Les Origines de l'islam et le christianisme* (1923-1925), traduit de l'allemand par Jules Roche, Maisonneuve, 1955, p. 73 et 92.

suprême est celle de l'Anti-Christ, c'est-à-dire celle d'un pseudo-messianisme où l'homme se glorifie lui-même à la place de Dieu et de son Messie venu dans la chair (2 Th 2,4-12 ; 1 Th 5,2-3 ; 2 Jn 7 ; 1 Jn 2,18-22), et un peu plus loin : « L'Église n'entrera dans la gloire du Royaume qu'à travers cette ultime Pâque où elle suivra son Seigneur dans sa mort et sa Résurrection (Ap 19,1-9). Le Royaume ne s'accomplira donc pas par un triomphe historique de l'Église (Ap 13,8) selon un progrès ascendant mais par une victoire de Dieu sur le déchaînement ultime du mal (Ap 20,7-10) qui fera descendre du Ciel son Épouse (Ap 21,2-4). Le triomphe de Dieu sur la révolte du mal prendra la forme du Jugement dernier (Ap 20,12) après l'ultime ébranlement cosmique de ce monde qui passe (2 Pi 3,12-13). »

La Tradition musulmane et la Fin des temps

La prophétie semble faire écho à celle de l'évangile selon Jean : « En vérité, en vérité je vous le dis : l'heure vient – et maintenant elle est là – où les morts entendront la voix du Fils de Dieu, et ceux qui l'auront entendue vivront. Car comme le Père possède la vie en lui-même, ainsi a-t-il donné au Fils de posséder la vie en lui-même ; et il lui a donné le pouvoir d'exercer le jugement parce qu'il est le Fils de l'homme. Que tout ceci ne vous étonne plus ! L'heure vient où tous ceux qui gisent dans les tombeaux entendront sa voix, et ceux qui auront fait le bien sortiront pour la résurrection qui mène à la vie ; ceux qui auront fait le mal, pour la résurrection qui mène au jugement » (Jn 5,25-29).

Du côté de la littérature de la Tradition musulmane, les hadîths se chargent d'une précision qui traverse là encore les deux communautés : « L'Heure ne sera pas établie avant que le fils de Marie [c'est-à-dire Jésus] ne descende parmi vous en tant que souverain juste » (Bukhârî, n° 43-656) ou, dans une autre version : « L'Heure n'aura pas lieu tant que Jésus fils de Marie ne sera pas descendu pour être un juge équitable et un chef juste » (Sounan ibn Madja, 10-340). « Par Celui qui détient mon âme entre ses mains, le fils de Marie descendra bientôt parmi vous et il jugera l'humanité avec justice... » (Muslim, n° 0289). Avec cette variante, soupçonnée d'être une interpolation mais qui est reprise en scie dans de nombreux hadîths : « Il brisera le crucifix, tuera les porcs, fera disparaître la capitation[1]. Alors la richesse débordera au point que personne n'en voudra plus recevoir » (Muslim, n° 0289 ; Bukhârî, n° 657).

Dans la Tradition musulmane, Jésus doit revenir à l'heure du Jugement pour accomplir une tâche essentielle : tuer l'Antéchrist, autre figure que se partagent le christianisme et l'islam sous la forme du *Dajjâl* (« l'imposteur » ou « le menteur » en arabe). Dans la première épître de Jean, on trouve cette définition : « Qui est menteur, sinon celui qui nie que Jésus est le Christ ? Celui-là est l'antéchrist, qui nie le Père et le Fils » (1 Jn, 2,22) et dans la deuxième épître aux Thessaloniciens : « Il faut que vienne d'abord l'apostasie et que se révèle l'Homme de l'impiété, le Fils de la perdition, celui qui se dresse contre tout ce qu'on appelle dieu » (2 Th 2).

Alors que le récit de la crucifixion réelle ou apparente de Jésus ne suscite que de rarissimes développements dans la Tradition musulmane, le combat du messie Jésus contre l'Antéchrist, ce « borgne de l'œil droit et aux cheveux bouclés » (Muslim, n° 5222), a donné lieu à d'innombrables récits. Selon ce que rapporte Anas ibn Mâlik : « Il est borgne, mais votre Seigneur, lui, n'est pas borgne. Entre les yeux de l'Antéchrist, ces lettres sont écrites : *KFR* » (*kufr,* c'est-à-dire : mécréance, infidélité) (Muslim, n° 5219). « Le fils de Marie [Jésus] reviendra et tuera le *Dajjâl*. Alors vous vivrez pendant quarante ans dans la prospérité » (Al-Muttaqi al-Hindî, *Al-burhān fi 'Alâmât al-Mahdî*

1. L'impôt romain sur le nombre de personnes travaillant dans une exploitation agricole est à l'origine de la taxe que les musulmans imposeront plus tard aux chrétiens en garantie de leur tranquillité.

âkhir az-zaman, n° 90). « Lorsque le *Dajjâl* verra le prophète Jésus il fondra comme le sel se dissout dans l'eau, et fuira. Le prophète Jésus le poursuivra et lui dira qu'il lui réserve un coup que le *Dajjâl* ne pourra jamais éviter. Il rattrapera le *Dajjâl* et le tuera près de Ramla à Bab Lod du côté de l'orient » (Muslim, n° 2937). Sur le site populaire Al-Ghourabaa, un internaute s'interroge au sujet de l'Antéchrist : « D'où viendra-t-il ? Combien de temps restera-t-il ? » Le sheikh saoudien wahabbite (mort en 1999) Abd al-'Âziz ibn Bâz répond : « Il a été rapporté du Prophète de nombreux hadîths sur l'Antéchrist (*Dajjâl*), pour la plupart *moutawâtir* [qui ont été rapportés par un très grand nombre] dans lesquels il est dit qu'il fera son apparition à la Fin des temps et qu'il jaillira du côté de l'Orient, c'est-à-dire sur une route entre l'Irak et le Cham (la Syrie actuelle et la région entre la Palestine et la Jordanie). Il sèmera la corruption sur terre et sillonnera toutes les contrées à l'exception de La Mecque et Médine car Allah les protégera de lui. Il s'arrêtera dans la région du Cham, en Palestine parmi les juifs. C'est à ce moment qu'Allah fera descendre Jésus fils de Marie qui le rattrapera à cet endroit situé près de la Jordanie, pour le tuer, conformément à ce qui a été rapporté dans les récits authentiques à ce sujet. Ainsi, les musulmans sortiront pour rejoindre Jésus fils de Marie pour tuer le *Dajjâl,* car, à ce moment-là, Jésus sera en compagnie des musulmans et… cela se déroulera en Palestine, dans la ville d'Al-Quds (*Jérusalem*), là où il le tuera avec son javelot, suivant un hadîth authentique. Les musulmans qui seront présents (*avec Jésus*) mèneront un combat illustre face aux juifs : il a été rapporté le récit, selon lequel le Prophète a dit : "Les musulmans combattront les juifs et ils auront le dessus au point que l'arbre ou la pierre dira au musulman : viens tuer le *(fuyard)* juif caché derrière moi." Le *Dajjâl* sera tué et ceci scellera sa fin, ensuite les musulmans resteront avec Jésus et vivront une belle vie, ils jouiront d'un énorme bienfait. Aussi, Allah fera disparaître toutes les autres croyances et cette période avec Jésus établira le règne de l'islam[1]. » Jésus cumule les caractères spécifiques du Messie juif et du Messie chrétien.

À l'époque de Mahomet, la situation politique et militaire des musulmans n'est pas étrangère à l'attente de la Fin des temps et au combat ultime à mener contre le *Dajjâl*. Le danger vient des Byzantins (*Rûm,* c'est-à-dire l'Empire romain) ou des Sassanides (les Perses). L'affrontement avec l'Antéchrist est la métaphore de l'affrontement bien réel avec l'une ou l'autre armée luttant pour dominer le même territoire. Allah, pour assurer la victoire des siens, « enverra le messie Jésus, fils de Marie, qui descendra sur le minaret blanc à l'est de Damas, habillé de deux vêtements teintés de safran et posant ses mains sur les ailes de deux anges. Quand il baissera la tête, des gouttes de sueur en tomberont et quand il la lèvera, des gouttes telles des perles couleront. La mort frappera tout infidèle qui respirera l'odeur du Messie et son haleine a autant de portée que sa vue. Jésus cherchera l'Antéchrist jusqu'à la porte de Lod et le tuera » (Muslim, n° 2937).

On lit dans la tradition chrétienne une conviction très parallèle : « Le Seigneur Jésus détruira (l'Impie) du souffle de sa bouche et l'anéantira par l'éclat de sa venue » (2 Th 2,8).

Ce qui est plus surprenant encore c'est que, dans les scénarios de la Fin des temps toujours selon la Tradition musulmane, Mahomet ne semble jouer aucun rôle, sinon celui de témoin passif de l'action du messie Jésus. Le savant égyptien Suyûtî, qui vécut entre le XVe et le XVIe siècle, a consacré un ouvrage à étudier le retour de Jésus à la Fin des temps selon ce qu'en disent les différents recueils de hadîths. L'une des questions essentielles qui se posent à lui est de savoir si les croyants vont être gouvernés selon la loi du Prophète ou selon la loi de Jésus[2]. Sept

1. Sheikh Abd al-'Âziz ibn Bâz, « Les signes de la Fin des temps », 2015.
2. Suyûtî, *Le Retour de Jésus,* traduit par Mohammed Aoun, préface, notes et commentaires par Didier Ali Hamoneau, IQRA, 2000.

ou huit siècles après la mort de Mahomet, la question n'est donc pas vraiment tranchée pour certains musulmans, quant à l'importance respective de Jésus et de Mahomet, de la loi de Moïse, de celle de Jésus, de celle de Mahomet. Suyûtî et le *Hadîth* affirmeront que l'islam imposera sa loi par la voix de Jésus et qu'aucune autre loi ne sera plus valide.

Signes mineurs

Avant que la Fin des temps n'advienne, les croyants doivent apprendre à distinguer les signes mineurs et les signes majeurs qui l'annoncent. Alors que le Coran n'en dit mot, les hadîths vont prendre en charge d'informer les musulmans sur ce qui les attend. Dans l'un des plus célèbres, rapporté par le recueil de Muslim, l'ange Gabriel apparaît sous une forme humaine et questionne précisément le Prophète sur les signes avant-coureurs du Jugement dernier. Mahomet répond : « Ce sera lorsque la servante engendrera sa maîtresse, lorsque tu verras les va-nu-pieds, les miséreux, les pâtres, se faire élever des constructions de plus en plus hautes » (Muslim, n° 102). Ces signes sont considérés comme « mineurs » par les études islamiques, mais le sens de ces paroles étant particulièrement obscur, elles ont donné lieu à une profusion de théories et de commentaires. Quelle est la signification de « la servante engendrera sa maîtresse » ? Que les femmes seront devenues trop nombreuses et domineront les hommes ? Que réduites à l'esclavage elles accoucheront de leur maître un nouveau maître ou une nouvelle maîtresse ? Mais qui sera leur maître ? Quelles sont ces constructions « de plus en plus hautes » qui offenseraient Dieu et déclencheraient la Fin des temps ? Des églises ? Des minarets ? Babel ? Aucune réponse ne clôt la discussion qui perdure jusqu'à aujourd'hui. À ces signes mineurs, il faut ajouter un fait décisif : deux factions musulmanes entreront en conflit. D'après Abû Hurayra cité par les deux principaux recueils,

Bukhârî et Muslim : « l'Envoyé d'Allah a dit : “L'Heure Suprême n'arrivera pas avant qu'un grand combat ne soit livré entre deux grandes troupes prêchant toutes les deux la même chose” » (Bukhârî, n° 1005, Muslim, n° 4660). Dans l'évangile de Luc, Jésus prophétisait de même : « On dressera nation contre nation et royaume contre royaume. Il y aura aussi de grands tremblements de terre et, par endroits, des pestes et des famines ; il y aura aussi des phénomènes terribles et, venant du ciel, de grands signes » (Lc 21,10-11).

La prophétie de Mahomet rapportée par le *Hadîth* est comprise comme l'opposition entre les *shî'a 'Alî* (les partisans d'Ali, qui deviendront les chiites) et les autres successeurs de Mahomet, les califes qui se réclameront de l'imitation du Prophète (la *Sunna*), non de sa filiation directe. Le même combat perdure aujourd'hui entre les monarchies arabes sunnites et l'Iran chiite avec ses alliés.

Puis, à la Fin des temps, les animaux parleront – comme les Houyhnhnms, les chevaux philosophes dans *Les Voyages de Gulliver* de Swift. D'après Abu Sa'id al-Khudri qui considère ce hadîth comme authentique, le messager d'Allah a dit : « Je le jure par Celui qui détient mon âme dans sa main, l'Heure n'arrivera pas avant que les animaux sauvages ne parlent aux hommes, et que son fouet ne parle à l'homme, ainsi que les lacets de ses chaussures, et sa cuisse lui dira ce que sa femme a fait pendant son absence » (Muslim, n° 1005 ; Bukhârî, n° 4660).

Signes majeurs

L'inventaire des signes majeurs de la Fin des temps provient du hadîth n° 6931 dans l'*Authentique* de Muslim : Hudhayfa ibn Sa'd a dit : « Le Prophète nous a trouvés en train de discuter et nous a demandé : “De quoi parlez-vous ?”, nous répondions : “C'est à propos de l'Heure.” Il a dit alors : “L'Heure ne viendra jusqu'à ce que vous voyiez Dix Signes, il a cité la Fumée, le

Dajjâl, la Bête, le lever du Soleil de son coucher, la descente de Jésus fils de Marie, Gog et Magog et trois grands séismes : un en Orient, un autre en Occident et un dernier dans la péninsule Arabique, et enfin un Feu qui sortira du Yémen qui chassera les hommes vers leurs lieux de rassemblement." »

Abdallah ibn 'Amr ibn al-'As, qui fut général dans l'armée de Mahomet, s'était engagé à mémoriser un hadîth du messager de Dieu : « Je ne l'ai pas oublié après l'avoir entendu dire : "Le premier signe [annonciateur de l'apparition du *Dajjâl* – l'Antéchrist] sera l'apparition du soleil à l'Ouest, et dans la matinée l'apparition de la Bête, *Dâbbah*" » (Muslim, n° 7025). On dirait la Bête qui, bien avant les textes musulmans, grondait déjà dans l'Apocalypse de Jean : « Alors je vis monter de la mer une bête qui avait dix cornes et sept têtes, sur ses cornes des diadèmes et sur ses têtes des noms blasphématoires. La bête que je vis ressemblait au léopard, ses pattes étaient comme celles de l'ours et sa gueule comme la gueule du lion. Et le dragon lui conféra sa puissance, son trône et un pouvoir immense » (Ap 13,1-2).

On retrouve ce bestiaire fantastique presque à l'identique dans le *Hadîth,* sinon exprimé avec les mêmes mots, en tout cas porté par un imaginaire comparable. Selon les précisions d'Abû Hurayra (mort en 58 de l'hégire), compagnon du Prophète et immense compilateur de ses paroles : « Le monstre doit avoir soixante coudées de long ; il a la tête du taureau, les yeux du porc, les oreilles de l'éléphant, les cornes du cerf, le cou de l'autruche, le poitrail du lion, la queue du bélier, les pieds du chameau. On ne saurait l'atteindre dans sa marche, ni échapper à sa poursuite. Il sortira, d'après la Tradition, d'une des grandes mosquées. Ce monstre doit porter le bâton de Moïse et le sceau de Salomon. Partout sur son passage il marquera les hommes de l'un ou de l'autre. Ceux qui seront touchés du bâton de Moïse auront le visage éclatant de blancheur, ce sont les bons ; ceux qui porteront l'empreinte du sceau auront le visage noir, ce sont les réprouvés » (Bukhârî, n° 3448 ; Muslim, n° 155).

La Bête n'est pas une extrapolation de la Tradition, elle est citée par le Coran dans la sourate XXVII au verset 82 : « Lorsque la parole tombera sur eux, nous ferons, pour eux, sortir de terre une bête et celle-ci proclamera que les hommes ne croyaient pas fermement à nos Signes » (XXVII, 82). N'est-ce pas une parole en miroir de l'Apocalypse de Jean : « Alors je vis monter de la terre une autre bête, elle avait deux cornes comme un agneau mais parlait comme un dragon » (Ap 13,11).

Tabarî, dans le *Tafsîr,* son exégèse du verset 82 de la sourate XXVII du Coran, met en exergue non seulement le rôle de la Bête à la Fin des temps mais approuve le hadîth selon lequel elle émergera de *Safâ,* une des collines de La Mecque, tandis que Jésus et les musulmans effectueront la circumambulation autour de la Kaaba [l'édifice sacré de La Mecque] : « la Bête sera en mesure de parler et marquera les visages des gens, mettant sur le front des croyants une lumière qui illuminera leurs visages, et mettant sur le nez des non-croyants une marque qui assombrira leurs visages[1] ».

Le « Mahdî »

Après que la terre aura connu séismes, guerres, catastrophes et autres horreurs, la Fin des temps doit s'accompagner de l'arrivée d'un sauveur ou d'un juge venu établir le Royaume de Dieu. Dans la tradition juive on lit : « Yahvé ton Dieu suscitera pour toi, au milieu de toi, parmi tes frères, un prophète comme moi que vous écouterez » (Dt 18,15) et : « Le sceptre ne s'éloignera pas de Juda, ni le bâton de chef d'entre ses pieds jusqu'à ce que le tribut lui soit apporté et que les peuples lui obéissent » (Gn 49,10) ; passage qu'Émile Osty dans sa traduction de la Bible donne différemment : « [...] jusqu'à ce que vienne *Shiloh* à lui les peuples obéiront ». Les grands rabbins, Ben-Uziel et Rashi,

1. Cité par Jean-Pierre Filiu dans *L'Apocalypse dans l'islam, op. cit.*, p. 44.

traduisent ce passage : « Jusqu'à ce que vienne le Messie. » Ou encore selon le Talmud de Babylone, « Rabbi dit : "Le monde a été créé pour le Messie, quel est le nom de ce Messie ?" L'école de Rabbi Shila dit son nom est *Shiloh,* parce qu'il est écrit au sujet de lui : "jusqu'à ce que *Shiloh* vienne" » (Sanhedrin 98b).

Pour les musulmans, Mahomet pourrait être ce mystérieux *Shiloh* à qui doit être transférée « dans les derniers jours », l'autorité spirituelle qui jusqu'alors était la prérogative des juifs. Le *Shiloh* de la tradition juive devient en tous cas le Paraclet dans la tradition chrétienne, le mot *parakletos* signifiant « le consolateur » ou « l'avocat », voire « l'aide », « l'intermédiaire », « le médiateur », « l'intercesseur », « le défenseur ». Un nom que l'on trouve deux fois dans l'évangile de Jean : « Moi, je prierai le Père, et il vous donnera un autre Paraclet qui sera pour toujours avec vous : c'est lui l'Esprit de vérité » (Jn 14,16) et : « Si je ne pars pas, le Paraclet ne viendra pas à vous ; si au contraire je pars, je vous l'enverrai » (Jn 16,7).

Ibn Ishâq, l'auteur de la *Sîra,* qui connaît l'évangile de Jean dans son texte même, s'empare du passage du discours de Jésus sur le Paraclet (Jn 15,26 et 16,7) pour l'appliquer à la mission de Mahomet. Il introduit sa citation de façon suivante : « Dans ce qui m'est parvenu de ce que Jésus fils de Marie a établi, et qui lui est venu de Dieu dans l'Évangile pour les gens de l'Évangile, il y eut la description de l'envoyé de Dieu ; celle-ci fait partie de ce que leur a confirmé l'apôtre Jean lorsqu'il a copié l'Évangile du temps de Jésus au sujet de l'envoyé de Dieu vers eux. » Suit la citation : « Le *Menahhemânâ* en syriaque, c'est Muhammad, en grec *Paraklêtos,* Dieu le bénisse et lui donne le salut[1]. » L'apologétique islamique va lire en arabe *paraklêtos* (« paraclet ») : *periklytos,* « celui qui est loué », « celui qui est glorieux », dont l'équivalent est *Âhmad.* Un terme qui sera appliqué à Mahomet comme un autre nom donné par le Coran au Prophète : « Jésus,

1. Cité par Alfred-Louis de Prémare dans « Prophétisme et adultère, d'un texte à l'autre », *Revue des mondes musulmans et de la Méditerranée,* n° 58, p. 101-135.

fils de Marie, dit : “Ô fils d’Israël ! Je suis, en vérité, le prophète de Dieu envoyé vers vous pour confirmer ce qui, de la Tora, existait avant moi ; pour vous annoncer la bonne nouvelle d’un prophète qui viendra après moi et dont le nom sera : Ahmad” » (LXI, 6). Dans un hadîth, Mahomet expliquera plus tard que s’il est « Muhammad » sur terre, au ciel son nom est « Ahmad »...

Si pour les chrétiens le premier Paraclet est Jésus, le Paraclet qui doit venir à la Fin des temps serait la troisième personne de la Trinité selon le catéchisme de l’Église catholique. Cela pose un problème : le paraclet ultime n’est pas un individu mais l’Esprit Saint. Or, dans la Tradition musulmane, ce rôle est dévolu au messie Jésus. Pour résoudre cette difficulté, un nouveau personnage intervient dans l’eschatologie islamique, *al-Mahdî* (c’est-à-dire « le bien guidé » ou aussi « le guide »). Sur le site officiel de la Tarîqa Tidjaniya, l’imam Abû al-Hasan As-Sijistânî rappelle : « Les récits, remontant au Messager, abondent et concordent pour établir la venue du *Mahdî,* et pour dire qu’il sera issu de la Famille du Prophète et qu’il régnera pendant sept ans en emplissant la terre de justice. »

Dans le scénario sunnite de la Fin des temps, le *Mahdî* apparaît durant les derniers jours de l’existence du monde. Sa venue précéderait la parousie, la seconde venue du messie Jésus sur terre. Après avoir vaincu le *Dajjâl,* Jésus se mariera, aura des enfants et sera enterré à côté de Mahomet jusqu’au moment de la résurrection générale. Le *Mahdî* doit faire partie de la famille du prophète Mahomet. Ali, son gendre, aurait rapporté : « Même s’il reste de longs jours d’ici le jour du Jugement, Dieu enverra certainement une personne de ma famille qui emplira ce monde de justice et d’équité » (Abû Dâwûd, n° 4270). Selon Abû Sa’îd al-Khudrî, le Prophète a dit : « al-Mahdî descend de moi. Il aura le front haut, le nez aquilin. Il remplira la terre d’équité et de justice de même qu’elle aura été remplie d’injustice et de tyrannie. Il régnera pendant sept ans ». Quant à Alî ibn Abî Tâlib et Ibn Mas’ûd, compagnons du Prophète, ils rapportent que Mahomet aurait dit : « S’il ne restait de ce monde qu’un jour, alors Dieu allongera ce jour pour y envoyer un homme de ma progéniture. Son nom sera pareil à celui de mon père ; il remplira la terre de justice et d'équité autant qu'elle aura été emplie auparavant d'injustice et d'oppression » (Abû Dâwûd, n° 4270).

La croyance en l'apparition du *Mahdî* fait partie intégrante du dogme musulman même si elle semble en porte à faux avec l'affirmation de Mahomet : « Il n'y aura pas de prophète après moi » (Bukhârî, n° 3455 ; Muslim, n° 1842). Malgré les très nombreux hadîths lui prêtant des paroles annonçant le *Mahdî,* on peut légitimement se demander si cette croyance existait du vivant de Mahomet ou si elle s'est formée plus tard sous l'influence juive et chrétienne. Dans sa monumentale *Bibliothèque orientale,* dictionnaire de toutes les connaissances des peuples de l'Orient paru pour la première fois en 1697, Barthélemy d'Herbelot de Molainville écrivait : « Cette fable est prise apparemment d'une tradition qui est commune aux juifs et aux chrétiens, selon laquelle Élie qui vit encore, doit, vers la fin des siècles, paraître dans le monde pour préparer les voies du Messie, et précéder le jugement de tous les hommes que les musulmans croient, aussi bien que les chrétiens, devoir être fait par Jésus-Christ, contre le sentiment des juifs. »

Le *Mahdî* auquel croient les musulmans sunnites n'est pas le *Mahdî* attendu par les musulmans chiites. Pour les uns, c'est une figure isolée qui n'apparaît qu'avec la Fin des temps, pour les autres, c'est un imam, un directeur « par lequel les cœurs sont conduits », concluant la série des imams qui l'ont précédé. Pour les chiites, le *Mahdî* est précisément le douzième imam – l'imam caché –, c'est-à-dire Muhammad al-Mahdî, disparu mystérieusement à l'âge de cinq ans et dont depuis 874 ils attendent la réapparition. Il est désigné par les titres d'*Imâm al-'asr* (« l'Imam du temps ») et de *Sâhib az-zaman* (« Seigneur du temps »). Pour les sunnites, le *Mahdî* est l'envoyé divin de la Fin des temps, mais il ne peut en aucun cas annihiler la mission de Mahomet ni abroger ce qui est écrit dans le Coran.

Le *Mahdî* est un point de discorde fondamental entre musulmans chiites et sunnites. Au-delà des dissensions, la Tradition musulmane s'accorde sur la venue d'un sauveur eschatologique qui lui appartient en propre. Il y aurait donc trois figures eschatologiques potentielles : le messie Jésus, le *Mahdî* et Ahmad-Muhammad, les trois devant agir dans cet ordre ou dans un ordre différent, seuls ou conjointement, au moment du Jugement dernier présidé par Dieu lui-même. La prééminence de l'un ou l'autre reposant exclusivement sur la situation politique et la nécessité d'instrumentaliser telle ou telle figure à un moment donné de l'histoire. Dans un premier temps on peut penser que le messie Jésus était la figure dominante, qu'il fut relégué au second plan avec l'apparition du *Mahdî*. Mahomet d'abord oublié puis revenu en gloire à l'époque d'Abd al-Malik ibn Marwân, le neuvième calife à la fin du VIIe siècle, serait-il appelé à supplanter le *mahdî* ?

Si, dans le Coran, Jésus est le seul à être appelé « messie », on peut s'interroger sur l'énigme que constitue l'absence de son rôle messianique. Aurait-il pu figurer dans une version primitive du texte et écarté au profit de Mahomet ? Après le triomphe de l'islam, il est impossible pour les musulmans de concevoir que Mahomet ne revienne pas sous une forme ou une autre, bien qu'il ne soit jamais, ni dans le Coran ni dans le *Hadîth*, reconnu comme Messie. Son retour est attendu de génération en génération depuis le premier siècle de l'hégire jusqu'à la période contemporaine. Omar ibn al-Khattâb, deuxième successeur de Mahomet, ne disait-il pas : « Non, il n'est pas mort, il est allé visiter le Seigneur comme jadis Moïse qui a disparu pendant quarante jours. Mohammed nous sera rendu comme Moïse l'a été. Ceux qui le prétendent mort sont de faux musulmans qu'il faut mettre en pièces[1] ! »

1. Cité par Paul Casanova, *Mohammed et la fin du monde, op. cit.*, p. 19.

4

Fils de Marie

Qu'il soit acteur de la Fin des temps, qu'il soit « Christ » ou qu'il soit « messie » selon les traductions, à chaque citation dans le Coran, Jésus est systématiquement désigné comme « fils de Marie » (*'Isâ ibn Maryam*). Une dénomination pourtant compromettante.

Fils de sa mère

Le danger est né d'un évangile canonique, celui de Marc, le premier récit chrétien à avoir été écrit vers la fin des années 60 de notre ère. Au chapitre 6, les gens de Nazareth s'interrogent à propos de Jésus : « N'est-ce pas le charpentier, le fils de Marie ? » (Mc 6,3). En nommant Jésus « fils de Marie », Marc met, si l'on peut dire, le feu aux poudres. Conscients des conséquences d'un tel aveu, les autres évangélistes s'empressent de dresser un coupe-feu pour protéger Jésus.

Si l'on observe une synopse – la présentation sous forme d'un tableau qui permet de comparer d'un seul coup d'œil les quatre évangiles et de comprendre leur évolution chronologique épisode par épisode –, on constate que Matthieu réagit aussitôt contre l'évangile de Marc, en effaçant le nom de Marie de la généalogie publique de Jésus : « N'est-ce pas le fils du charpentier ? » (Mt 13,55), suivi par celui de Luc qui renchérit en ajoutant le nom du père putatif : « N'est-ce pas là le fils de Joseph ? » (Lc 4,22). L'affirmation interrogative est reprise par l'évangéliste Jean qui, évitant le nom de la mère célibataire, prend le lecteur à témoin et ajoute de connivence : « Ne connaissons-nous pas son père et sa mère ? » (Jn 6,42). Faible défense. Dans la tradition juive, un homme est toujours nommé d'après son père. Établir la filiation par rapport à la mère, c'est clairement reconnaître qu'il est de père inconnu, que l'enfant est un bâtard.

Dans le Nouveau Testament, Jésus ne sera jamais plus nommé « fils de Marie ». Il faudra attendre six siècles pour que cette appellation revienne, et massivement, dans le Coran. Mais le temps n'a pas chassé la rumeur infamante qui pèse sur la mère de Jésus. Au verset 156 de la sourate IV Dieu ajoute une raison supplémentaire de détester les juifs : « parce qu'ils n'ont pas cru, parce qu'ils ont proféré une horrible calomnie contre Marie » (IV, 156).

L'horrible calomnie

Or malgré les risques que cette « calomnie » fait peser sur la moralité de Marie, contre toute attente, l'expression « Fils de Marie » va servir à caractériser Jésus dans le Coran. Au point de devenir plus qu'une manière de le définir biographiquement, un de ses titres de gloire.

Le Coran reste implicite. La calomnie touchant Marie ne peut être exposée tellement elle va de soi, ni même répétée tellement elle est abominable. La propager serait une infamie supplémentaire.

Une allusion à la nature précise de la calomnie affleure cependant, plus tard, dans la sourate XIX. Marie s'alarme quand l'ange du Seigneur lui annonce qu'elle va enfanter Jésus alors qu'elle n'est pas mariée. Elle s'effraie : « Comment aurais-je un garçon ? Aucun mortel ne m'a jamais touchée et je ne suis pas une prostituée » (XIX, 20). Quand juste après l'accouchement, Marie revient chez les siens, ses parents lui reprochent d'avoir commis « quelque chose de monstrueux » (XIX, 27). Sa réputation est bafouée, l'honneur de toute sa famille est sali : « Ton père n'était pas un homme mauvais et ta mère n'était pas une prostituée » (XIX, 28), se lamentent-ils.

Parmi d'autres commentateurs musulmans, à la charnière des IXe et Xe siècles, Tabarî va analyser cet épisode problématique. Dans la continuité des évangiles – mais contrairement au Coran –, Tabarî accorde à Joseph le rôle du fiancé. Selon lui, Joseph est un cousin germain de Marie, une sorte de demi-frère qui a été élevé avec elle à la mort de Zacharie, son père. Ainsi la jeune fille ne connaît-elle pas d'autres hommes. Quand l'ange Gabriel lui apparaît alors qu'elle fait sa toilette et se purifie, Marie pense que Joseph veut la voir nue et la séduire. Il faut reconnaître que, selon le conte de Tabarî, l'ange est rusé : « Gabriel se montra à elle sous la figure de Joseph le charpentier. Marie n'avait jamais vu d'homme excepté Joseph et Zacharie. En voyant Gabriel elle pensa que c'était Joseph[1]. » Il faut alors toute la persuasion de l'ange pour rassurer Marie et lui expliquer que sa grossesse fait partie du plan divin ; que Dieu enseignera à son fils le Livre de la Sagesse, le Pentateuque et l'Évangile, pour être son prophète auprès d'Israël. Marie ne peut que s'incliner et s'en remettre à la volonté de Dieu. Pourtant « les juifs prétendent que Gabriel n'est pas intervenu dans cet événement, mais que c'est Joseph le charpentier qui a eu commerce avec Marie, et que Jésus était un enfant illégitime[2] ». Cette lecture de la Tradition outrepasse la lettre du Coran qui n'évoque jamais le personnage de Joseph, comme si Tabarî, parmi d'autres savants musulmans, voulait insister, et plus encore que dans les récits chrétiens, sur la présence d'un père, fût-il virtuel.

1. Tabarî, *La Chronique*, t. I, *op. cit.*, p. 94.
2. *Ibid.*, p. 95.

Les évangiles de l'enfance que l'on peut lire en prologue de l'évangile de Matthieu et de celui de Luc (Marc et Jean ignorent la question) ont soutenu que Marie avait enfanté Jésus tout en étant vierge. Les naissances miraculeuses n'étaient pas étrangères à l'imaginaire de l'Antiquité. On ne compte plus les aventures de Zeus avec des humaines : Alcmène, Danaé, Europe, Léda, Sémélé... Les naissances d'Alexandre le Grand (fils de Zeus) et des pharaons Hatchepsout et Aménophis III (fils d'Amon-Rê) furent marquées par d'aussi grands prodiges. Si ces relations d'un dieu avec une femme étaient exceptionnelles, aussi extraordinaires fussent-elles, elles étaient acceptées comme une réalité plausible. Dans les évangiles comme dans le Coran, la naissance de Jésus appartient à ce même fantastique mythologique.

L'affirmation chrétienne de la virginité de Marie et de son enfantement miraculeux a pour particularité de reposer sur la littérature, et uniquement sur la littérature. Dans son évangile, Matthieu fait référence à une citation du prophète Isaïe : « La vierge concevra et enfantera un fils » (Mt 1,21). Une citation tirée de la Septante, la version grecque de la Bible hébraïque. Or l'original hébreu diffère profondément. Il n'évoque pas une vierge mais une « jeune femme [qui] concevra et enfantera un fils » (Is 7,14). En choisissant de traduire le mot hébreu *alma* (« jeune femme ») par *parthenos* (« vierge »), les auteurs de la Septante ont amorcé des débats interminables, et parfois sanglants, dans l'histoire du christianisme. L'idée qu'une vierge puisse concevoir et enfanter, « se trouver enceinte du fait de l'Esprit Saint » (Mt 1,18), expliquera l'inexplicable concernant Marie « car rien n'est impossible à Dieu » (Lc 1,37) mais sera à l'origine de tous les sarcasmes, de toutes les moqueries, de toutes les injures qui seront adressés à la mère de Jésus, accusée d'être adultère, prostituée ou d'avoir été abusée. On peut remarquer que la seule autre mention du terme *parthenos* dans la Septante concerne Dina, la fille de Jacob, qui a été violée (Gn 34,3)[1].

---

1. Voir notre *Jésus contre Jésus, op. cit.*, p. 25-27.

La femme dangereuse

Une des attaques les plus imaginatives viendra d'un philosophe païen, Celse, dont le livre le *Discours vrai* a disparu, mais que nous connaissons en négatif par la réponse qu'en fit Origène au milieu du IIIe siècle. Pour le théologien chrétien, il s'agissait de répondre aux allégations diffamatrices de Celse : « il écrit que la mère de Jésus a été chassée par le charpentier qui l'avait demandée en mariage, pour avoir été convaincue d'adultère et être devenue enceinte des œuvres d'un soldat nommé Panthere [...]. Rejetée par son mari, honteusement vagabonde, elle donna naissance en secret à Jésus [...]. Celui-ci fut obligé par pauvreté d'aller louer ses services en Égypte ; il y acquit l'expérience de certains pouvoirs magiques dont se targuent les Égyptiens[1] ». Plus tard, Épiphane (315-403) répercuta à son tour la rumeur pour la contester. Peine perdue.

Toutes ces accusations de prostitution ou d'adultère, selon la phraséologie de l'époque, ont été l'un des instruments des polémiques païennes et juives contre les chrétiens. Au cœur du Moyen Âge, les *Toledot Yeshu* – les « histoires » juives de Jésus – amplifieront ces calomnies, d'autant plus fortement que les temps ont changé et que le christianisme est installé au pouvoir. Jésus n'est plus le prophète errant sans « endroit où poser sa tête » (Mt 8,20) mais désormais le Seigneur et Dieu des chrétiens. Raison de plus pour que les juifs, persécutés par les nouveaux maîtres, le traitent de bâtard. Selon les versions, Jésus est un fils impur, « sa mère s'étant prostituée dans le dos de son mari », ou le fils adultère de Panthera, nommé ici Joseph ben Pandera ou Pandira, lequel devient même parfois un légionnaire romain. Dans le Talmud, il est écrit : « Rabbi Chisda avait dit que le mari [de sa mère] était Stada et que

1. Origène, *Contre Celse*, traduit du grec par Marcel Borret, éd. du Cerf, « Sources chrétiennes », 1967, I, livre I, 32, 5, p. 163 et 151.

l'amant [de sa mère] était Pandira. Non : le mari s'appelait Pappos ben Yehudah et la mère s'appelait Stada. Non : la mère était Myriam [Marie] la coiffeuse de femmes, et on la surnommait Stada. Comme nous disons dans le Pumbedita : Elle s'est éloignée [*'Stat Da'*] de son mari » (*Shabbat 104b, Sanhedrin 67a*). Dans un autre passage, le récit s'agrémente de détails pittoresques : « Pappos ben Yehudah était l'époux de Myriam, la coiffeuse pour dames. Lorsqu'il sortait de chez lui pour aller dans la rue, il fermait la porte à clef pour qu'elle ne parle à personne. Cette conduite inconvenante fut la source de la haine qui s'introduisit entre eux et qui l'amena à commettre l'adultère » (Gittin 90a)[1].

Dans *Une histoire d'amour et de ténèbres,* Amos Oz peint le portrait de son grand-oncle, Joseph Klausner, qui fut le premier grand historien juif des débuts du christianisme. En 1922 Klausner expliquait : « Il est possible également que des savants juifs aient eu entre les mains, dès le ve siècle, un livre intitulé *Tol'doth Yeshou* – mais différent par le fond, la forme, et le style du *Tol'doth* actuel ; et que l'archevêque de Lyon Agobard en ait eu connaissance, car il parle d'un ouvrage de ce genre dans son *De judaïcis superstitionibus* qu'il composa en collaboration avec d'autres évêques vers 830. Il est possible que Hrabanus Maurus, qui devint archevêque de Mayence en 847, ait eu ce livre et dont il fait mention dans son *Contra Judaeos* où il traite des légendes juives concernant Jésus, légendes qui rappellent en beaucoup de points celles qui se trouvent dans le *Tol'doth Yeshou* que nous possédons actuellement. Certains fragments araméens, qui sont des contes diffamatoires sur Jésus [...] témoignent aussi d'un livre ancien de ce genre[2]. » C'est dire la persistance de la réaction aux évangiles de l'en-

---

1. Voir Jean-Pierre Osier, *L'Évangile du ghetto ou comment les juifs se racontaient Jésus, op. cit.*, p. 38.
2. Joseph Klausner, *Jésus de Nazareth,* traduit de l'hébreu par Isaac Firdmann et M. R. Laville, Payot, 1933, p. 61.

fance, ces récits qui avaient transformé la fillette violée et engrossée (à laquelle Tabarî ne prête, avec vraisemblance, qu'à peine plus de treize ans) en héroïne d'une féerie métaphysique.

Dilemme

La naissance illégitime de Jésus demeure pendant plusieurs siècles une question non réglée, l'une des pierres d'achoppement entre judaïsme et christianisme. Dans l'évangile de Jean, le plus tardif, les pharisiens accusent Jésus : « Nous ne sommes pas nés de la prostitution », répercutant indirectement l'accusation contre Marie (Jn 8,41).

Le blocage à l'égard de l'expression « fils de Marie » n'est pourtant pas unanime dans la chrétienté des premiers temps. En dehors de la piété populaire dont les traces sont souvent difficiles à restituer, le christianisme oriental, le christianisme syriaque en particulier, ne répugne nullement à nommer Jésus « fils de la vierge » comme le fait Jacques de Saroug (450-v. 521), auteur prolifique de près de huit cents homélies versifiées. Quant à Éphrem de Nisibe (v. 306-373), autre grande figure de l'Église syriaque, son *Hymne sur la Nativité* exposait déjà précisément la difficulté de nommer le Christ du fait de sa double nature humaine et divine, en composant un poème à partir de l'appellation controversée.

Ma bouche ne sait pas
Comment te nommer,
Ô Fils du Dieu vivant !
Si j'ose t'appeler
Comme fils de Joseph
Je tremble car tu n'es pas de sa semence
Mais si je refuse ce nom
Je suis dans les transes
Car on m'a mariée à lui.

Bien que tu sois Fils d'un seul
Désormais je t'appellerai
Le fils d'un grand nombre
Car à toi ne suffisent pas
Des milliers de noms :
Tu es fils de Dieu mais aussi fils de l'Homme
Et puis, fils de Joseph
Et fils de David
Et fils de Marie[1].

Que l'expression coranique « fils de Marie » soit reprise à l'Église syriaque, ou qu'elle provienne de traditions orales populaires, n'empêche que le Coran a dû résoudre un grave dilemme. Partant du fait que Jésus était réellement né sans père connu, comment tirer parti de cette naissance illégitime tout en réfutant la calomnie ? Comment parvenir à s'en féliciter pour contrer les accusations juives et païennes ? En même temps, comment se démarquer radicalement du christianisme dominant qui écarte majoritairement l'appellation « fils de Marie » tout en reconnaissant, physiologiquement autant que dogmatiquement, que Jésus est non seulement le fils de sa mère mais surtout, par excellence, le fils de Dieu ? Pour le Coran, insister sur la filiation par Marie, c'est insister sur la condition humaine, et purement humaine, de Jésus. C'est le moyen de ruiner la conception chrétienne du Christ, à la fois homme et Dieu. Le titre « fils de Marie » est à l'épicentre de la rupture entre islam et christianisme.

1. Éphrem, « Hymne sur la Nativité », VI, *Hymnes sur la Nativité,* traduit par François Cassingena-Trévedy, éd. du Cerf, « Sources chrétiennes », n° 459, 2001, p. 126.

Les impies

Pour les chrétiens, Jésus est homme et Dieu, ce qui lui vaut l'hostilité unanime des juifs et plus tard des musulmans. Dans les évangiles, Pierre affirme, lors de la confession de Césarée : « Tu es le Christ, le Fils du Dieu vivant » (Mt 16,16), ce que la première épître catholique complète, saluant Jésus : « Celui-ci est le Dieu véritable et la Vie éternelle » (1 Jn 5,20). Ce qui est bien sûr une prétention inacceptable aux yeux des juifs qui, dans l'évangile de Jean, veulent lapider Jésus pour cette raison : « Ce n'est pas pour une bonne œuvre que nous te lapidons, mais pour un blasphème et parce que toi, n'étant qu'un homme, tu te fais Dieu » (Jn 10,33), ou encore : « Nous avons une loi, et selon cette loi il [Jésus] doit mourir parce qu'il s'est fait Fils de Dieu ! » (Jn 19,7).

Le Talmud dira : « Si un homme proclame qu'il est Dieu, c'est un menteur » (Talmud de Jérusalem, *Taanit,* 2, 1). Le Coran est tout aussi catégorique : « Ceux qui disent : "Dieu est, en vérité, le Messie, fils de Marie", sont impies » (V, 17). On ne saurait être plus clair pour dénoncer l'infidélité des chrétiens. « Ils ont dit : "Le miséricordieux s'est donné un fils !" Vous avancez là une chose abominable ! Peu s'en faut que les cieux ne se fendent à cause de cette parole ; que la terre ne s'entrouvre et que les montagnes ne s'écroulent ! » (XIX, 88-89). Les mots sont particulièrement véhéments. « Dieu ne s'est pas donné de fils ; il n'y a pas de divinité à côté de lui, sinon chaque divinité s'attribuerait ce qu'elle aurait créé ; certaines d'entre elles seraient supérieures aux autres » (XXIII, 91). Et à la toute fin le Coran martèle encore : « Dieu est Un ! Dieu l'Impénétrable ! Il n'engendre pas ; il n'est pas engendré ; nul n'est égal à lui ! » (CXII, 1-4). Du côté juif, au XIIe siècle, Maimonide (1135-1204) aurait pu reprendre ces paroles à son compte : « Dieu est Un – Il n'est pas deux ni plus de deux, seulement Un, dont l'unicité est unique face à [celle des] autres [choses] qui existent dans le Monde : [elle n'est pas] unique comme celle d'une espèce composée de beaucoup d'unités, et pas unique comme le corps qui est divisé en membres et en extrémités ; mais Son Unicité n'a pas d'unicité qui lui soit comparable dans le Monde[1]. »

Les juifs et les musulmans s'accordent sur ce point théologique fondamental : la parfaite unicité de Dieu qu'aucun ajout ne saurait altérer. « L'Éternel notre Dieu est le seul Éternel ! » (Dt 6,4). La sourate IV donne même un résumé de sa position qui aurait pu tout aussi bien se trouver dans le Talmud : « Ô gens du Livre ! Ne dépassez pas la mesure dans votre religion ; ne dites, sur Dieu, que la vérité… Croyez donc en Dieu et en ses prophètes. Ne dites pas "Trois" ; cessez de le faire ; ce sera mieux pour vous. Dieu est unique ! Gloire à lui ! Comment aurait-il un fils ? » (IV, 171).

En interpellant les « gens du Livre », c'est pour cette fois en l'occurrence aux chrétiens que s'adresse le Coran, puisque les juifs ne sauraient pas plus être considérés comme des sectateurs de Jésus que comme des contempteurs de son caractère divin. Ibn Abu Hâtim Tayyî rapporte que, selon Ibn Abbâs, « les compagnons de Jésus se divisèrent plus tard en trois groupes. Le premier, les jacobites, croit que c'était Dieu lui-même qui était parmi eux, avant de remonter au ciel. Le deuxième groupe, les nestoriens, croit que Dieu et le fils de Dieu cohabitaient dans la personne de Jésus, et que Dieu le père a élevé son fils au ciel. Enfin, le troisième groupe, celui des véritables croyants, affirme qu'il était le serviteur d'Allah et son messager, qu'il est demeuré parmi eux aussi longtemps qu'Allah l'a voulu, jusqu'à ce qu'il l'élève vers lui. Les deux groupes mécréants s'en sont pris au groupe de croyants et les ont tués, et c'est pourquoi les véritables enseignements de Jésus devinrent vagues et confus jusqu'à ce

1. Maimonide, *Le Livre de la connaissance, Mishné Torah,* premier traité 1-5, traduit de l'hébreu par Valentin Nikiprowetsky et André Zaoui, PUF, « Quadrige », 2013.

qu'Allah envoie le prophète Mohammed » (Tayyî, n° 252). Ces chrétiens, le Coran tente de les ramener à la raison et de les faire renoncer à leur hérésie. Il veut guider les vrais croyants sur le bon chemin, comme avant lui Jésus : « Moi, je suis le Chemin, la Vérité et la Vie » (Jn 14,6) et tous les autres prophètes.

Polémique avec les chrétiens

Ce leitmotiv est ouvertement explicité par la sourate V, 116 : « Dieu dit : "Ô Jésus, fils de Marie ! Est-ce toi qui as dit aux hommes : Prenez, moi et ma mère, pour deux divinités, en dessous de Dieu ?" Jésus dit : "Gloire à toi ! Il ne m'appartient pas de déclarer ce que je n'ai pas le droit de dire. Tu l'aurais su si je l'avais dit." » Grâce au Coran, Jésus lui-même marque sa subordination, sa soumission à Dieu. Une subordination et une soumission qui excluent par conséquent la divinisation de sa mère. L'accusation portée contre ceux qui seraient allés jusqu'à diviniser Marie indique-t-elle une critique directe à l'égard d'hérétiques chrétiens sévissant en Arabie mais aussi en Thrace et peut-être au-delà ? C'est une hypothèse. Peut-être vise-t-elle plus spécifiquement le cercle des collyridiens dénoncé par Épiphane de Salamine dans son *Panarion* – littéralement sa « pharmacie » contre les hérésies ? Cela n'est pas impossible non plus dans la mesure où ce groupe était essentiellement constitué de femmes rendant un culte fanatique à la Vierge Marie, l'adorant à l'égal de Dieu, voire à sa place. C'est une autre hypothèse. Mais le problème ne se nicherait-il pas plutôt au cœur même du christianisme byzantin officiel tant on sent que l'adversaire désigné est plus puissant, plus nombreux que ces groupuscules marginaux ?

Depuis la fin de l'Antiquité, et aujourd'hui encore, les chrétiens ont eu beau jeu de protester que c'est par une méconnaissance grossière des textes que l'islam a incorporé Marie aux figures de la Trinité en lieu et place de l'Esprit Saint ou l'a ajouté aux trois autres sans craindre d'inventer une Trinité à quatre figures… La Trinité chrétienne n'est pas à géométrie variable, et la Vierge Marie n'a jamais été du nombre. « Dieu, en lui-même, n'est pas autre chose que le Père, le Fils et le Saint-Esprit, la Trinité et les choses qui sont dites à l'accoutumée à propos de l'Unité et de la Procession », écrivait Martin Luther dans ses *Études sur les Psaumes.* Il est pourtant indéniable que Marie s'est immiscée de fait, sinon de droit, dans la doctrine dominante, induisant une ambiguïté fondamentale. C'est à ce christianisme polymorphe que s'en prend le Coran. Un christianisme d'autant plus redoutable qu'il englobe les élaborations théologiques les plus sophistiquées et les formes de dévotion les plus populaires.

Ave Maria

La transformation théologique dont le personnage de la mère de Jésus a été l'objet au cours de l'histoire du christianisme est peu banale. Dans les évangiles canoniques, à plusieurs reprises, Marie est maltraitée, dénigrée, rabrouée. Dans l'évangile de Marc, on lit cette question peu amène : « Qui sont ma mère et mes frères ? » (Mc 3,33), prolongée par la réplique de Jésus dans l'évangile de Matthieu : « Quiconque fait la volonté de mon père qui est aux cieux, c'est lui mon frère, ma mère, ma sœur » (Mt 12,49-50) ; à une femme qui s'exclamait : « Heureuse celle qui t'a porté et allaité ! », l'évangile de Luc témoigne que Jésus rétorqua : « Heureux ceux qui écoutent la parole de Dieu et qui l'observent » ; des paroles qui ne sont pas véritablement celles d'un fils aimant. Dans l'évangile de Jean, Jésus lance à sa mère : « Que me veux-tu femme ? » (Jn 2,3), ce qui ne témoigne pas non plus d'une grande affection ni d'un grand respect. Si l'on additionne ensemble les remarques méprisantes et les allusions critiques à propos de Marie dans les quatre évangiles canoniques, son portrait est terriblement critique. Non seulement elle ne serait pas une mère digne de ce nom mais une pécheresse qui ignorerait la volonté de Dieu, ne l'écouterait pas et n'observerait pas ses commandements.

Le personnage de Marie sera sauvé de l'opprobre par l'évangile de Jean, lorsque l'évangéliste – contrairement aux trois autres – lui accordera un rôle de figurante dans le récit de la Passion : « Près de la croix de Jésus se tenait debout sa mère » (Jn 19,25). Qu'importe si les paroles de Jésus en croix, désignant le disciple qu'il aimait à sa mère sont toujours aussi cassantes : « Femme, voici ton fils » (Jn 19,27). L'iconographie chrétienne s'emparera de cette scène à travers des milliers et des milliers d'images, jusqu'à lui conférer une réalité historique ; jusqu'à offrir à Marie la chance d'une gloire inespérée qui devait aussi répondre pour le christianisme à la nécessité de renouer avec le culte archaïque de la déesse-mère.

Dans l'histoire chrétienne, le personnage de Marie va connaître alors un retournement complet, du négatif passer au positif. La femme malmenée de la tradition canonique va se muer en sainte par excellence, en icône catholique et romaine, triomphant auprès des peuples chrétiens qui l'acclameront avec ferveur.

Le premier chapitre des Actes des Apôtres, écrit vers les années 80 de notre ère, inaugure ce miraculeux retournement. Il brosse de Marie une figure apaisée et consolatrice, déjà une image pieuse : « Tous, d'un même cœur, étaient assidus à la prière avec quelques femmes, dont Marie, mère de Jésus, et avec ses disciples » (Ac 1,14). Au IIe siècle les premiers Pères de l'Église prendront le relais. Ils entreprendront ce que le Nouveau Testament n'a jamais réalisé : construire la figure théologique de la Vierge mère. C'est-à-dire délivrer Marie de toutes les ambiguïtés, de toutes les polémiques, de toutes les accusations qui ternissent son image. Patiemment, au prix de beaucoup de contorsions, ils évacueront la contradiction entre la dogmatique et la physiologie ; entre la virginité proclamée de Marie et l'existence des frères et sœurs de Jésus (mentionnés sans ambages dans les évangiles de Marc et de Matthieu). Les frères deviendront des fils de Joseph, des enfants d'un premier lit, des cousins, des disciples appelés « frères » à la manière orientale avant de disparaître rapidement de l'histoire et des mémoires chrétiennes pour laisser le champ libre à un culte marial désormais en pleine expansion, une « mariolâtrie », selon la formule des protestants. Marie lavée de tout soupçon, exaltée comme Notre Dame, parée d'or, de diamants et de perles, sera élevée au même rang que Jésus, l'égalant, le dépassant même parfois dans la piété populaire. « Marie fut libérée du péché originel pour que la chair du Rédempteur ne fût pas non plus effleurée par l'ombre du péché », prêchait encore Luther dans un sermon en 1516. En 1854, le pape Pie IX entérinera le dogme de l'Immaculée Conception ou de la conception immaculée, signifiant que Marie aurait elle-même été conçue en dehors du péché, accordant au personnage un statut hors norme. Désormais, la prière du « Je vous salue Marie » rivalisera avec le « Notre Père ».

Marie « Theotokos »

Un pas gigantesque est franchi au milieu du ve siècle, au concile d'Éphèse (431), quand la Vierge Marie est proclamée, ni plus ni moins, « Mère de Dieu[1] ». Sur le terrain de la christologie, l'attribution du titre de *Theotokos* (« celle qui a enfanté Dieu ») voit s'affronter deux fortes personnalités, deux intellectuels d'envergure, le patriarche d'Alexandrie Cyrille (très antijuif) et celui de Constantinople, Nestorius, pour qui Marie est la mère de l'homme Jésus, non du Verbe éternel : « Je refuse de voir un Dieu formé dans le sein d'une femme ! »

---

1. Voir Jaroslav Pelikan, *L'Émergence de la tradition catholique*, traduit de l'anglais par Pierre Quillet, avec Jean-Yves Lacoste et Françoise Vinel, PUF, 1994, p. 272-274 ; Pierre Maraval, *Le Christianisme de Constantin à la conquête arabe*, PUF, 1997, p. 358 *sq.* ; André Piganiol, *L'Empire chrétien*, PUF, 1972.

Au titre de *Theotokos,* Nestorius répond par le titre de *Christotokos* (mère du Christ) quand d'autres défendent celui d'*Anthropotokos* (mère de l'Homme) sans qu'aucun accord ne se fasse entre les pères conciliaires. À partir de ces positions inextricables, d'une confusion et d'une complexité peu ordinaires, s'élaborera progressivement l'idée que ce concile d'Éphèse aurait tranché définitivement la question, départageant aisément le dogme et l'hérésie. Rien n'assure pourtant que cette proclamation (*Theotokos*) ne soit pas en réalité beaucoup plus tardive. « Si d'autres assemblées ecclésiales, dans l'histoire, ont été fort mouvementées, celle-ci l'emporte nettement sur ce point : c'est à peine si l'on peut, du point de vue historique, déterminer en quoi a consisté exactement le concile[1]... » remarque Dominique Cerbelaud. Il s'agirait en fait d'une dogmatisation rétrospective, antidatant ce qui historiquement revient aux conciles de Chalcédoine (451), de Constantinople II (553) et de Constantinople III (680-681), puis de Nicée II (787), lequel édicta la célèbre profession de foi : « Nous confessons aussi que notre souveraine sainte Marie est de plein droit et véritablement Mère de Dieu, parce qu'elle a enfanté dans la chair l'un de la Trinité, le Christ notre Dieu, comme l'a défini pour la première fois le concile d'Éphèse (431), chassant l'impie Nestorius et les siens, parce qu'il introduisait une dualité de personnes[2]. » Formulation que reprend à son compte en 869 le concile de Constantinople IV (que l'Occident chrétien admet comme œcuménique), tandis que le patriarche Nestorius – mort en 451 durant son exil en Égypte, l'année même de Chalcédoine – deviendra au fur et à mesure un hérétique de la pire espèce, anathématisé finalement en 870 car il « rend un culte à l'homme, et a une pensée judaïque, pleine de jactance[3] ».

1. Dominique Cerbelaud, *Marie, un parcours dogmatique,* éd. du Cerf, 2004, p. 95.
2. Cité dans *ibid.*, p. 98.
3. *Ibid.*, p. 99.

Qu'affirmait l'évêque Nestorius de si redoutable pour l'Église ?

Essentiellement que deux natures, l'une divine, l'autre humaine, coexistaient dans le Christ ; que le divin et l'humain avaient coïncidé dans leur apparence ; que le divin « habitait » l'humain en Jésus-Christ, d'où l'idée que le corps physique de Jésus pouvait mourir sur la croix tandis que sa divinité demeurait immortelle. Aujourd'hui, des courants du christianisme oriental en Turquie et en Irak, l'Église assyrienne ou l'Église chaldéenne professent encore la théologie nestorienne et assurent sa postérité.

Pendant que l'Anglais John Toland s'intéressait aux débuts de l'islam, le fondateur de l'histoire critique de la Bible pourchassé par Bossuet, l'oratorien Richard Simon, en 1711, peu avant sa mort, ramenait les choses à leur juste mesure, écrivant que « le nestorianisme d'aujourd'hui n'est qu'une hérésie imaginaire. Et que toute cette diversité de sentiments ne consiste qu'en des équivoques… Les Grecs ont toujours été de grands disputeurs ; aussi voyons-nous que la plupart des premières hérésies sont nées parmi eux ; et le plus souvent leurs disputes n'étaient que de métaphysique et de pures équivoques, d'où ils tiraient ensuite les conséquences à leur manière, venant enfin aux injures et, par là, les choses devenaient inconciliables[1] ».

L'historien du christianisme Jaroslav Pelikan avance que depuis le concile de Nicée de 325, convoqué par l'empereur Constantin, c'est en termes diplomatiques et militaires qu'il faudrait décrire la guerre de plusieurs siècles qui opposa de l'anathème jusqu'au sang les différentes forces à l'intérieur du christianisme d'Orient. Le concile de Nicée était censé avoir définitivement réglé le problème christologique par l'affirmation de la consubstantialité du Fils et du Père et non sa subordination

1. Richard Simon, *Histoire critique des dogmes des chrétiens orientaux*, 1711, cité par François Nau, « Préface à Nestorius », *Le Livre d'Héraclide de Damas*, Letouzey, 1910, p. XXI.

comme le soutenait le prêtre Arius. Il n'en a rien été. Au soir même de la clôture du concile, la guerre est rouverte et les belligérants ne désarmeront jamais. Comme le disait Jacques Prévert, « dans toutes les églises il y a quelque chose qui cloche ». Dans les églises orientales, le son des disputes devint assourdissant. « L'armistice de Chalcédoine et le compromis de Constantinople II n'interrompirent même pas sérieusement le conflit entre les forces opposées et durables de ceux qui voyaient le salut de la race humaine assuré par les plus intimes des liens entre le divin et l'humain dans la personne du Dieu-homme, d'une part, et, d'autre part, de ceux qui voyaient ce salut menacé par tout lien dans lequel l'une des deux natures – ce qui toujours voulait dire la nature humaine – se trouvait amoindrie par la définition même de l'incarnation... L'espoir de paix fut illusoire, comme l'Orient devait l'apprendre durant les controverses qui conduisirent au IIIe concile de Constantinople en 680[1]. »

Constantinople, 680...

L'Arabie de Mahomet n'est pas loin. Les clameurs peuvent arriver assourdies, mais le texte coranique fonctionne comme une puissante chambre d'écho de ces affrontements entre chrétiens dont on peine à imaginer les ravages et la fureur.

Indirectement, Mahomet va tirer parti de ces guerres interminables qui affaiblissent l'Église. Paradoxalement, il va trouver une audience auprès de chrétiens lassés, épuisés par ces querelles « byzantines ». Les traités de théologie peuvent spéculer à l'infini sur la nature du Christ, mais comment Marie pourrait-elle être mère de Dieu sans être divine elle-même ? Comment Jésus pourrait-il être à l'égal de Dieu, sinon Dieu lui-même ? Comme le dit le grand exégète et traducteur Hamza Boubakeur : « le point de vue de l'islam sur Jésus est sensiblement voisin de la théorie soutenue par des docteurs

1. Jaroslav Pelikan, *L'Émergence de la tradition catholique*, *op. cit.*, p. 355 et 356.

chrétiens comme Arius, condamné par le concile de Nicée (325) et celui de Constantinople (381)[1] ».

Si Mahomet s'adresse aux chrétiens comme un héritier dissident du nestorianisme ou de l'arianisme, en coupant tout lien du sang entre Dieu et Jésus, il s'adresse vigoureusement à un ennemi extérieur, mais aussi à un ennemi fictif qu'il invente pour lutter contre les tentations internes à sa communauté, contre les démons qui travaillent sûrement certains des siens, toujours tentés d'associer à côté d'Allah d'autres déités. Tout cela donne à Mahomet l'occasion d'affirmer et de réaffirmer avec force qu'en islam il n'y a de Dieu que Dieu. La *shahâda,* la profession de foi musulmane, marque et martèle le refus de la divinisation de Jésus et celle implicite de Marie, comme de tout autre figure concurrente de Dieu.

La Choisie

Désigner Jésus comme le fils de Marie devient le moyen le plus efficace de proclamer que Jésus est né d'une femme ordinaire. Mais pas de n'importe quelle femme, une femme élue par Dieu entre toutes les femmes : « Les anges dirent : Ô Marie ! Dieu t'a choisie, en vérité ; il t'a purifiée, il t'a choisie de préférence à toutes les femmes de l'univers » (III, 42). Dans le Coran, Marie joue un rôle exceptionnel, à la frontière de l'humanité et du surnaturel, à l'intersection entre ces deux mondes.

« La sourate XIX "Maryam" est une belle pièce narrative et poétique du Coran qui est composée de divers épisodes relatifs aux prophètes, au premier rang desquels Jean-Baptiste et Jésus (surtout l'histoire de sa naissance, d'où le nom de la sourate). Du point de vue littéraire, on y trouve tous les éléments essentiels de la poésie chrétienne syriaque, notamment le genre *Soghito* :

1. Hamza Boubakeur, *Traité moderne de théologie islamique,* Maisonneuve et Larose, 1993, p. 108.

structure en strophes avec un refrain constant et des parties narratives qui alternent avec des parties en dialogue. En même temps, il faut constater que le genre est adapté à l'esprit de la langue arabe et de la littérature arabe[1]. » Tout en demeurant vierge (comme dans le christianisme), Marie est fécondée par Dieu (comme dans le christianisme), et, semblant anticiper le dogme chrétien de la virginité perpétuelle, conserve sa virginité après l'accouchement sans que pour autant Jésus soit divin. Comment est-ce possible ? Comment une telle fécondation a-t-elle pu avoir lieu ? Que signifie-t-elle pour les croyants ? Pourquoi, dans l'islam, est-ce Marie qui est distinguée entre toutes les femmes comme elle l'est dans l'évangile de Luc : « Bénie es-tu entre toutes les femmes, et béni le fruit en ton sein » ? (Lc 1,42). C'est un véritable défi herméneutique que relève le Coran : Marie est unique de son espèce, elle est l'élue, son fils n'est pas engendré par Dieu mais créé par lui : « Et celle qui était restée vierge, nous lui avons insufflé de notre Esprit » (XXI, 91).

Le poète qu'est aussi l'auteur du Coran n'aurait certainement pas désavoué l'hymne écrit seulement un siècle auparavant par l'éphémère évêque de Batnan dans la province d'Édesse, le syriaque Jacques de Saroug :

Elle était la lettre, non parce qu'elle était scellée après avoir été écrite,
Mais parce que la Divinité l'a scellée [d'abord] et ensuite a écrit sur elle.
Ils l'ont scellée, et l'ont écrite ; elle a été aussi lue bien qu'elle n'ait pas été ouverte,
Parce que le Père a révélé en elle des mystères plus sublimes que d'habitude,
Le Verbe est entré et a demeuré en elle à travers les sceaux qui étaient gardés,

1. Manfred Kropp, *Cours au Collège de France,* 2007-2008.

Garants de la virginité en son corps, mais conception en son sein, ce qui est plein de merveille.
Marie nous est apparue comme une lettre scellée,
En laquelle étaient cachés les mystères du Fils et sa profondeur[1].

Cependant, à la forme poétique, le Coran préférera la forme narrative pour célébrer Marie. Il s'attarde longuement – bien plus que sur la crucifixion apparente de Jésus – sur ses parents et sa naissance. Après avoir mis sa fille au monde, sa mère, la femme d'Imran, dit : « Mon Seigneur j'ai mis au monde une fille. – Dieu savait ce qu'elle avait enfanté : un garçon n'est pas semblable à une fille – Je l'appelle Marie » (III, 38). La petite fille est confiée au Temple de Jérusalem, et placée sous la protection de Zacharie, un personnage tiré du récit de l'enfance, au début de l'évangile de Luc et qui n'apparaît dans le Coran qu'en lien avec Marie. Zacharie se lamente car sa femme est vieille et stérile, mais Dieu décide de lui donner un garçon, ce sera Jean le Baptiste, tandis que les anges annoncent à la Vierge Marie de la part de Dieu : « la bonne nouvelle d'un Verbe émanant de lui : son nom est : le Messie, Jésus, fils de Marie ; illustre en ce monde et dans la vie future ; il est au nombre de ceux qui sont proches de Dieu. Dès le berceau, il parlera aux hommes comme un vieillard ; il sera au nombre des justes » (III, 45-46). Les versets et la suite du texte sont programmatiques, enchâssant un récit de la vie de Jésus dans celui de l'enfance de Marie, comme si l'histoire de l'une était enceinte de l'histoire de l'autre, le présent du futur.

1. Jacques de Saroug, *Patrologia Orientalis,* 38-1-174, cité par Étienne Méténier, « Les titres mariaux dans les écrits de Jacques de Saroug », 2010, www.academia.edu/5199894/.

Jeu d'influences

La sourate XIX reprend l'histoire de Marie à l'endroit où la sourate III l'a laissée. Plus exactement elle la répète parfois à l'identique, mot pour mot, avant de la compléter et d'aller là où le récit de la sourate III ne s'aventurait pas. Il est remarquable de constater que la large citation inspirée de l'évangile de Luc constitue l'un des rares emprunts directs à un évangile canonique, comme si le Coran se laissait séduire par le merveilleux qui nimbe le récit de l'enfance. Mais à part les versets de reprise, le texte de la sourate ne fait plus allusion au Nouveau Testament, y préférant le légendaire de la piété populaire chrétienne.

Ainsi, après l'Annonciation évoquée par la sourate III, la sourate XIX développe le récit de la grossesse et de l'accouchement. Marie souffre terriblement au moment de l'enfantement : « Malheur à moi ! Que ne suis-je déjà morte totalement oubliée ! » (XIX, 23). Douleurs physiques et psychologiques ignorées du Nouveau Testament. Or ce n'est pas dans une mangeoire ou une crèche que Marie enfante, c'est au milieu du désert, à l'ombre d'un miraculeux palmier, comme si l'épisode transposait la fuite en Égypte selon l'évangile de Luc – épisode qui, en revanche, n'apparaît pas dans le Coran. Pour l'encourager à vivre, pour la consoler, pour la rassasier de dattes fraîches, le palmier miraculeux se penche sur elle tandis qu'un ruisseau jaillit sous ses pieds. « Mange et bois et cesse de pleurer », lui ordonne l'enfant Jésus (XIX, 26). Double miracle : celui du palmier nourricier dans le désert, celui du nouveau-né qui parle (ce prodige qu'évoque encore un autre verset – V, 110 : « Dès le berceau tu parlais aux hommes comme un vieillard »).

Ces éléments surnaturels semblent sortis tout droit d'un récit apocryphe chrétien, un évangile de l'enfance, le Pseudo-Matthieu : « Mais, deux jours après leur départ, il advint que Marie, dans le désert, souffrit de l'excessive chaleur du soleil, et, voyant un palmier, elle désira se reposer un peu à son ombre.

Joseph s'empressa de la conduire près du palmier et la fit descendre de sa monture. Et, après que Marie se fut assise, levant les yeux vers le feuillage du palmier, elle vit qu'il était chargé de fruits, et elle dit : Oh, s'il était possible que je puisse goûter des fruits de ce palmier. Et Joseph lui dit : Je m'étonne que tu dises cela, alors que tu vois combien ce palmier est haut. Toi, tu songes aux fruits du palmier, mais moi je songe à l'eau qui manque déjà dans nos outres, et nous n'avons pas de quoi les remplir et nous désaltérer. Alors, le petit enfant Jésus, assis sur les genoux de sa mère la vierge, s'écria et dit au palmier : Arbre, incline-toi, et restaure ma mère de tes fruits. Et aussitôt, à cette parole, le palmier inclina sa tête jusqu'aux pieds de Marie, et, après avoir cueilli les fruits qu'ils portaient, tous se restaurèrent. Mais, après que tous ses fruits eurent été cueillis, l'arbre restait incliné, attendant pour se redresser l'ordre de celui qui lui avait ordonné de s'incliner. Alors Jésus lui dit : Redresse-toi, palmier, fortifie-toi et sois le compagnon des arbres que je possède dans le paradis de mon père. Fais jaillir de tes racines les sources cachées et que de l'eau à notre satiété en coule. Et aussitôt le palmier se redressa et d'entre ses racines des sources d'eau limpide, fraîche et très douce se mirent à couler. Voyant couler ces sources d'eau, ils se réjouirent d'une grande joie, et ils burent avec leurs bêtes et leurs serviteurs en rendant grâce à Dieu[1]. »

Avec le Pseudo-Matthieu, un autre évangile apocryphe est devenu très populaire dans l'Orient chrétien à partir de la fin du IIe siècle : le Protévangile de Jacques (où l'on apprend ce qui s'est passé *avant* les récits évangéliques). Il a été connu après le XVIe siècle sous le nom de « Nativité de Marie ». La fameuse liste de textes canoniques énumérés par le *Décret de Gélase*[2] semble le rejeter comme hérétique. Ce qui n'a pas empêché ce texte apocryphe d'être un véritable succès dans

1. Pseudo-Matthieu, 20, 1-235, traduit par Jan Gijsel, dans *Écrits apocryphes chrétiens,* t. I, *op. cit.*, p. 138.

2. Voir *supra* p. 53.

toutes les Églises d'Orient. Objet de nombreuses copies manuscrites en grec jusqu'au XVIe siècle, il a été traduit notamment en syriaque, en copte, en arménien, en géorgien, en éthiopien, en arabe.

On lit dans le Protévangile de Jacques un récit de l'enfance que Marie a passée au Temple (de Jérusalem) – épisode des plus invraisemblables sur le strict plan historique : le voile qu'elle tisse, le tirage au sort de celui qui devra veiller sur elle, la nourriture venue du ciel, l'annonciation par les anges, la Nativité. À la manière du *midrash* juif, le texte coranique va fusionner les influences et les récits, s'approprier la gamme des figures chrétiennes, les répéter et les interpréter selon sa propre partition. Cela suppose que l'auditoire de Mahomet ait déjà connu l'histoire évangélique de Marie et Jésus ; d'autant que les récits ne sont jamais racontés entièrement dans le Coran, mais évoqués par touches plus ou moins détaillées, nécessairement de connivence avec les auditeurs. Il est d'ailleurs significatif de constater que toutes les allusions au Pseudo-Matthieu, au Protévangile de Jacques, voire au récit de l'enfance chez Luc, viennent presque certainement de traditions orales. C'est par l'oreille que l'histoire chrétienne a atteint Mahomet. Le Coran ne cite jamais littéralement les textes chrétiens – orthodoxes ou extra-canoniques –, il les paraphrase, les réinvente comme on peut reformuler, réinventer une histoire racontée par quelqu'un qui, lui-même, la tenait d'un autre qui l'avait entendue ailleurs.

La question de l'origine

« De nombreux islamologues orientaux, devant les évidentes dissymétries entre Coran et Évangile, se sont mis en quête d'autres modèles dont se serait inspiré le Coran, écrit Michel Dousse dans son livre sur Marie et l'islam. Il est évident que l'étude des sources, d'un point de vue particulier et limité, peut s'avérer éclairante [...]. Certains spécialistes se sont tournés vers les évangiles apocryphes. Or les textes apocryphes, à l'inverse du Coran, en rajoutent très généralement dans l'anecdote et cherchent à combler les non-dits significatifs du texte révélé par des aménagements d'ordre narratif plus proches de la prédication populaire que de la sobriété des révélations coraniques[1]. » Ce à quoi on peut facilement rétorquer que les exégètes de la Tradition musulmane elle-même se sont plu à développer et à raconter ce que la sobriété du Coran n'exprimait pas assez ouvertement à leurs yeux. Puis Dousse poursuit : « Il peut bien sûr s'avérer très éclairant et précieux de relever, dans la perspective d'une lecture "dialoguante" des Écritures, les analogies et les différences du Coran avec la Bible et les Évangiles, ainsi qu'avec les diverses traditions du monothéisme abrahamique, à condition que l'on n'en fasse pas le centre d'un dispositif d'explication en termes d'influences et d'emprunts[2]. »

À cette critique semblent répondre très directement deux chercheurs comme Guillaume Dye et Fabien Nobilio : « Certes, la thèse fort ancienne d'un éventuel rapport entre l'islam et une ou des "hérésies" chrétiennes a parfois, malheureusement, des arrière-pensées apologétiques. Mais est-ce une raison suffisante pour éluder la question dans sa dimension scientifique et dépassionnée[3] ? »

Hors de toute considération sur son rôle transcendantal, la présence de Marie dans le Coran est insolite. Elle est citée trente-quatre fois, plus que Jésus lui-même (vingt-deux ou vingt-trois fois). Pas moins de deux sourates lui sont octroyées, la sourate III et la sourate XIX dédiée à son nom, et elle apparaît dans un nombre de pages bien plus considérable que les quelques lignes que lui concède le Nouveau Testament. À la différence

1. Michel Dousse, *Marie la musulmane,* Albin Michel, 2005, p. 206.
2. *Ibid.*
3. Introduction à *Figures bibliques en islam* (coll.), sous la direction de Guillaume Dye et Fabien Nobilio, EME, 2011.

des autres personnages féminins, y compris Ève, qui sont toujours évoqués par référence à leur compagnon masculin, Adam, Noé, Loth, Imran, Pharaon, Marie est la seule femme à être désignée par son nom ! Plus encore, il y a de quoi s'en étonner quand l'on sait que le Coran ignore le nom des deux femmes d'Abraham, Sarah, mère d'Isaac, et surtout Agar, la mère d'Ismaël considéré par les musulmans comme l'ancêtre des Arabes.

Ce n'est pas nier l'originalité et la spécificité de la construction théologique singulière dont la figure musulmane de Marie est l'enjeu que de constater la trace d'influences, de retouches, d'amalgames. Le Coran invente une autre Marie que la Marie de Nazareth. Une Marie adaptée à d'autres convictions et d'autres débats, une figure modèle de la croyante islamique. Mais une Marie qui, par définition, doit tant de ses éléments narratifs à ses devanciers qu'elle semble aimanter les contraires ; qu'elle apparaît comme au carrefour entre la calomnie et la vénération, entre les polémiques et l'hagiographie, entre la ferveur populaire et la théologie savante.

Dans le Coran qui glorifie un monothéisme absolu, la filiation est directe entre le judaïsme et l'islam. En surgissant à l'intérieur de cette histoire, le messie Jésus fils de Marie a tout pour apparaître comme un corps étranger. C'est pourtant en tirant sur ce fil, en suivant sa trace que l'on peut comprendre comment s'est formée la doctrine de Mahomet, comment l'islam a pu commencer à émerger en Arabie au début du VIIe siècle, et le rôle joué par le christianisme dans cette histoire.

5
Un Coran chrétien

Le mot « chrétien » n'apparaît jamais dans le Coran, qui cite seulement les « nazaréens ». Pour comprendre d'où vient ce nom, il faut revenir aux commencements, quand le christianisme cherchait à définir son identité par rapport au judaïsme pharisien puis rabbinique.

Hébreux et Hellénistes

Dans le Nouveau Testament, le livre des Actes des Apôtres raconte comment le mouvement a survécu aux lendemains de la mort de Jésus. Au début du récit, histoire et légende tout à la fois, reconstruction en tout cas des origines, Jacques, le frère de Jésus, réunit autour de lui une première communauté de disciples nommée « église de Jérusalem », c'est-à-dire l'assemblée des croyants. Le terme « synagogue » serait plus approprié pour nos oreilles modernes dans la mesure où cette première communauté s'inscrivait entièrement et exclusivement dans le judaïsme. Nous ne savons pas combien ils étaient à en faire partie, malgré ce nom d'« église » qui laisse apercevoir des foules. Peu en tout cas.

Jacques (Jacob), sa figure majeure, est salué comme « frère du Seigneur » par Paul, appelé « frère de Jésus appelé Christ » par Flavius Josèphe et surnommé « le Juste » au siècle suivant par Hégésippe et Clément d'Alexandrie. C'est l'un des quatre frères de Jésus cités nommément dans les Évangiles : « Sa mère ne s'appelle-t-elle pas Marie et ses frères Jacques, Joseph, Simon et Jude ? » (Mt 13,55). Selon Flavius Josèphe, Jacques, frère de Jésus au sens propre du terme, aurait été mis à mort en 62 à l'instigation du grand prêtre Hanan II, jaloux de sa grande réputation de piété et d'observance de la Loi (*Antiquités juives* de Flavius Josèphe 20, 9-1)[1].

« L'église de Jérusalem » est donc une communauté juive palestinienne à laquelle vont s'agréger des juifs de culture grecque, les Hellénistes. Au chapitre 6 des Actes des Apôtres, un conflit apparaît entre les Hellénistes (les juifs de culture grecque) et les Hébreux (les disciples qui, derrière Jacques, entendent demeurer dans le judaïsme et célébrer Jésus comme le messie d'Israël). Ce moment de fracture, *a priori* minime, se révélera *a posteriori* comme l'acte fondateur du christianisme. « En ces jours-là, le nombre de disciples augmentait et les Hellénistes se mirent à récriminer contre les Hébreux » (Ac 6,1). Les deux branches ne parviennent pas à s'accorder sur leurs responsabilités réciproques par rapport au sort des veuves des « adeptes de la Voie », comme les Actes des Apôtres désignent les premiers partisans de Jésus (Ac 9,2). C'est dire à demi-mot que le temps a passé, que les pionniers meurent, que la communauté s'est agrandie, qu'une fois structurée elle se dispute sur son organisation. Les Hellénistes et les Hébreux vont se séparer, non réconciliés. Ils ne se rejoindront jamais. Les Hellénistes conduiront le christianisme jusqu'à Rome, les Hébreux péricliteront peu à peu et deviendront ce que l'on nommera plus tard les « judéo-chrétiens », même si cette appellation – qui passe pour avoir été à l'origine une expression du théologien protestant allemand Ferdinand Christian Baur (1792-1860) – reste aujourd'hui peu satisfaisante pour la plupart des chercheurs.

1. Voir Pierre-Antoine Bernheim, *Jacques, frère de Jésus,* Albin Michel, 2003.

Judéo-chrétiens

Pour les juifs, ces « judéo-chrétiens » sont des chrétiens ; pour les chrétiens, ce sont des juifs. Dans la longue correspondance qu'ils entretiennent entre 394 et 419, saint Jérôme écrit à saint Augustin : « on les appelle vulgairement Nazaréens ; ils croient au Christ, fils de Dieu, né de la Vierge Marie, et ils disent que c'est celui qui sous Ponce Pilate a souffert et est ressuscité ; en lui nous aussi nous croyons ; mais tandis qu'ils veulent tout ensemble être juifs et chrétiens, ils ne sont ni juifs ni chrétiens » (Lettre 112).

Les judéo-chrétiens sont la part maudite de l'histoire chrétienne. Constamment en porte à faux avec les différentes communautés, de dispute en conflit, de conflit en excommunication, d'excommunication en défaite, ils seront chassés de Palestine et repoussés jusqu'en Arabie. « La question qui se pose alors est celle-ci : après les catastrophes de 70 [destruction du Temple de Jérusalem] et de 135 [deuxième guerre juive], la direction du sud, celle de l'Arabie, n'était-elle pas celle qui ouvrait la voie directe d'un refuge, aussi bien pour la communauté judéo-chrétienne (émigrée partiellement en Transjordanie) que pour la communauté essénienne de Qumrân[1] ? » signalait Henry Corbin (1903-1978) dans son importante préface « Harmonia abrahamica ». Et le célèbre islamologue d'ajouter : « Le Qorân n'est lui-même antijuif ou antichrétien que précisément parce qu'il est judéo-chrétien. »

La présence de judéo-chrétiens aux VIe et VIIe siècles en Arabie, donc aux premières marches de l'islam, demeure toujours très discutée : pour certains, comme l'archéologue Christian Robin, leurs groupes sont « fantomatiques » ; pour d'autres, plus catégoriques, il n'y a aucune trace de groupes

1. Cité par Christian Jambet, Préface aux *Homélies clémentines*, Verdier, 1991, p. x.

judéo-chrétiens après le IVe siècle ; pour d'autres enfin, comme Guy Stroumsa, on ne saurait parler à leur sujet de « fossiles de la période archaïque du christianisme » : « Il n'y a pas de doutes sur le fait que les communautés judéo-chrétiennes ne peuvent représenter que des groupes marginaux dans l'antiquité tardive, souvent vivant dans une isolation protectrice. Mais il est assez de quelques traces qu'ils nous ont laissées pour que leur existence soit confirmée [...]. Il semble bien que leurs idées, insupportables à la fois aux rabbins et aux évêques, aient pu apparaître comme une version étonnamment attirante du christianisme, en tout cas pour des populations vivant aux marches de l'Empire romain[1]. » Guy Stroumsa en veut pour preuve le témoignage de Jean de Damas qui, au VIIIe siècle, atteste de la présence d'un groupe judéo-chrétien d'obédience elkasaïte, les sampséens : « Il n'est pas raisonnable de douter de la véracité de son témoignage, puisque au monastère de Mar Saba où il vivait, il était pratiquement leur voisin. Le fait de l'existence tardive de tels groupes, cependant, est moins étonnant que celui de l'impact qu'ils ont pu continuer à avoir bien au-delà de leur communauté[2]. »

Depuis presque trois siècles, la recherche sur les origines de l'islam rôde peu ou prou autour du phénomène judéo-chrétien. En 1718, paraît à Londres *Nazarenus,* cet ouvrage publié en français sous le titre *Le Nazaréen ou le christianisme des juifs, des gentils et des mahométans.* Toujours largement méconnu, Toland a été le premier – avant Baur – à mettre en lumière deux idées capitales : le concept de judéo-christianisme lui-même, c'est-à-dire la résistance de la tendance juive du christianisme primitif, et d'autre part sa postérité dans l'islam naissant. Toland affirme en effet que certaines doctrines majeures de l'islam, qu'il appelle « le mahométanisme », trouvent leur fondement aux origines du christianisme : « Vous serez convaincus, écrit-il

1. Guy Stroumsa, « Judéo-christianisme et origine de l'islam », *op. cit.*
2. *Ibid.*

à ses lecteurs, que dans un sens les mahométans peuvent être appelés chrétiens avec autant de justice que l'on appelle juifs les premiers chrétiens[1]. »

John Toland sera suivi en 1834 par Abraham Geiger (1810-1874), également devancier de l'étude scientifique du judaïsme, puis par Theodor Nöldeke (1836-1930), le grand coranologue allemand pour qui « l'islam représente la forme arabe du christianisme », et par l'historien du christianisme ancien Adolf von Harnack (1851-1930), ce que peu après développera le Suédois Tor Andrae (1885-1947), insistant sur le fait que les traditions chrétiennes orthodoxes et hérétiques, dont le judéo-christianisme, ne sont pas les seules à l'œuvre dans le proto-islam, et qu'il ne faudrait oublier ni le manichéisme ni le zoroastrisme.

Une autre histoire

Cette prise en compte de l'hypothèse judéo-chrétienne oblige à rompre avec la manière dont les débuts de l'islam ont été racontés par la Tradition musulmane. Tradition qui a insisté très fortement par rapport à la réalité du texte coranique sur le contexte païen et polythéiste de l'Arabie dans lequel aurait prêché Mahomet. Comme l'écrivait Alfred-Louis de Prémare, « faute de données externes suffisantes et faute de vouloir considérer celles qui existent, bien des chercheurs se limitent au matériel islamique traditionnel tel qu'il se présente à eux. Ils sont contraints d'entrer dans le jeu des clercs musulmans d'autrefois ; ce sont ceux-ci, en effet, qui en ont sélectionné et compilé les éléments selon l'idée qu'ils voulaient donner des origines de leur communauté et de la vie de leur prophète[2] ». À

1. John Toland, *Le Nazaréen ou le christianisme des juifs, des gentils et des mahométans*, *op. cit.*, p. 9. Voir chap. 2 *supra*.
2. Alfred-Louis de Prémare, *Aux origines du Coran*, Téraèdre, 2004, p. 27.

dire vrai, on assiste avec l'écriture de l'histoire des débuts de l'islam à la reproduction d'un processus connu de l'histoire des religions : le christianisme n'y a pas fait exception, qui a su trouver avec les Actes des Apôtres ou avec l'*Histoire ecclésiastique* d'Eusèbe de Césarée de quoi reconstruire un récit des origines dont il est d'autant plus difficile de se dégager que c'est souvent le seul.

L'attachement des judéo-chrétiens – des juifs chrétiens devrait-on dire plutôt – aux principes fondamentaux du judaïsme (les commandements du Deutéronome, la circoncision, les interdits alimentaires, le respect du sabbat) fait que l'antipaulinisme, l'opposition à la doctrine professée dans les épîtres, est en principe leur trait fédérateur, même si ce courant a été plus complexe, traversé de plusieurs tendances qui s'ignorent ou se disputent. La difficulté de les saisir est augmentée du fait que les mêmes groupes ont pu recevoir ultérieurement des dénominations différentes : les ébionites, les nazaréens, les elkasaïtes, etc. Ajoutons à cela que nous n'avons quasiment plus de textes qui émanent directement d'eux, seulement le point de vue, plus ou moins bien informé, plus ou moins allusif, plus ou moins fidèle, de leurs seuls adversaires.

Dans ce débat, Pierre est le maillon faible. Paul est leur bête noire. Il a été accusé de propager l'idée que Pierre s'était désolidarisé de Jacques et avait rompu lui aussi avec la Torah. Le conflit fondamental a été exposé dès les années 50-60 de notre ère par l'épître de Paul aux Galates. « Quand Céphas [Pierre] vint à Antioche, je lui ai résisté en face, parce qu'il s'était donné tort. En effet, avant l'arrivée de certains gens de l'entourage de Jacques, il prenait ses repas avec les païens ; mais quand ces gens arrivèrent on le vit se dérober et se tenir à l'écart par peur des circoncis » (Ga 2,11-12). Tandis que Jacques s'assure de l'orthodoxie de Pierre, Paul soutient que la Torah est abrogée surtout auprès des nouvelles communautés où les non-juifs dominent. Pierre lui-même se serait affranchi de la Loi lors de son séjour à Antioche : « Si toi qui es juif tu vis comme les païens et non à la juive, comment peux-tu contraindre les païens à judaïser ? » (Ga 2,14).

Sous le nom de Clément de Rome – l'un des premiers successeurs de Pierre au début du IIe siècle – plusieurs écrits ont circulé ensuite dont les *Homélies clémentines.* Ce texte apocryphe traduit du grec au début du Ve siècle par Rufin d'Aquilée est constitué d'une série de dialogues à caractère polémique, qui composent un soi-disant abrégé par Clément des prédications que Pierre aurait données au cours de ses voyages. Mais en tête du livre figurent deux ou trois écrits plus anciens qui auraient fait partie d'un ouvrage disparu, les *Cérygmes de Pierre* : « Lettre de Pierre à Jacques », « Engagement solennel pour ceux qui reçoivent ce livre », « Épître de Clément à Jacques », conservés ou remaniés pour figurer dans les *Homélies clémentines.* Sans entrer dans le détail de l'histoire de ces textes, on a compris depuis longtemps que cette littérature dite clémentine conservait en fait des écrits judéo-chrétiens archaïques et archivait un document des plus précieux sur leurs croyances et leurs pratiques[1].

À l'instar de l'Apocalypse qui clôt le Nouveau Testament[2], ces textes sont profondément hostiles à Rome, profondément hostiles à Paul et à ce qu'il représente. Il s'agit sans doute des meilleurs témoins directs de ce courant chrétien nourri de judaïsme. Ainsi lit-on dans la « Lettre de Pierre à Jacques » : « Car certains qui viennent de la gentilité ont repoussé ma prédication conforme à la Loi pour adopter l'enseignement contraire à la Loi de l'homme ennemi (Paul) et ses bavardages frivoles. Et c'est de mon vivant que certains ont tenté, par des interprétations artificieuses, de dénaturer le sens de mes paroles

1. Voir l'introduction d'Albert Siouville aux *Homélies clémentines, op. cit.*, p. 7-66. On consultera également l'édition des *Homélies* dans les *Écrits apocryphes chrétiens,* t. II, Gallimard, « Bibliothèque de la Pléiade », 2005, p. 1215 *sq.*

2. Voir notre *Jésus sans Jésus. La christianisation de l'Empire romain,* Seuil, « Points Essais » n° 648, 2010.

en vue d'abolir la Loi. À les entendre, ce serait ma doctrine à moi, mais je n'oserais la prêcher ouvertement. Loin de moi une telle conduite[1] ! »

Nazaréens

L'appellation de nazaréens – ou nazôréens, voire nazaréniens que l'on trouve dans les évangiles – ne peut en aucun cas dériver étymologiquement de la ville de Nazareth, même si l'évangile de Matthieu affirme à propos de Jésus pour se justifier : « Il vint s'établir dans une ville appelée Nazareth ; pour que s'accomplît l'oracle des prophètes "il sera appelé Nazôréen" » (Mt 2,22-23). Un oracle de circonstance dont personne n'a jamais trouvé trace.

Sur le plan linguistique, il n'y a aucun lien entre Nazareth (en hébreu : *Nāṣereth*) et nazôréen, dont la racine (*NSR*) pourrait provenir de *nazir* désignant un « ascète voué à Dieu ». Ainsi dans la Bible hébraïque, Samson est-il *nazir* : « Le rasoir ne passera pas sur sa tête, car l'enfant sera *nazir* de Dieu dès le sein de sa mère » (Jg 13,5). À moins que cela provienne de *nazor,* « observant scrupuleux », voire de *netzer,* « surgeon », puisque Isaïe a prophétisé : « Un rejeton sortira de la souche de Jessé [le père de David], un surgeon poussera de ses racines » (Is 11,1) et Jésus est réputé « fils de David ».

À se fier à l'évangile de Jean, Jésus a été condamné au titre de « Jésus le Nazôréen, le roi des juifs » (Jn 19,20). Selon les Actes des Apôtres, Jésus lui-même fut connu comme « le Nazôréen » (Ac 2,22 ; 3,6 ; 4,10 ; 22,8 ; 26,9)[2]. Dans un premier temps, il est probable que ses disciples furent naturellement identifiés comme des *nazôraioï* : « Nous avons découvert que cet homme [Paul] était une peste, qu'il provoquait des émeutes parmi tous les juifs du monde et que c'était le chef de file de la

1. *Homélies clémentines, op. cit.*, p. 70.
2. Voir notre *Jésus contre Jésus, op. cit.*

secte des nazôréens » (Ac 24,5), lit-on dans les Actes des Apôtres. Dans le prologue de l'Évangile de Barnabé, présenté comme « apôtre de Jésus nazaréen », la résurrection de Lazare est l'événement qui convertit beaucoup de juifs : « Beaucoup étaient devenus nazaréens. C'est ainsi qu'ils appelaient ceux qui faisaient pénitence à la parole de Dieu que prêchait Jésus » (EB CXCIII, 445). C'est la raison pour laquelle, dans son *Nazarenus,* John Toland voyait en eux le nom même de ceux qui furent les premiers chrétiens. « Les juifs qui se sont convertis au christianisme [...] ont été les premiers chrétiens et les seuls pendant longtemps[1]. »

L'appellation de « nazôréen » fut progressivement écartée tant par les Hellénistes que par les craignant-Dieu rejoignant les communautés des disciples du Christ Jésus, au profit du terme « chrétien » (*christianoï*). Une appellation péjorative utilisée à l'origine par les Romains qui se moquaient des partisans de ce messie ayant reçu l'onction, ce « gominé », cet « huileux », ce « gluant » qui ne suscitait chez eux que dégoût et mépris. Selon les Actes, c'est à Antioche que s'est opéré un retournement décisif quand : « pour la première fois, le nom "chrétiens" fut donné aux disciples » (Ac 11,26). Désormais, l'appellation sera entendue dans un sens positif et deviendra le terme générique désignant les disciples du Christ Jésus.

Vrais ou faux chrétiens

Mais, comme le remarquait Ernest Renan : « Les juifs n'adoptèrent pas, au moins d'une façon suivie, le nom donné par les Romains à leurs coreligionnaires schismatiques. Ils continuèrent d'appeler les nouveaux sectaires "nazaréens" ou "nazôréens", sans doute parce qu'ils avaient l'habitude d'appeler Jésus *Han-nasri* ou *Han-nosri,* "le Nazaréen". Ce nom a prévalu

1. *Op. cit.*, p. 47.

jusqu'à nos jours dans tout l'Orient[1]. » C'est ainsi que les chrétiens sont toujours appelés encore aujourd'hui dans les régions de langue arabe, « *nasârâ* » – qui correspond à *notzrim* en hébreu et à *nasârâ* en araméen.

Ce n'est que par habitude et par facilité que les *nasârâ* mentionnés par le Coran sont systématiquement identifiés aux « chrétiens », alors que le texte ignore ce terme – et que l'on aurait plutôt attendu « messianistes », « *masîhî* ». Ils apparaissent sous ce nom une quinzaine de fois dans les sourates du livre sacré des musulmans. Ainsi la cinquième sourate, « La Table servie », proclame : « Les hommes les plus proches des croyants par l'amitié sont ceux qui disent "Oui, nous sommes *nasârâ* !" » (V, 82) – c'est-à-dire « nazaréens ». Denise Masson comme Jacques Berque, faisant la sourde oreille, les font s'exclamer d'une même voix : « Oui, nous sommes chrétiens ! » Une traduction qui, en christianisant le terme, gauchit complètement le sens du verset, même si la suite semble conforter ce choix : « on trouve parmi eux des prêtres et des moines qui ne s'enflent pas d'orgueil » (V, 82). Mais cette traduction reste discutable. Cherchant à serrer le texte au plus près de l'arabe, André Chouraqui traduit par : « Nous sommes des nazaréens », car parmi ceux-ci se trouvent des pasteurs et des ermites : « ceux-là ne s'enflent pas », traduction qui comporte évidemment une connotation beaucoup moins « chrétienne » que « prêtres » et « moines »…

Il faut souligner combien l'utilisation du terme « chrétien » dans le Coran recèle un double piège. En effet, pour le lecteur contemporain, cette appellation projette consciemment ou inconsciemment l'image du « chrétien » véhiculée par l'Occident depuis des siècles où les Pères de l'Église ressemblent à des philosophes grecs tandis que les vierges conduites au martyre ont la peau si blanche qu'elles paraissent déjà appartenir à l'au-delà. Ensuite, le terme « chrétiens » induit implicitement une commu-

1. Ernest Renan, *Les Apôtres,* Michel Lévy Frères, 1866, p. 235.

nauté unique, structurée, avec une hiérarchie à l'image de l'Église apostolique et romaine telle que nous la connaissons désormais au Vatican. Or, au VIIe siècle, l'Église d'Orient s'oppose à l'Église d'Occident qui domine l'Europe tout en maintenant vifs ses conflits avec le christianisme de Byzance.

À l'intérieur même de chaque entité, les querelles théologiques n'en finissent pas de diviser les communautés, en particulier sur la question de la nature du Christ, nature double chez les nestoriens (un corps humain et un corps céleste), nature unique chez les monophysites (un seul corps céleste et humain dans la personne du Christ). Donc, parler de « chrétiens », et supposer un christianisme monolithique serait au VIIe siècle une pure vue de l'esprit. Tous ces groupes, dont il est impossible de mesurer l'importance, agissaient pour leur propre compte, développaient des théologies singulières et prêchaient dans un périmètre géographique restreint. Si l'on veut parler de « chrétiens » au pluriel, il faut également parler de christianismes au pluriel.

La question reste entière : qui sont les nazaréens du Coran ? Est-ce un terme générique qui pourrait confondre les chrétiens orthodoxes comme hétérodoxes ou cela désigne-t-il une secte particulière ? Trouve-t-on ailleurs des « nazaréens » ? L'expression *ahl al-Kitâb,* les gens du Livre, peut-elle nous aider ? Est-on sûr qu'elle englobe les juifs et les chrétiens ? Désignerait-elle exclusivement les possesseurs de l'Écriture (la Bible hébraïque), c'est-à-dire les fils d'Israël ? Les *nasârâ* ne pourraient être alors que des *yahûd,* l'autre branche juive dont il est question dans le Coran. Des judéo-chrétiens donc.

Mais comment concilier cette interprétation avec un autre passage qui utilise les deux dénominations : « Ne prenez pas pour amis les juifs [*yahûd*] et les *nasârâ* ; ils sont amis les uns des autres » (V, 51).

Si l'on traduit par : « Ne prenez pas pour amis les juifs et les chrétiens ils sont amis les uns des autres » (comme Denise Masson et Jacques Berque), l'incohérence saute aux yeux puisque les juifs et les chrétiens n'ont jamais été amis les uns des autres. Au contraire, depuis l'apôtre Paul qui déclarait que les juifs sont « ennemis de tous les hommes » (1 Th 2,13-16) jusqu'aux derniers Pères de l'Église qui voyaient en eux « le peuple déicide », les juifs ont été les ennemis jurés des chrétiens comme l'implique, à l'époque de Mahomet, leur incrimination dans la responsabilité de la mort de Jésus *via* la sourate IV. Maintenant si l'on traduit *nasârâ* par « nazaréens », le texte demeure aussi peu convaincant puisque rien ne témoigne d'une quelconque amitié entre les judéo-chrétiens (nazaréens) et les juifs, c'est le moins qu'on puisse dire. La prière *Birkat haminim* les maudit sans discussion : « que les "notzrim" [nazaréens] et les "minim" [chrétiens] disparaissent en un clin d'œil, qu'ils soient effacés du livre des vivants et ne soient pas inscrits parmi les justes[1] ». Dans les deux cas de figure, qu'il s'agisse des chrétiens ou des nazaréens, ce passage laisserait donc supposer une interpolation dans un texte qui à l'origine excluait vraisemblablement toute ambiguïté et ne visait que les juifs : « Ne prenez pas pour amis les juifs, ils sont amis les uns des autres. » Ainsi l'injonction devient parfaitement cohérente.

Quand Denise Masson traduit le verset 14 de la sourate V de la façon suivante : « Parmi ceux qui disent : "Nous sommes chrétiens, nous avons accepté l'alliance, certains ont oublié une partie de ce qui leur a été rappelé" », Jacques Berque ne suit pas son interprétation implicite. Il préfère une version plus littérale : « De ceux qui se disent nazaréens nous avons reçu le pacte. Or ils oublièrent toute une part du Rappel qui leur a été [signifié]. » Qu'auraient oublié ces "chrétiens", tels qu'ils apparaissent dans la version de Denise Masson ? Et de quelle alliance s'agit-il ? Tout semble indiquer qu'il s'agit du « pacte des Fils d'Israël » (verset 12) et que ce qu'ils ont oublié (et pour cause !) – comme les nazaréens –, c'est que leurs écritures annonçaient à toutes les

1. Cité par Simon Mimouni, *Revue des sciences religieuses,* 71, n° 3, 1997, p. 275-298.

lignes la venue de Mahomet. « Ô gens du Livre ! Notre prophète est venu à vous » (verset 15). Ce que confirme le verset 18 de la sourate V où l'on retrouve la même association des juifs et des nazaréens : « Les juifs disent, et les nazaréens avec eux : “nous sommes les fils de Dieu, ses aimés” » (traduction de Jacques Berque), ce qui, en toute logique, peut s'entendre sans supposer d'interpolation. Dans le Nouveau Testament, les croyants sont aussi félicités : « Heureux ceux qui font œuvre de paix : ils seront appelés fils de Dieu » (Mt 5,9) ou « tous vous êtes, par la foi, fils de Dieu, en Jésus-Christ » (Ga 3,26).

Reste que si l'on poursuit l'expérience en ôtant systématiquement les quatorze occurrences de *nasârâ* de chacun des versets coraniques où ils sont associés aux « juifs », on ne peut qu'être perplexe devant le résultat : sans le mot *nasârâ,* tous ces versets semblent soudain lavés des ambiguïtés qui les obscurcissent, au moins pour dix d'entre elles[1]. Cela signifierait-il que toutes les mentions des *nasârâ* pourraient être des interpolations et que cela témoignerait de leur entrée tardive dans le texte du Coran ? Par hypothèse à l'époque médinoise, voire beaucoup plus tard.

Les informateurs

Le Coran ne le nie pas, le Prophète est accusé de transmettre des affabulations, des rêves mal inspirés aux membres de sa tribu. « Ce sont des contes anciens qu'on écrit pour lui » (XXV, 5), entend-on dire de Mahomet. « Lorsque nous serons poussière comme nos pères, nous en fera-t-on vraiment sortir ? On nous l'a promis, ainsi qu'à nos pères avant nous ; ce ne sont que des histoires d'Anciens » (XXVII, 67-68). Ces accusations courent dans le Coran, plus d'une fois dites, redites, répétées :

1. Selon Édouard-Marie Gallez, *Le Messie et son prophète*, t. I, éd. de Paris, 2005.

« Quand on récite nos Versets devant lui, il dit : “Ce sont des contes d’Anciens !” » (LXXXIII, 13 ; cf. XLVI, 17.) Ou, dans la sourate XV, au style indirect : « Les incrédules disent : “Ceci n’est qu’un mensonge qu’il a inventé ; un peuple l’a aidé” [...] “Ce sont des contes d’Anciens qu’on écrit pour lui ; on les lui dicte matin et soir” » (XXV, 4-5). À la traduction de Denise Masson, Jacques Berque préférera « mystification » à « mensonge » et « fables » à « contes », mais le sens demeure le même.

Mais il y a plus grave : Mahomet aurait été en contact suivi avec des adeptes de ce monothéisme qu’il prétend « révéler » aux Arabes : en l’occurrence, peut-on penser, des juifs, des judéo-chrétiens ou des chrétiens hétérodoxes de Syrie. Cette place respective des juifs, des judéo-chrétiens, voire celle plus hypothétique des chrétiens de la grande Église dans le Coran, soulève immédiatement une nouvelle question : quelle relation Mahomet entretenait-il avec ces traditions religieuses et la littérature de ces groupes ? En d’autres termes, d’où Mahomet tirait-il ses connaissances bibliques ? Outre les marchands et les pèlerins, « la vie érémitique avait une telle vogue qu’il n’y avait pour ainsi dire pas de désert et de montagne sans solitaire, on peut donc dire, écrivait François Nau il y a un siècle, que les Arabes polythéistes ne formaient en Arabie qu’une espèce d’îlot sillonné en tous sens par les chrétiens[1] ». « Le milieu dans lequel naît l’islam est en effet beaucoup plus marqué par “le monde de la Bible”, par les “milieux bibliques” (non seulement la Bible canonique, mais aussi et surtout les pseudépigraphes [écrits intertestamentaires et apocryphes chrétiens], la littérature homilétique chrétienne, notamment syrienne, le Midrash et la littérature targoumique, que la Tradition musulmane semble l’indiquer) », écrit aujourd’hui Guillaume Dye[2]. De son

1. François Nau, « Un colloque du patriarche Jean avec l’émir des Agaréens », *Journal asiatique,* 1915, p. 237.

2. Guillaume Dye, « La théologie de la substitution du point de vue de l’islam », in *Judaïsme, christianisme, islam, op. cit.,* p. 85-86.

côté, Hichem Djaït reproche à Tor Andrae, qui fut pourtant en l'espèce un précurseur très averti, de ne pas avoir poussé son analyse jusqu'au bout et reconnu « l'influence manifeste » du christianisme oriental sur le Coran. « Il s'agit là d'un fait objectif que l'historien ne peut éluder, affirme l'historien musulman. Loin d'être superficiel, l'impact du christianisme sur l'islam primitif fut profond et fortement intériorisé. Ne pas admettre cette réalité, c'est renoncer à comprendre comment Muhammad a pu apparaître en ce temps et en ces lieux. En un mot ce serait consentir au caractère purement et définitivement divin du fait coranique, et arrêter par conséquent toute recherche historique[1]. » Le meilleur symptôme en est le caractère toujours très allusif du Coran dans ses références bibliques, explicites ou implicites. Encore une fois, le Coran s'adresse à un auditoire pour qui ces récits vétéro- ou néo-testamentaires ne sont pas une découverte. Le Coran lui-même admet cette filiation : « Ceci se trouvait déjà dans les Livres des Anciens. N'est-ce pas pour eux un Signe que les docteurs des fils d'Israël le reconnaissaient ? » (XXVI, 196-197).

Mahomet prêcherait-il sous l'influence de juifs ou de chrétiens hétérodoxes ou orthodoxes ? « Nous savons qu'ils disent : "C'est seulement un mortel qui l'instruit" » (XVI, 103) ou selon la traduction de Jacques Berque : « Il ne fait là que suivre la dictée d'un humain. » Enseignerait-il des « divinités étrangères », comme il a été reproché à Paul par les citoyens d'Athènes selon le récit des Actes des Apôtres : « Il y avait même des philosophes épicuriens et stoïciens qui s'entretenaient avec lui. Certains disaient : "Que veut donc dire cette jacasse ?" Et d'autres : "Ce doit être un prédicateur de divinités étrangères" » (Ac 17,18). À l'instar de Paul, Mahomet serait-il en quelque sorte tombé sous la coupe « d'agents de l'étranger », pour utiliser une terminologie moderne ? La croyance que proclame Mahomet se trouve alors assimilée à une trahison

1. Hichem Djaït, *La Vie de Muhammad*, t. II, Fayard, 2008, p. 260.

pure et simple, d'autant plus qu'elle emprunterait déjà beaucoup au monothéisme professé par les juifs et par les nazaréens. Quand on sait que pratiquement toutes les références ou les allusions à la littérature chrétienne dans le Coran proviennent des textes « apocryphes », et qu'au regard de l'orthodoxie chrétienne aussi bien les judéo-chrétiens que les nestoriens, les monophysites, les jacobites, les melkites sont des « hérétiques », cela constitue un faisceau d'indices extrêmement intéressant pour mieux cerner la nature de l'environnement de Mahomet.

L'oncle Waraqa

Mais par qui Mahomet fut-il instruit ? Un verset du Coran fait nettement état d'un soupçon : Mahomet aurait subi des influences de la part d'un « mortel ». En disant qu'il s'agirait d'un être humain (sans jamais le nommer), c'est, pour les adversaires du Prophète, une manière de contester l'origine surnaturelle de la révélation ou du moins son exclusivité. Le texte précise en défense du Prophète : « Mais celui auquel ils pensent parle une langue étrangère » (XVI, 103) ; langue étrangère qui fait immédiatement songer au syriaque, la langue commune des chrétiens orientaux, voire à l'hébreu des juifs. Cela ne signifie pas nécessairement que l'homme en question ne parlait pas la même langue que Mahomet, mais que, citant la tradition vétéro-testamentaire et néo-testamentaire, il le faisait dans la langue de ces textes, une langue « étrangère » pour les compatriotes du Prophète. Petit à petit apparaît en creux le portrait de celui qui pourrait être l'informateur de Mahomet, même si la question de son identité ne semble pas en être une pour le Coran.

La littérature de la Tradition va s'engouffrer dans ce silence et faire intervenir un parent de Khadîja, la première femme de Mahomet, Waraqa ibn Nawfal, un juif ou un nazaréen de qui Mahomet tiendrait sa science des écritures bibliques. Bukhârî, dans un hadîth considéré comme authentique, précise : « Cet homme qui était cousin de Khadîja du côté de son père, avait embrassé le nazaréisme avant l'apparition de l'islam. Il savait écrire l'hébreu, et avait copié en hébreu toute la partie de l'évangile que Dieu avait voulu qu'il transcrivît » (Bukhârî, n° 605). Et ailleurs : « Le prêtre Waraqa écrivait le Livre hébreu. Il écrivait de l'évangile en hébreu ce que Dieu voulait qu'il écrivît » (Bukhârî, n° 111). Parmi les hadîths recueillis par Muslim, on lit cette autre version : « Le prêtre Waraqa écrivait le Livre arabe. Il écrivait de l'évangile en arabe ce que Dieu voulait qu'il écrivît » (Muslim, n°s 78 et 79). Or ces langues, Waraqa les maîtrisait selon les hadîths et selon la *Sîra* d'Ibn Hishâm : « Waraqa était devenu nazaréen et avait suivi les livres et appris la science des hommes [...]. Il était excellent connaisseur du nazaréisme. Il a fréquenté les livres des nazaréens, jusqu'à les connaître comme les gens du Livre » (*Sîra,* 1, 175 et 203).

À la suite des hadîths et jusqu'à la période contemporaine, de très nombreux auteurs musulmans, biographes, historiens, essayistes, vont attester le personnage de Waraqa comme « prêtre nazaréen », voire évêque de La Mecque. Les sources islamiques elles-mêmes vont confirmer son importance comme inspirateur de Mahomet, au point de dire que « lorsque Waraqa fut décédé, la révélation s'est tarie » (Bukhârî, n° 111). Récit que Bukhârî continue de développer : « Le Prophète, selon ce qu'on nous a communiqué, éprouva alors une telle tristesse et une telle amertume qu'il songea à aller précipitamment se jeter du haut des hautes montagnes. Cependant, toutes les fois qu'il était au sommet d'une montagne, prêt à se jeter dans le vide, Jibrîl [Gabriel] lui apparaissait et s'adressait à lui en ces termes : "Muhammad ! Tu es sans aucun doute l'Envoyé d'Allah." Cela le rassurait et le dissuadait de son acte » (Bukhârî, n° 911).

Il est impossible de savoir si cet épisode de la tentation suicidaire a été bâti après coup ou s'il reflète la profondeur des relations entre Mahomet et celui qui aurait été son instructeur le plus intime, son enseignant le plus prolixe. On ne peut que constater que cet arrêt de la prophétie à la mort de Waraqa est accepté comme un fait certain par les sources musulmanes elles-mêmes.

On peut bien sûr aussi douter de la réalité historique de ce personnage puisque, de fait, toutes les sources concernant Waraqa s'inspirent les unes des autres, se recopient souvent. Vu la constance de cette histoire dans la Tradition musulmane, cela peut aussi révéler une part de vérité sous un vernis légendaire ou romanesque. Il n'est pas inimaginable que Waraqa – ou un personnage portant un autre nom – ait pu traduire en arabe pour Mahomet des éléments de ses prêches à partir de textes religieux ou liturgiques nazaréens, transmis en syriaque, cette fameuse « langue étrangère » que, désigne le Coran. Au IXe siècle, le moine byzantin Théophane (759-v. 818) écrivait dans sa *Chronographie* pour l'année 622 que, chaque fois que Mahomet venait en Palestine, il fréquentait les juifs et les chrétiens et obtint d'eux certains matériaux scripturaires. Peu avant lui, Jean Damascène précisait que, « après avoir pris connaissance, par hasard, de l'Ancien et du Nouveau Testament, et, de même, fréquenté vraisemblablement un moine arien, [il] fonda sa propre hérésie[1] ».

Le moine Bahîrâ

Le nazaréen Waraqa n'est en effet pas le seul à avoir reconnu en Mahomet un prophète et à l'avoir éclairé sur les écrits bibliques. La Tradition musulmane parle également d'un prêtre arien ou nestorien, selon les sources, nommé Bahîrâ. Dès l'enfance de Mahomet, il distingua en lui le signe de la prophétie, « une légère excroissance, située entre les deux omoplates, de la grosseur d'un œuf de perdrix, auréolé d'une touffe

1. *Livre des hérésies*, dans *Écrits sur l'islam*, *op. cit.*, p. 213.

de poils[1] ». La *Sîra* d'Ibn Hishâm (XIe siècle) comme le commentaire de Tabarî évoquent cet épisode en Syrie à Bosra où Mahomet accompagnait son oncle, Abî Tâlib, pour y faire du commerce : « Il y rencontra un prêtre nommé Bahîrâ. Ce dernier était un savant qui était constamment au couvent, où l'on apprenait tout son savoir à propos d'un livre. Bâhirâ interrogea le Prophète sur certaines choses et le Prophète lui donna des réponses, toutes conformes aux caractères que Bâhira avait pressentis. Bâhirâ dit à Abî Tâlib : "Amène-le [Mahomet] chez lui, et méfie-toi de l'attitude des juifs à son égard, car s'ils l'aperçoivent, et qu'ils savent ce que j'ai su de lui, ils le léseraient, car il a un grand avenir[2]." »

À l'instar de Waraqa, le moine Bahîrâ peut n'être qu'une figure fictive, mais une fois encore il est curieux de constater que la Tradition musulmane elle-même situe toujours Mahomet dans une proximité importante avec des nazaréens et des chrétiens hétérodoxes. Bien sûr, ces nazaréens ou ces chrétiens ariens ou nestoriens s'empressent de reconnaître en Mahomet le dernier des prophètes, « le Sceau des prophètes », de faire acte d'allégeance au futur Prophète – mais n'est-ce pas plutôt cette reconnaissance qui serait légendaire, et l'apprentissage qui aurait été réel ?

« Des écrivains chrétiens, notait de son côté Tor Andrae, ont inventé – déjà au Moyen Âge –, d'après la légende de Bahîrâ, l'histoire d'un moine nestorien comme mentor de Mahomet. [...] Il a entretenu plus tard – mais cela a une tout autre signification – des rapports personnels avec des "gens du Livre" déjà à La Mecque, et il a sûrement reçu d'eux des renseignements sur leur religion[3]. » Le Prophète n'a donc pas eu un ou deux « informateurs », mais des informateurs venus de tous les courants

1. Cité dans *Dictionnaire du Coran,* sous la direction de Mohammad Ali Amir Moezzi, Robert Laffont, « Bouquins », 2007, p. 106.

2. Tabarî, *La Chronique. Histoire des prophètes et des rois,* t. II, traduit par Hermann Zotenberg, Actes Sud/Sindbad, 2001, p. 244.

3. Tor Andrae, *Les Origines de l'islam et le christianisme, op. cit.,* p. 208.

religieux qui traversaient le Hedjaz et, sans doute, plus particulièrement des judéo-chrétiens, capables de l'éclairer non seulement sur la foi chrétienne mais également sur la Bible hébraïque, ce « peuple l'a aidé » (XXV, 4). Comme le suggère Tor Andrae, il est « possible que Mahomet ait puisé dans quelque secte chrétienne encore inconnue de nous les mêmes éléments qu'il a réunis dans son christianisme coranique[1] ».

Le judéo-christianisme nazaréen serait un trésor dans lequel Mahomet a trouvé des motifs et des éléments d'inspiration. De ce fait même, la Bible hébraïque, cette référence littéraire et religieuse capitale liant intrinsèquement judaïsme et christianisme, est une source. Souligner l'importance des nazaréens dans le Coran ne signifie pas pour autant qu'il faille en conclure que Mahomet était à l'origine un judéo-chrétien ni que le Coran n'est que la transposition arabe de textes judéo-chrétiens, comme certains orientalistes l'ont proposé à des fins le plus souvent apologétiques. Cela indique avec plus de force qu'on l'admet d'ordinaire que le judéo-christianisme n'est pas un élément périphérique dans la prédication de Mahomet ou dans l'apparition du Coran, mais un élément central de son rapport au monothéisme.

Il est symptomatique de voir qu'un personnage surnaturel est toujours présent au côté de Mahomet lors des épisodes de la révélation : c'est l'ange Gabriel, *Jibrîl,* qui sert systématiquement d'intercesseur entre Dieu et son prophète. Or Gabriel joue un rôle éminent dans le christianisme : il est l'ange qui annonce la Bonne Nouvelle à Marie dans l'évangile de Luc, c'est-à-dire la conception miraculeuse de Jésus. Mais Gabriel appartient aussi à la tradition juive, puisqu'il apparaît dans le livre de Daniel, livre qui a exercé un grand rôle pour les judéo-chrétiens. On y lit notamment : « Voici, se tenant devant moi, quelqu'un qui avait l'aspect d'un homme. J'entendis une voix, sur l'Ulaï, criant : "Gabriel, donne-lui l'intelligence de cette

1. Tor Andrae, *Les Origines de l'islam et le christianisme, op. cit.*, p. 13.

vision !" Il s'avança vers le lieu où je me tenais, et, comme il approchait, je fus saisi de terreur et tombai face contre terre. Il me dit : "Fils d'homme, comprends, c'est le temps de la Fin que révèle la vision." Il parlait encore que je m'évanouis, la face contre terre. Il me toucha et me releva. Il dit : "Voici, je vais te faire connaître ce qui viendra à la fin de la Colère, pour la fin assignée" » (Dn 8,15-19). Mentionné trois fois explicitement dans le Coran (II, 97 et 98 ; LXVI, 4), évoqué un plus grand nombre de fois selon les exégètes, l'ange Gabriel a pris une importance extraordinaire dans le *Hadîth* et la *Sîra,* au point d'être le compagnon omniprésent de Mahomet et celui qui le guide tout au long de son existence, un ange gardien venu des temps anciens, de la littérature des gens du Livre.

En pur arabe

Comme l'a fait remarquer Claude Gilliot : « Le Coran est né dans un milieu, dans un espace culturel, en un temps donné, comme n'importe quelle autre production culturelle ou littéraire. Rien ne vient de rien, hormis la création *ex nihilo* par Dieu. Or cela qui est généralement accepté pour la Bible, qu'il s'agisse des Écritures vétéro-testamentaires ou néo-testamentaires, fait encore problème pour certains, dès lors qu'il est question du Coran[1]. »

Le Coran se présente lui-même comme rédigé « en arabe clair » (XVI, 103). Il l'affirme avec éclat : « Voici un Livre dont les versets sont clairement exposés ; un Coran arabe, destiné à un peuple qui le comprend » (XLI, 3), « C'est une Révélation en langue arabe claire » (XXVI, 195). Les raisons pour lesquelles le Coran insiste tant sur sa propre langue paraissent polémiques

1. Claude Gilliot, « Le Coran, production littéraire de l'Antiquité tardive ou Mahomet interprète le "lectionnaire arabe" de La Mecque », *Revue des mondes musulmans et de la Méditerranée,* 2011.

et apologétiques. « Chaque prophète envoyé par nous ne s'exprimait, pour l'éclairer, que dans la langue du peuple auquel il s'adressait » (XIV, 4). Le nouveau messager s'adresse à son peuple dans sa propre langue. Aussi le rôle de Mahomet est de transmettre la révélation en arabe – ce qui conteste l'universalité de l'hébreu, la langue sacrée des juifs. Pour Hichem Djaït, le Prophète a donc subi « l'appel chrétien en son essence, mais le Coran s'adresse à "la Mère des cités" : "Voici comment nous te révélons un Coran arabe afin que tu avertisses la Mère des cités – et ceux qui habitent alentour – afin que tu avertisses les hommes du Jour de la Réunion – jour auquel aucun doute n'est possible – une partie d'entre eux sera au Paradis et une autre dans le Brasier" » (XLII, 7). Formulation qui se retrouve dans la sourate « Les Troupeaux » : « Ceci est un Livre que nous t'avons révélé : un livre béni confirmant ce qui était avant lui, afin que tu avertisses la Mère des cités et ceux qui se tiennent dans les environs » (VI, 92). Dans la tradition juive, à la suite du prophète Isaïe, c'est à Jérusalem que les nations doivent monter au dernier jour, les juifs en premier, suivis des gentils : « Car de Sion vient la Loi et de Jérusalem la parole de Yahvé. Il jugera entre les nations, il sera l'arbitre de peuples nombreux » (Is 2,3-4). Pour les musulmans, le Jugement dernier doit se dérouler dans la « Mère des cités » (que Denise Masson identifie en note à « La Mecque »), et pour les juifs, voire pour les chrétiens, à Jérusalem. Mais il y a *a minima* une ambiguïté : s'il s'agit de confirmer « ce qui était écrit avant », comment être sûr que « la Mère des cités » soit La Mecque et non la Jérusalem terrestre, voire la Jérusalem céleste ? Hichem Djaït avance que c'est pour conférer au message ses traits « nationaux » que le Coran est formulé en arabe. « En ce sens on peut considérer la Prédication de Muhammad comme l'arabisation de l'ancienne tradition monothéiste[1]. » L'évocation de « la Mère des cités » pourrait être un exemple très probant de ce en quoi consiste

1. Hichem Djaït, *La Vie de Muhammad*, t. II, *op. cit.*, p. 261.

cette « arabisation » d'un texte vétéro-testamentaire, de son acclimatation dans une autre géographie, une autre culture, et de son usage exclusif dans la perspective nationale d'un Empire islamique.

C'est un point de doctrine essentiel de la théologie musulmane, l'arabe du Coran est réputé « inimitable » (*al-i'jâz*). À partir du moment où le texte est sacralisé comme la parole de Dieu lui-même, toute traduction est impossible et il ne peut être dit dans une langue autre que la sienne. Cette vision dogmatique du Coran n'a bien sûr de valeur que religieuse. Dès que l'on s'intéresse au texte en soi, il en va tout autrement, car cet arabe « clair », cette parole de Dieu destinée aux Arabes dans leur langue, comporte étrangement de nombreux mots venus d'autres langues.

Dès le xve siècle, dans son *Précis des sciences du Coran,* le savant musulman Suyûtî (1445-1505) dénombrait déjà plus d'une centaine de mots d'origine non arabe sur les quelque 6 616 mots que compte le vocabulaire coranique. Des substantifs, des adjectifs, des adverbes qui proviennent du perse, du nabatéen, de l'hébreu, du syriaque, du grec, du copte, de l'indien, etc., arabisés, intégrés à la langue arabe.

Le mot « coran » lui-même n'est pas un mot arabe. De l'avis unanime des chercheurs, il provient du syriaque *qeryânâ,* qui désigne un lectionnaire, c'est-à-dire un livre liturgique contenant les passages des textes sacrés lus à l'occasion des offices religieux dans les églises de Syrie et alentour. Ces églises orientales suivaient la coutume juive de la lecture publique de l'Écriture ; et leurs lectionnaires contenaient des passages du Pentateuque, des livres des Prophètes, des Psaumes, de l'évangile sous la forme du *Diatessaron,* des épîtres de Paul. Le *Turguma* réunissait des homélies et des commentaires. Or toutes ces formes littéraires sont à un degré plus ou moins grand à l'œuvre dans le texte du Coran. Tor Andrae l'avait remarqué en premier, on y trouve des mots, des expressions, des métaphores empruntés en particulier au théologien Éphrem le Syrien ou des formules provenant de la poésie anté-islamique.

Mais, de toutes, c'est la forme récitative du psaume, héritée de la tradition hébraïque, qui prédomine. La sourate liminaire du Coran ressemble bien à un psaume avec ses courtes phrases, et son sixième verset : « Dirige-nous dans le chemin droit » (I, 6) semble être une réminiscence de : « Enseigne-moi, Dieu, ta voie, conduis-moi sur un chemin de droiture » (Ps 27,11). « La nuit du Décret est meilleure que mille mois » (XCVII, 3) rappelle : « Un jour dans tes parvis en vaut mille » (Ps 84,11), ou mieux encore : « Un seul jour, pour Dieu, est comme mille ans » (XXII, 47)[1].

Parmi les langues étrangères à l'œuvre dans le Coran, la plus importante est sans conteste le syriaque, l'araméen des chrétiens de Syrie. Outre le mot « coran » lui-même, le syriaque a fourni au texte plusieurs de ses notions fondamentales comme « versets » ou « sourates », voire « Allah » dont l'étymologie pourrait dériver de l'hébreu-araméen *Eloah* qui signifie « Dieu » et dont la graphie semble attestée en Syrie dès le IVᵉ siècle sous la forme *Allahuma*.

À l'époque de Mahomet, dans tout le Proche et le Moyen-Orient, la langue de culture était plus l'araméen que le grec. Les relations de commerce notamment avec la Syrie voisine se faisaient en araméen. Et si l'on admet que Mahomet était un marchand caravanier, on peut supposer qu'il le parlait pour réaliser ses affaires, ce qui expliquerait de façon simple la présence notable d'aramaïsmes dans le texte coranique.

L'hypothèse syriaque

Entre la fin du XIXᵉ siècle et le début du XXᵉ siècle, certains spécialistes posèrent l'hypothèse selon laquelle des parties entières du Coran proviendraient d'hymnes chrétiens : le Suédois Carlo von Landberg (1848-1924), les Allemands Martin

1. Voir Claude Gilliot, « Le Coran, production littéraire de l'Antiquité tardive… », art. cité.

Hartmann (1851-1918), Karl Vollers (1857-1909), Theodor Nöldeke (1836-1930), Alphonse Mingana (1878-1937). En 1970, Günter Lüling reprendra cette thèse soutenant que des parties essentielles du Coran sont des hymnes chrétiens, antérieurs à Mahomet. Et, en 2000, cette hypothèse supposant le Coran comme l'adaptation en arabe d'un lectionnaire syriaque chrétien connaîtra un nouvel essor quand un chercheur libanais travaillant en Allemagne, sous le pseudonyme de Christoph Luxenberg, fera paraître *Die syro-aramäische Lesart des Koran. Ein Beitrag zur Entschlüsselung der Koransprache*[1], (« Lecture syro-araméenne du Coran. Contribution au déchiffrement de la langue du Coran ») : « Quand le Coran a été composé, l'arabe n'avait pas encore d'existence comme langue écrite ; ainsi il m'a semblé évident qu'il était nécessaire de prendre en compte, surtout, l'araméen, qui alors, entre le IVe et le VIIe siècle, était non seulement la langue de communication écrite, mais également la *lingua franca* de cette région. » Luxenberg fit sensation notamment en proposant de traduire à partir de l'araméen : « Voici que nous leur donnerons pour épouses des Houris aux grands yeux » (XLIV, 54) par « Nous les installerons confortablement sous des (raisins) blancs (clairs) comme le cristal ».

Claude Gilliot revient sur la singularité des travaux de Luxenberg : « On se bornera à donner un exemple pour illustrer la pertinence du travail de l'auteur. Il s'agit de cette *crux interpretum* qu'est la sourate CVIII (dite “al-Kawthar”, “L'Abondance”) : “En vérité, Nous t'avons donné l'Abondance. / Prie donc en l'honneur de ton Seigneur et sacrifie ! / En vérité, celui qui te hait se trouve être le Déshérité” » (traduction de Régis Blachère). Plusieurs chercheurs occidentaux reconnaissent que cela ne fait pas sens. Les exégètes musulmans, eux, manifestent leur embarras ; la rime et le sens du « mystère » aidant, ils y voient pourtant une merveille. Finalement, la majorité d'entre eux considèrent qu'al-Kawthar est le nom d'un fleuve du paradis !

1. Berlin, Das Arabische Buch, 2000.

Dans la lecture syro-araméenne de Luxenberg, cela devient : « “Nous t’avons donné [la vertu] de la persévérance ; / Prie donc ton Seigneur et persiste [dans la prière] ; / Ton adversaire [Satan] est [alors] le vaincu.” À l’origine de cette courte sourate se trouverait une liturgie syriaque, réminiscence de la Première Épître de saint Pierre (1 P 5,8-9) d’après le texte de la *pshitta* (traduction syriaque de la Bible) et qui est aussi la lecture de l’office des complies dans le bréviaire romain[1]. »

Il est vrai que les lectures si diamétralement divergentes que l’on peut faire du Coran tiennent beaucoup à la place que l’on a attribuée en arabe classique aux points diacritiques, ces signes graphiques qui ponctuent désormais le texte afin de distinguer avec certitude les voyelles des autres lettres de l’alphabet. Les manuscrits les plus anciens n’en comportaient en effet aucun, comme si la lecture ou la récitation allait de soi, sans avoir apparemment besoin de recourir à cet aide-mémoire. Dans ses cours au Collège de France en 2007-2008, Manfred Kropp définissait l’enjeu du travail critique du Coran : « Il faut le dire comme un principe de la critique textuelle des études coraniques : bien qu’elle soit des milliers de fois correcte, la mise en place des points diacritiques du texte reçu et canonique est à remettre en cause du point de vue méthodologique, surtout pour les cas des mots et expressions qui sont problématiques même pour la Tradition musulmane, les premiers témoins ne connaissant ni points diacritiques ni autres signes de lecture (voyelles, etc.). Et il y a des incertitudes de la part des lecteurs et des exégètes musulmans dès le début de la tradition connue du texte, ce qui est bien un indice qu’on disposait de manuscrits du texte, mais pas d’une tradition orale authentique et ininterrompue. »

Les théories de Luxenberg qui se sont beaucoup appuyées sur les équivoques de sens dues aux points diacritiques ont été largement réfutées, aussi bien par les linguistes et les épigraphistes que par les historiens occidentaux et musulmans qui ont

1. Cité sur le blog « Le Coraniste français ».

pu dénoncer une entreprise d'apologétique chrétienne. Quant à ses présupposés sur l'inexistence de l'écriture arabe avant le Coran, ils sont démentis par les inscriptions préislamiques retrouvées par les épigraphistes qui les datent depuis 267 jusqu'au ve siècle de notre ère. Malgré ces réserves et ces critiques, il faut reconnaître à Luxenberg le grand mérite d'avoir, autour de l'an 2000, réveillé dans la recherche le débat linguistique et le débat sur la genèse du Coran. Luxenberg a ainsi souligné ponctuellement des difficultés réelles liées à l'obscurité du vocabulaire coranique, notamment les hapax, ces mots ou expressions qui n'apparaissent qu'une fois dans l'ensemble d'un texte. Or ces hapax qui sont très difficiles à traduire, puisqu'on ne peut se référer à aucun parallèle, abondent dans les sourates réputées les plus archaïques et sont souvent impossibles à comprendre sans avoir recours à un sous-texte, notamment araméen. En revanche, l'idée de concevoir le Coran comme un texte chrétien syriaque unanimement transposé en arabe s'avère, par son systématisme, une pétition de principe à partir du moment où l'on distingue dans le texte lui-même des genres littéraires si différents qu'ils ne peuvent que supposer des origines diverses.

Cette diversité de lectures, d'écriture, de style témoigne de l'histoire d'un ouvrage si complexe qu'on ne saurait le réduire à une explication univoque. Si l'on prétend définir la langue du Coran comme de l'arabo-syriaque, un mélange où les deux langues s'interpénétreraient, la trame est désormais si serrée qu'il paraît impossible aujourd'hui d'en dénouer les fils pour retrouver l'origine perdue.

'Isâ et Jésus

Le nom de Jésus dans le Coran, *'Isâ,* en est une illustration.

Beaucoup de prophètes d'Israël sont cités dans le Coran : Nûh (Noé), Ibrâhîm (Abraham), Mûsa (Moïse), Yûnus (Jonas), Ilyâs (Élie), etc., avec des noms très proches de leurs noms hébreux. Jésus, lui, est toujours nommé sous le nom d'*'Isâ,* comme s'il fallait d'emblée signaler qu'il est à la fois le même et un autre. Dans la galaxie du Coran, *'Isâ,* ce nom inconnu par la tradition juive et chrétienne arabe, est comme un trou noir que les chercheurs ne cessent de vouloir sonder[1].

L'étymologie de *'Isâ* est mystérieuse, même s'il est patent pour les musulmans qu'il s'agit bien de Jésus. Mais pourquoi l'appeler ainsi alors que l'on attendrait *Yasū'* ?

Plusieurs hypothèses pour tenter d'expliquer l'origine de ce nom ont été avancées :

– *'Isâ* pourrait venir d'une déformation du nom arabe Ésaü : *Isû,* les chrétiens étant désignés dans le Talmud comme « fils d'Ésaü » (Zohar III, 282). Ésaü qui, dans la Bible hébraïque, vend son droit d'aînesse pour un plat de lentilles et subit la colère divine (Gn 25,29-34) : « J'ai aimé Jacob et haï Ésaü » (Rm 9,13). Par association *'Isâ* serait donc une insulte. Cette hypothèse n'a plus guère de défenseurs.

– Le nom de Jésus dans le Coran pourrait provenir de l'éthiopien où il se prononce *'Iyäsus,* une appellation dérivée du grec et non une translittération de l'hébreu ou de l'araméen.

– Au contraire, *'Isâ* pourrait être d'origine purement araméenne sans qu'il soit possible de déterminer les modalités de son transfert dans l'arabe du Coran.

– Il pourrait également être d'origine mandéenne, Jésus étant *Isû* pour les mandéens, mais, là aussi, le chemin qui le mène au Coran est impossible à reconstruire.

Aucune de ces hypothèses n'est définitivement concluante. Nous devons continuer de regarder cet *'Isâ* comme une de ces étoiles orphelines qui brillent au-delà de notre univers.

Reste à supposer qu'il s'agisse d'un véritable vestige, *'Isâ* étant un nom connu avant l'islam. Alfred-Louis de Prémare

1. Voir Guillaume Dye et Manfred Kropp, « Le nom de Jésus (*'Isâ*) dans le Coran et quelques autres noms bibliques : remarques sur l'onomastique coranique », dans *Figures bibliques en islam, op. cit.*, p. 171-198.

relevait que la graphie *'Isâ* existait parmi les graffiti arabes découverts dans le Néguev, qui ne dépendaient manifestement pas de celles du Coran[1]. Le nom de Jésus nous ferait-il entendre la manière dont on le nommait dans le dialecte de La Mecque, la voix de Mahomet lui-même ?

1. Alfred-Louis de Prémare, *Les Fondations de l'islam, op. cit.*

6

La lignée des prophètes

À en croire la Tradition musulmane, Mahomet était analphabète et ignorant. De nos jours, c'est d'ailleurs ce que considèrent la plupart des musulmans. Pour une majorité de croyants, c'est l'évidence même. La sourate VII, versets 157 et 158, n'annonce-t-elle pas la venue d'*al nabî al ummî* que l'on peut traduire littéralement par « le prophète illettré » ? Dans la *Sîra* d'Ibn Ishâq, le récit de la révélation ne fait que renforcer l'évidence de l'analphabétisme, de l'illettrisme de Mahomet : « L'ange [Gabriel] se présenta à lui et lui demanda de lire. Il répondit : "Je ne sais pas lire." » « Sur ce, dit le Prophète, l'ange m'attrapa et m'étreignit si fort que j'étais à bout de force, puis il me lâcha en disant : "Lis !" "Je ne sais pas lire", ai-je répliqué. Il m'étreignit alors une seconde fois jusqu'à presque m'étouffer puis il me lâcha et dit : "Lis !" "Je ne sais pas lire", rétorquai-je. Il m'étreignit une troisième fois puis il me relâcha et dit [citant la sourate XCVI] : "lis, au nom de ton Seigneur qui a créé, qui a créé l'homme d'une adhérence. Lis ! Ton Seigneur est le Très Noble[1]". »

---

1. Ibn 'Ishâq, *La Vie du Prophète Muhammad,* t. I, traduit et présenté par Abdurrahmân Badawi, éd. Albouraq, 2006, p. 182-183.

L'analphabète

Voltaire qui ne vénérait pas tant Mahomet était loin de partager cet avis, voyant en lui, tout au contraire, un grand lettré.

« Voici une grande dispute, écrivait Voltaire en 1760. Mon maître veut absolument que Mahomet ne sût ni lire ni écrire ; je ne l'aurais pas choisi pour mon facteur en Syrie, s'il avait été si ignorant. Je sais bien qu'il s'appelle lui-même le *prophète non lettré* dans le chapitre VII ; mais je prie mon critique d'observer que ce chapitre VII est plein d'érudition : qu'il le lise, il sera obligé de convenir, à sa honte, que Mahomet était un homme savant et modeste. Mais que dira-t-il quand il apprendra que Mahomet était un poète, et que son *Koran* ou son *Alcoran* est écrit en vers ? Ne sait-il pas que les poètes de La Mecque affichaient leurs poésies à la porte du temple de La Mecque ; et que Labid, fils de Rabia, le meilleur poète sans contredit des Mecquois, ayant vu le second chapitre du *Koran* ou *Alcoran* que Mahomet avait affiché, se jeta à ses genoux, et lui dit : "Ô Mahomet ! ou Mohammed, fils d'Abdallah, fils de Moutaleb, fils d'Achem, vous êtes plus grand poète que moi ! Vous êtes sans doute le prophète de Dieu."

« Je ne suis, je l'avoue, ni aussi savant, ni aussi bon poète que Labid, fils de Rabia ; mais je me jette aux pieds de mon savant censeur, je lui dis : "Vous êtes plus savant que moi, mais soyez un peu honnête, et ne me traitez pas avec tant de cruauté, parce que j'ai dit qu'un poète savait lire et écrire."

« Avez-vous oublié que ce poète était astronome, et qu'il réforma le calendrier des Arabes ? Que ne dites-vous que César, qui en fit autant chez les Romains, ne savait ni lire ni écrire ?

« Mahomet aurait-il, je vous prie, demandé une plume et de l'encre dans son agonie, s'il n'avait été accoutumé à s'en servir ? Omar [le calife, son deuxième successeur] l'en empêcha, de peur qu'il ne fît un testament, ou qu'il n'écrivît des sottises. Mais, monsieur, quand vous avez pris la plume pour écrire contre moi tant d'injures, si quelqu'un vous avait ôté votre plume dans vos accès, aurait-on droit de dire, comme on le dit pourtant à la lecture de votre ouvrage, que vous ne savez point écrire[1] ? »

Un débat spécieux

Voltaire avait mille fois raison. Ne suffit-il pas de lire attentivement quelques sourates pour voir en quoi la réputation d'ignorance du Prophète est fallacieuse ? Dans la sourate dite du « Voyage nocturne », nous pouvons lire à propos de Mahomet : « Quand tu lis le Coran, nous plaçons un voile épais entre toi et ceux qui ne croient pas à la vie future. Nous avons placé un voile épais sur leurs cœurs ; nous avons rendu leurs oreilles pesantes afin qu'ils ne comprennent pas » (XVII, 45). Mahomet savait-il donc lire ? Un peu plus loin, le verset 106 précise : « Nous avons fragmenté cette Lecture [c'est-à-dire le Coran] pour que tu la récites lentement aux hommes. » Ou, mieux encore, la sourate XCVI, qui passe pour avoir été la première à être révélée à Mahomet, commence ainsi : « Lis au Nom de ton Seigneur qui a créé ! » (XCVI, 1).

Certes, on pourrait aussi traduire l'injonction de lire par « Récite ! ». Mais alors ce serait dédaigner le verset suivant qui met les points sur les *i* : « Lis ! Car ton Seigneur est le Très-Généreux qui a instruit l'homme au moyen du calame, et lui a enseigné ce qu'il ignorait » (XCVI, 3). Dès lors que l'enseignement vient de la lecture et que cela induit l'usage du calame, il est difficile d'accepter que le Prophète ne savait ni écrire ni lire.

Remarquons que beaucoup de traducteurs, à l'instar de Denise Masson, ne parlent pas du « prophète illettré » mais du

1. *Lettre à l'auteur malhonnête de la « Critique de l'histoire universelle de M. de Voltaire qui n'a jamais fait d'histoire universelle, le tout au sujet de Mahomet et du mahométisme »*, 1760.

prophète des gentils ; celui qui est venu « pour ceux qui ne savent pas ». Pour les juifs, les « gentils » étaient ceux des nations qui n'avaient reçu ni la foi ni la loi de Yahvé ; dans l'histoire du christianisme, c'est vers eux que Paul s'est tourné prioritairement « [...] pour amener les élus de Dieu à la foi et à la connaissance de la vérité conforme à la piété, dans l'espérance promise avant les temps éternels par Dieu qui ne ment pas et qui, aux temps fixés, a manifesté sa parole dans un message qui m'a été confié selon l'ordre de Dieu notre Sauveur » (Tt 1,4). Des paroles qui pourraient sans dommage se trouver dans le Coran, et feraient de Mahomet un nouveau Paul, « l'apôtre des gentils ».

« Je n'exclus pas, pour ma part, qu'un homme du génie de Muhammad, ayant vécu en ce temps et en ce milieu, ait su lire et écrire. Son intelligence supérieure et ses capacités de mémorisation plaident en ce sens. Mais on peut comprendre en même temps, voire apprécier, ajoute l'historien Hichem Djaït dans son grand livre sur Mahomet, que les musulmans de l'époque califale (IIe et IIIe siècle de l'hégire) aient voulu dresser le portrait d'un Prophète illettré afin de mieux illustrer la paternité divine du *Qur'an*[1]. »

Pour la Tradition musulmane, la *Sîra* et le *Hadîth*, l'avantage de considérer Mahomet comme un ignorant et un illettré était de magnifier Allah, son inspirateur – *via* l'ange Gabriel – et de réduire à rien ou presque l'intervention humaine. La grandeur du Coran devait ainsi tout à Dieu, et le prophète se trouvait relégué dans une fonction subalterne. On ne lui accordait au mieux qu'un rôle de vecteur passif ; même si ce rôle « sera très vite surdimensionné », remarque encore Hichem Djaït. Autrement dit, « l'islam n'aurait pu avoir le destin qu'il a connu si Muhammad avait prétendu que le *Qur'an* était le fruit de ses propres spéculations[2] ». Le Livre saint de l'islam ne pourrait

1. Hichem Djaït, *La Vie de Muhammad*, t. I, Fayard, 2007, p. 64.
2. *Ibid.*, p. 66.

être tout à fait le livre de Mahomet ? « Question oiseuse », reconnaît Hichem Djaït après avoir suggéré cette interrogation insolente.

Oiseuse pourquoi ?

« Puisque, répond Djaït, le Prophète croyait de toutes ses fibres que le *Qu'ran* lui était inspiré par Dieu. »

En toute logique on remarquera que l'un n'exclut pas l'autre... Qu'être un grand mystique n'empêche pas, par principe, d'être un savant ou du moins un lettré ; dans l'histoire chrétienne, Thérèse d'Ávila ou Jean de la Croix, pour ne citer qu'eux, furent et mystiques et savants. À supposer que Mahomet soit le seul auteur du Coran, cette double face de l'éternel Janus se retrouve en lui : le réceptacle d'un côté et de l'autre la personnalité d'exception, l'une au zénith, l'autre au nadir. « Comment ne pas s'étonner, dès lors, de la position assez paradoxale de certains orientalistes (pas de tous heureusement) qui, tout en continuant à considérer le *Qu'ran* comme l'œuvre de Muhammad, ne se sont guère interrogés sur le savoir immense, la maîtrise exceptionnelle des langues hébraïques, syriaque et grecque, la vaste connaissance des religions, que suppose la composition du *Qu'rân*. Difficile pour eux d'expliquer comment Muhammad a pu acquérir une telle connaissance de la Bible, des évangiles apocryphes, du Talmud et de la littérature rabbinique, sauf à lui reconnaître des capacités de création et une inventivité religieuse et juridique exceptionnelles[1]. »

Quand bien même le regard « qui se veut profane et positiviste » serait inadéquat à répondre, force est de constater, d'un point de vue non religieux, que le Coran témoigne en effet d'une intense créativité théologique et littéraire.

1. Hichem Djaït, *La Vie de Muhammad*, *op. cit.*, p. 67.

Sœur d'Aaron

La meilleure preuve ne serait-elle dans un détail des plus révélateurs ?

Le Coran appelle la mère de Jésus, Marie, « sœur d'Aaron » : « Ô sœur d'Aaron ! » (XIX 27-28). Le moins que l'on puisse dire, c'est que l'on voit mal comment un lien biologique pourrait exister entre ces deux femmes que séparent plus de mille cinq cents ans, la Myriam biblique et la Marie des évangiles ? Avec un peu de bon sens, comment admettre que la sœur de Moïse et d'Aaron ait pu vivre au temps de l'Exode et enfanter Jésus au Iᵉʳ siècle de notre ère. Mahomet aurait-il confondu allégrement les personnages et les époques ?

Les premiers commentateurs occidentaux, ceux que les musulmans appellent avec méfiance ou ironie « les orientalistes », ont supputé que Mahomet ne connaissait pas grand-chose à l'histoire biblique. L'argument fut aussitôt balayé par des savants musulmans arguant qu'il s'agissait en fait d'une erreur de transcription, de la faute d'un copiste, plutôt que d'une confusion si malencontreuse dans l'esprit de Mahomet.

Il n'en est rien.

Que Marie soit nommée « sœur d'Aaron » n'est ni le fruit du hasard ni celui de la distraction. On sent d'ailleurs que cette appellation n'allait peut-être pas immédiatement de soi puisque Marie est tantôt présentée comme « la fille d'Imran qui garda sa virginité » (LXVI, 12), tantôt comme la fille de la femme d'Imran : « Mon Seigneur, je te consacre ce qui est dans mon sein [...]. Après avoir mis au monde sa fille, elle dit : je l'appelle Marie » (III, 35-36). L'Imran coranique est identique à l'Amram biblique, père de Moïse, d'Aaron et de Myriam. Ainsi la Maryam du Coran (Marie) se confond-elle avec la Myriam biblique, la fille d'Imran, lui donnant des lettres de noblesse dont on peut considérer qu'elles lui faisaient singulièrement défaut par ailleurs. « Oui, Dieu a choisi, de préférence aux mondes : Adam, Noé, la famille d'Abraham, la famille d'Imran en tant que descendants les uns des autres » (III, 33-34). La Marie coranique se place donc au centre d'un triangle entre Aaron, Imran et la femme d'Imran, comme auréolée d'une histoire venant du plus profond des âges. D'ailleurs la sourate III qui lui est en partie consacrée s'intitule « la famille d'Imran ».

Dans son sens courant, le mot *ûkht* en arabe veut dire « sœur », mais ce terme peut également indiquer la descendance. Ici, l'expression pourrait plutôt signifier que Marie « vient de la lignée d'Aaron ». « Sœur d'Aaron » ne désignerait pas Marie comme la sœur biologique d'Aaron mais comme l'héritière de ses qualités morales et spirituelles, comme le dernier surgeon de son lignage. C'est une mise en perspective du personnage de Marie, un des sous-textes activé par le Coran.

Cette simple expression « sœur d'Aaron » s'avère par ailleurs un indice précieux pour comprendre le contexte religieux du Coran. Du fait de la référence à Aaron (premier grand prêtre d'Israël), il y a manifestement une double allusion : d'une part au culte du Temple, d'autre part à l'Église qu'incarne Marie. « Comme vraie "fille de Sion", Marie est figure de l'Église », écrivait Joseph Ratzinger[1]. Marie est une sœur d'Aaron en ce sens qu'elle personnifie un nouveau culte ou un culte renouvelé. Elle apparaît ainsi dans plusieurs prières syriaques que l'on récitait à diverses occasions, lors de la fête de la naissance de la Vierge ou de la Mémoire de Marie, pour signifier qu'elle était « la canne d'Aaron », le bâton sur lequel il s'appuyait.

Plus qu'un procédé littéraire, il faut voir dans cette association entre la Myriam biblique et la Marie mère de Jésus un mode d'exégèse qu'ont beaucoup pratiqué les théologiens chrétiens, l'exégèse typologique. Ainsi, selon l'évangile de Luc, la résurrection est tellement inimaginable du point de vue même de la Bible que, lorsque Jésus ressuscité apparaît aux pèlerins

1. *La Foi chrétienne d'hier et d'aujourd'hui*, éd. du Cerf, 2005.

d'Emmaüs, ceux-ci ne comprennent pas qui il est et Jésus doit en appeler à ceux qui l'ont précédé pour se faire reconnaître : « Ô cœurs sans intelligence, lents à croire à tout ce qu'ont annoncé les prophètes ! [...] Il leur interpréta dans toutes les Écritures ce qui le concernait » (Lc 24,25-27). Pour les chrétiens, la Bible juive anticipe des situations ou des personnages du Nouveau Testament qui ne se révéleront que plus tard avec la venue de Jésus. Du point de vue coranique, ainsi la Myriam biblique préfigure-t-elle la Marie des évangiles. En nommant Marie « mère de Jésus » et « sœur d'Aaron », le Coran établit la filiation spirituelle de Marie par rapport à Myriam et à Moïse. Il s'inscrit, par les femmes, dans la continuité des traditions juives et chrétiennes – de même que, par les hommes, il trace une ligne qui relie tous les prophètes d'Adam jusqu'à Mahomet.

Un nouvel Adam

Dans l'évangile selon Luc, quand Marie s'alarme de savoir qu'elle attend un fils alors qu'aucun homme ne l'a jamais touchée, l'ange lui répond : « L'Esprit Saint viendra sur toi et la puissance du Très-Haut te prendra sous son ombre ; c'est pourquoi l'être saint qui naîtra sera appelé Fils de Dieu » (Lc 1,35). La scène se déroule à l'identique dans le Coran, à ceci près que l'ange Gabriel rassure Marie dans d'autres termes : « Dieu crée ainsi ce qu'il veut : lorsqu'il a décrété une chose, il lui dit : “Sois !” et elle est » (III, 47 ; répété en XIX, 35).

Comme il en fut pour Adam, le texte suppose que Dieu utilise une forme, que son souffle anime cette forme et donne vie à Jésus. Dieu explique ainsi sa méthode aux anges et la rappelle à plusieurs reprises : « Je vais créer un mortel d'une argile extraite d'une boue malléable. Après que je l'aurai harmonieusement formé et que j'aurai insufflé en lui de mon Esprit, tombez prosterné devant lui » (XV, 28). De la mère de Jésus, il dit parallèlement : « [...] Et Marie, fille d'Imran, qui garda sa virginité.

Nous lui avons insufflé de notre esprit » (LXVI, 12). Dans un poème de Rabindranath Tagore, on peut lire ce curieux passage qui semble inspiré de la Bible hébraïque ou du Coran « Tu étais dans les poupées de mon enfance et quand,.chaque matin, je modelais dans l'argile l'image de mon dieu, c'était toi que je faisais et défaisais alors[1]. »

Jésus et Adam naissent de « Celui qui donna l'âme aux enfants du limon », comme l'écrivait Gérard de Nerval (« Le Christ aux Oliviers », *Les Chimères*). Pour l'islam : « Oui, il en est de Jésus comme d'Adam auprès de Dieu : Dieu l'a créé de terre, puis il lui a dit : "Sois", et il est » (III, 59). Mais comment affirmer que Dieu a tiré Jésus de la terre et en même temps prétendre qu'il est né d'une femme ? Il semble y avoir là une contradiction majeure, une impossibilité, une incohérence. Le Coran ne réfléchit pas en ces termes. Comme pour la crucifixion apparente de Jésus – cette mort que Dieu n'a pas permise –, Jésus créé *ex nihilo* est une illustration éclatante de la puissance divine. Une puissance semblable à celle qui se manifeste dans la Bible hébraïque où Dieu dit : « Faisons l'homme à notre image, comme notre ressemblance » et il « créa l'homme [*adam*, "l'homme" en hébreu] à son image » (Gn 1,26-27). L'islam en formation se nourrit aux mêmes mythologies que les chrétiens. Avec Jésus, son merveilleux surenchérit même sur le merveilleux chrétien : le Jésus coranique n'a plus besoin de père, adoptif ou surnaturel, à la différence du christianisme, pas plus qu'il ne connaît la souffrance et la mort avant la résurrection. Dieu modèle son existence comme bon lui semble, selon sa seule volonté. Sur ce plan, personne d'autre ne peut lui être comparé, pas même Mahomet.

1. Rabindranath Tagore, *La Jeune Lune*, traduit par Mme Sturge Moore, Gallimard, « Poésie », 1963.

C'est dire le statut exceptionnel de Jésus dans le Coran où il agit comme le démonstrateur de la puissance de Dieu. Avant même que Jésus soit né, Dieu le fait parler, annonçant ce qu'il dira plus tard aux fils d'Israël : « Je vais, pour vous, créer d'argile, comme une forme d'oiseau. Je souffle en lui, et il est "oiseau" – avec la permission de Dieu » (III, 49). De la même façon que Dieu a donné naissance à Adam, Jésus projette son souffle dans les oiseaux d'argile, et aussitôt ils prennent vie. Paradoxalement, Jésus détient ce pouvoir de démiurge bien qu'il ne soit pas fils de Dieu comme chez les chrétiens et encore moins l'incarnation de Dieu lui-même. Le Coran le répète encore à la sourate V quand Dieu rappelle à Jésus, fils de Marie, ce qu'il a fait pour lui : « Tu crées, de terre, une forme d'oiseau – avec ma permission – Tu souffles en elle, et elle est : oiseau – avec ma permission » (V, 110).

Le modèle – très païen du reste – de ce miracle n'apparaît nulle part dans le Nouveau Testament. En revanche, il est en toutes lettres dans les évangiles apocryphes que le Coran se plaît à évoquer. On en trouve une trace dans *L'Histoire de l'enfance de Jésus,* connue jadis comme *L'Évangile de l'enfance selon Thomas,* texte composé en grec et traduit très tôt, entre le IVe et le VIIe siècle, en syriaque et notamment en éthiopien. Âgé de cinq ans, Jésus joue près d'un ruisseau. « Ensuite il tira de la vase de l'argile molle et en façonna douze oiseaux » bien que ce soit le jour du sabbat. Réprimandé par Joseph, « Jésus frappa des mains et fit s'envoler les passereaux en disant : "Allez, volez et souvenez-vous de moi, vous qui êtes vivants[1]." »

Le thème a été repris plus tard par un évangile populaire, *La Vie de Jésus en arabe,* dont l'original était écrit directement en syriaque et qui a beaucoup circulé sous la forme d'au moins trois versions arabes. On y voit Jésus enfant à différents âges. À sept ans, Jésus sculpte des figurines d'animaux en terre, puis

1. *Écrits apocryphes chrétiens,* t. I, *op. cit.,* texte présenté et traduit par Sever Voicu, p. 197.

leur commande de marcher. « Ainsi, il faisait des oiseaux, leur ordonnait de voler, et ils s'envolaient[1]. » Ce texte, peint en couleurs naïves, rend hommage au « fils de Marie » et vise à illustrer les pouvoirs surnaturels du fils du Créateur, y compris sur leur versant diabolique.

Sans jamais en donner de citations littérales, nombreuses dans le Coran sont les allusions à la Bible, aux traditions juives, aux récits chrétiens, aux exégèses des uns et des autres. Qu'il s'agisse d'influences directes ou de la référence à une même vision archaïque, en déclarant que Jésus a été créé de la terre, le texte coranique semble reprendre à son compte des enseignements proches des traditions juives et chrétiennes syriaques. Les références bibliques proviennent en effet moins de la Bible elle-même que des exégèses de l'Ancien Testament, où elles sont pour ainsi dire filtrées. Comme le rappelle Hichem Djaït : « On a ainsi découvert que l'expression "au nom de Dieu" qui ouvre chaque sourate, existait dans la liturgie juive et chrétienne (Ps 20,8 ; Mt 28,19). L'imagerie de la cosmologie babylonienne a été également utilisée par les écrits rabbiniques et les apocryphes du judaïsme (*L'Ascension d'Isaïe*) puis par Irénée et Épiphane. Autre exemple : la repentance d'Adam après le péché originel, inexistante dans l'Ancien Testament mais que l'on retrouve dans le Talmud (*Erouvim,* 18b) ainsi que dans la *Vie d'Adam et Ève* ou *Apocalypse de Moïse* et dans le *Livre d'Hénoch.* Les concordances entre le Coran et ce dernier texte sont particulièrement fréquentes[2]. » Un autre exemple est celui de la prosternation des anges devant Adam (sauf Iblîs que Dieu maudit et chasse du paradis pour avoir refusé de se prosterner). Cette histoire, évoquée ou décrite sept fois dans le Coran, est absolument étrangère au livre de la Genèse. Mais elle apparaît plusieurs fois dans les traditions chrétiennes apocryphes, la *Caverne des trésors*, texte

1. *Ibid., La Vie de Jésus en arabe*, texte présenté et traduit par Charles Genequand, p. 226.
2. Voir Hichem Djaït, *La Vie de Muhammad,* t. II, *op. cit.*, p. 287.

syriaque du ve ou vi^e siècle attribué à Éphrem ou à l'un de ses disciples, la *Vie d'Adam et Ève* ou *Apocalypse de Moïse,* les *Questions de Barthélemy,* l'*Apocalypse de Sedrach*[1]. Il en est de même pour la repentance d'Adam après la chute, thème absent de la Bible mais présent dans l'*Apocalypse de Moïse* et dans le *Livre d'Hénoch,* mais aussi dans le Talmud (*Erouvim,* 18b). Sauf à vouloir parier sur une extraordinaire coïncidence, cela montre combien la lecture rabbinique était également présente à l'arrière-plan de l'élaboration du Coran. Tor Andrae le constatait déjà il y a près d'un siècle : « Je ne veux pas contester dans le détail le fait que les éléments haggadiques des récits du Coran sont provenus pour l'essentiel d'une information juive – d'autant plus que le développement spirituel du Prophète à Médine s'est trouvé sous une forte influence juive ; cela est éloquemment prouvé par l'analyse de la constante polémique avec la pensée et les coutumes juives », tout en rappelant que « beaucoup de cette haggadah coranique avait été appropriée par l'Église syrienne[2] ».

Ce n'est pas tout.

On comprend grâce au Coran que s'était constituée en Arabie une bibliothèque orale, un ensemble de traditions et de références qui ont permis au discours coranique de s'enraciner et de s'attester. Rappelons qu'il n'existait pas encore de traduction en arabe de la Bible. Le médecin de Bagdad, Hunayn ibn Ishâq, chrétien nestorien en aurait donné la première traduction au milieu du ixe siècle seulement, tandis que le moine Jean II d'Antioche n'avait, avant lui, réalisé que la première traduction des seuls évangiles au viie siècle.

1. Voir Guillaume Dye, « La théologie de la substitution du point de vue de l'islam », art. cité.
2. Tor Andrae, *Les Origines de l'islam et le christianisme, op. cit.*, p. 201.

Prophètes bibliques, prophètes arabes

La sourate II proclame : « Dites : “Nous croyons en Dieu, à ce qui a été révélé, à ce qui a été révélé à Abraham, à Ismaël, à Isaac, à Jacob et aux tribus ; à ce qui a été donné à Moïse et à Jésus ; à ce qui a été donné aux prophètes, de la part de leur Seigneur. Nous n'avons de préférence pour aucun d'entre eux” » (II, 136). La sourate III, 84, le répète quasiment dans les mêmes termes et selon le même ordre. La sourate IV recommence, ajoutant cette fois Job, Jonas, Noé, Aaron, Salomon, David : « Nous t'avons inspiré comme nous avions inspiré Noé et les prophètes venus après lui. Nous avions inspiré Abraham, Ismaël, Isaac, Jacob, les Tribus, Jésus, Job, Jonas, Aaron, Salomon et nous avions donné les psaumes à David. Nous avons inspiré les prophètes dont nous t'avons déjà raconté l'histoire et les prophètes dont nous ne t'avons pas raconté l'histoire » (IV, 163-164).

Parmi eux, ces prophètes connus ou inconnus, ces prophètes sans nom sont-ils les trois prophètes arabes évoqués à la sourate VII ? Hûd qui a été envoyé aux ‘Âd (versets 65 et 71), Sâlih aux Thamoud (versets 73-84), Shu'aïb aux gens de Madiân (versets 85-100). Ces prophètes, compatriotes et logiquement prédécesseurs de Mahomet, partageant les mêmes horizons que lui, sont pourtant très largement moins présents que les prophètes bibliques : trente et un versets à eux trois dans l'ensemble du Coran, contre cent trente-six pour Moïse et soixante-trois pour Abraham.

Les prophètes arabes auraient-ils été des Arabes juifs ou des Arabes nazaréens ? Des précurseurs ou des concurrents du monothéisme biblique ? Hormis ce que le Coran en dit, nous ne savons presque rien d'eux. Rien d'autre sinon qu'ils agissent et parlent selon un schéma identique aux autres prophètes ; schéma que l'on retrouve aussi bien dans le Coran que dans la Bible hébraïque ou le Nouveau Testament. Dieu les inspire, ils annoncent la Bonne Nouvelle à leur peuple, mais le peuple refuse d'accepter leurs avertissements et les rejette.

Le même drame cyclique se répète à l'intérieur du texte coranique comme dans un drame shakespearien. Sâlih, par exemple, qui entre en scène dans la sourate XI : « Aux Thamoud nous avons envoyé leur frère Sâlih. Il dit : Ô mon peuple : Adorez Dieu ! Il n'y a de Dieu que lui » (XI, 61), mais les Thamoud refusent de l'écouter et l'éconduisent en se moquant de ses menaces. Dans la sourate XXVI, les Thamoud traitent Sâlih et les autres prophètes de menteurs (XXVI, 139). Quand Sâlih les exhorte : « Craignez celui qui vous a pourvu de ce que vous avez ; il vous a pourvu de troupeaux et d'enfants, de jardins et de sources » (XXVI, 132-134), laissant apercevoir au passage un peu de la vie quotidienne de la tribu, leurs demeures creusées dans la roche de la montagne, leurs jardins et leurs cultures irrigués par les sources, les palmiers élancés, les troupeaux de chameaux dont ils jouissent en sécurité, sans penser à en remercier Dieu. Sâlih s'obstine mais les Thamoud ne veulent rien entendre et lui tournent le dos : « Il nous est indifférent que tu nous exhortes ou que tu ne nous exhortes pas. Notre conduite est seulement conforme à celle des Anciens. Nous ne serons pas châtiés » (XXVI, 136-137). Rien n'y fait, ni les prières ni les menaces : « Je redoute pour vous le châtiment d'un jour terrible » (XXVI, 135) ; « Craignez celui qui vous a créés : vous, et les générations qui vous ont précédées » (XXVI, 184). Ils narguent Sâlih : « Tu n'es qu'un homme ensorcelé ; tu n'es qu'un mortel comme nous. Nous pensons que tu es un menteur. Fais donc tomber le ciel en morceaux si tu es véridique » (XXVI, 185-188). Ensuite, l'heure de la punition arrive, confirmant la prophétie qui, bien évidemment, a été écrite après les événements : « Le châtiment du jour de l'ombre les a saisis. Ce fut le châtiment d'un jour terrible » (XXVI, 189). À chaque fois, la roue de l'histoire tourne et inaugure un nouveau cycle : le peuple est incrédule, il persiste dans l'incrédulité, ne se réforme pas, et un nouveau prophète doit prendre la relève, parler, prédire, exhorter, menacer. Mais la nouvelle prophétie est aussi vaine que les précédentes et aucune leçon n'est tirée des châtiments infligés à ceux qui ont repoussé le messager de Dieu.

La succession des prophètes

Le Coran emprunte très largement à l'histoire biblique de la prophétie, il décuple même le nombre des prophètes, désignant volontiers tous ceux qui ont joué un rôle dans l'histoire sacrée. Ainsi Adam et Jésus sont les prophètes les plus remarquables. Adam est prophète alors même qu'il ne l'a jamais été dans la Genèse, Jésus l'est parce qu'il est celui qui précède Mahomet. Adam et Jésus possèdent une qualité supplémentaire dans le récit islamique. Ils ont reçu de Dieu l'ordre d'exister alors que les autres prophètes n'ont reçu que celui de parler, de transmettre le message qui leur a été révélé. À quelques différences près, tous portent une parole semblable, y compris Jésus. Leur parole illustre la nécessité du monothéisme pur. Tous rappellent l'unicité de Dieu, l'imminence du Jugement dernier, la nécessité de se convertir et d'abandonner l'idolâtrie, la menace du châtiment qui finira par survenir immanquablement. Le Coran développe une conception stéréotypée des prophètes et de la prophétie, ce que certains appellent un mono-prophétisme.

Après Abraham, après Noé, après Moïse dans la tradition juive, après Jésus dans la tradition chrétienne, Mahomet est « le Sceau des prophètes ». Selon la logique du Coran, tous les prophètes qui l'ont précédé l'annonçaient. Mahomet est l'ultime détenteur des révélations divines. « Muhammad n'est le père d'aucun homme parmi vous, mais il est le Prophète de Dieu ; le Sceau des prophètes » (XXXIII, 40). Notons que, dans les sociétés nomades, le sceau n'est pas uniquement la cire qui scelle un contrat, c'est le signe de possession du maître sur son troupeau, c'est la marque au fer rouge sur le dos des bêtes. Revendiquer le sceau de la prophétie est pour Mahomet un moyen de faire coup double. D'un côté, revendiquer la propriété exclusive de la prophétie et, de l'autre, imprimer sa marque définitive.

L'absence de descendance mâle qui, pour Mahomet, est une honte et un handicap devient ici le signe même de son élection divine puisque cela signifie aussi qu'après lui il n'y aura plus de prophète ni de prophéties. C'est lui qui clôt la succession des prophètes avant l'intervention de Dieu dans l'histoire et la Fin des temps.

Le terme « Sceau des prophètes » vient vraisemblablement d'une autre grande variante du monothéisme, le manichéisme, doctrine du prophète Mani, né en Perse au IIIe siècle et demeurée longtemps très influente en Orient. « Mani se donne pour le dernier successeur d'une longue suite de Messagers célestes envoyés l'un après l'autre à l'humanité, et dont, à partir d'Adam, Zoroastre, le Buddha et Jésus sont les principaux. À ce titre, il ne prétend pas être seulement l'incarnation la plus récente du "Vrai Prophète", mais le "Sceau des prophètes", l'Envoyé, le Révélateur suprême. Suprême, parce qu'il constitue l'ultime maillon de cette chaîne d'"apôtres" successivement apparue tout au long de la durée cosmique et qu'après sa venue le monde, déjà entré dans la douzième et dernière période de son existence, n'a plus qu'à se convertir et à disparaître. Suprême, aussi parce qu'il s'identifie à l'Illuminateur parfait ou, en termes chrétiens, au Paraclet dont le Christ avait promis l'envoi[1]. »

La conception coranique de la succession des prophètes est très proche de celle qu'a développée le judéo-christianisme. Selon le Coran, l'Évangile constitue la suite de la Torah et Jésus est l'auteur de l'Évangile, de même le Coran est l'Écriture dans la lignée des Écritures, la croyance dans la lignée des croyances.

C'est un aboutissement « qui renvoie aux "Écritures révélées" des juifs et des chrétiens en leur donnant des définitions particulières. Ainsi, les Écritures des juifs sont quasiment ramenées à la seule *tawrât* (mis pour la Torah) et celles des chrétiens au seul *injîl* (mis pour "Évangile"). Et toutes les deux sont

1. Henri-Charles Puech, article « Manichéisme », *Encyclopaedia Universalis*.

“descendues” de la part de Dieu “sur” un “prophète”, respectivement Moïse et Jésus[1]. » Mais le Coran n’est pas un nouveau Nouveau Testament. En tant que révélation directe de Dieu à Mahomet, implicitement le Coran périme les Écritures antérieures – ainsi que Marcion, l’hérétique chrétien à la fin du IIe siècle, rêva en vain de le faire pour instituer une Bible exclusivement chrétienne.

Pour Marcion, Jésus-Christ était venu abroger la Bible hébraïque et le culte de son démiurge, ce dieu de colère et de haine tout autre que le dieu de bonté et d’amour des chrétiens. Marcion ne reconnaissait qu’un livre qu’il baptisait pour la première fois « Nouveau Testament », composé d’un évangile unique (sa propre version de celui de Luc) et de dix épîtres de Paul (dont il fut ainsi le premier éditeur). Ce texte avait vocation à exclure tous les autres. La grande Église le refusa violemment, préférant garder et les écrits juifs et les quatre évangiles, puis elle excommunia Marcion qui fonda sa propre Église.

Livre unique de la nouvelle révélation, livre de Dieu lui-même, le Coran réussit là où Marcion a échoué. Le Coran se présente comme une critique des révélations précédentes auxquelles les gens du Livre n’ont pas été fidèles ; soit parce que, tels les juifs, ils ont rompu le pacte, mécru en Jésus, ou tué les prophètes ; soit parce que, tels les chrétiens, ils l’ont rejeté et ont adopté sur Jésus des conceptions erronées. À l’origine, le Coran ne prétendait probablement pas remplacer les autres écrits (ni même être un livre) mais les corriger, restaurer leur sens perdu, remettre les croyants sur la voie droite de la religion vraie. C’est plus tard, en se heurtant aux juifs et aux chrétiens, qu’il renoncera à sa vocation orale d’admonestation et s’écrira comme le texte exclusif voulu par Dieu, évinçant de fait tout autre écrit.

1. Anne-Sylvie Boisliveau, « Canonisation du Coran… par le Coran », dans *Revue des mondes musulmans et de la Méditerranée*, n° 129, juillet 2011, p. 153-168.

La véritable religion

Dans la mentalité de l'Antiquité jusqu'au Moyen Âge, la nouveauté est suspecte. Il n'est pas gratifiant de se présenter comme novateur (ainsi peut-on comprendre pourquoi Jésus a été obligé, selon l'évangile de Luc, de se recommander de ses prédécesseurs devant les pèlerins d'Emmaüs). Seul l'enracinement dans le passé est une garantie de légitimité. La tradition demeure un appui indispensable, même s'il s'agit de s'y substituer. Ainsi en a-t-il été pour le christianisme des premiers siècles luttant avec le judaïsme pour être considéré comme *Verus Israël,* comme « véritable Israël ». Selon le Coran, Mahomet ne cherche pas à être un innovateur. Il ne vient pas apporter aux Arabes une nouvelle religion mais leur transmettre dans leur langue, en arabe, la révélation qu'ils n'ont pas reçue. Contestant ou refusant la religiosité passée de sa tribu, ses cultes, ses divinités, Mahomet se veut le continuateur d'une tradition parallèle à la tradition patriarcale de la tribu des Quraychites. Sa filiation revendiquée avec une tradition prophétique que ses pères ignorent doit lui conférer une antériorité sacrée. Avec les grandes figures mythologiques du monothéisme biblique, Mahomet retrouve le précieux héritage du passé ; d'un passé de substitution.

Mais pourquoi Jésus ? Comme sur le terrain symbolique Mahomet ne peut se réclamer directement d'Abraham, il voit en Jésus l'indispensable maillon intermédiaire qui peut le rattacher à la généalogie prophétique. Il y aura donc Adam, Noé, Abraham, Moïse et Jésus, qui ouvre le chemin au prophète de l'islam. Du point de vue du Coran, les révélations reçues par Moïse, Jésus et Mahomet sont identiques. Il s'agit de rappeler chaque fois la religion originelle dont les croyants n'auraient pas dû dévier. Si les juifs avaient suivi la Torah et les prophètes, ils auraient reconnu Jésus comme messie. Et si les chrétiens en avaient fait autant, ils n'auraient jamais prétendu que Jésus était le fils de Dieu. Du point de vue du Coran, cela implique que les véritables juifs, les véritables chrétiens devraient être musulmans. En se disant le peuple élu, « les fils d'Israël » ou « les fils de Dieu », les juifs et les chrétiens mentionnés dans le Coran comme les « gens du Livre » (ou le « peuple de l'Écriture ») s'avèrent infidèles à la révélation qu'ils ont reçue. Les vrais croyants sont désormais « les fils d'Adam », c'est-à-dire de l'humanité entière. *Adam* en hébreu signifie « l'homme » et, par extension, devient le nom générique de l'humanité.

La religion d'Abraham

Les passages concernant Moïse dans le Coran dépassent très largement ceux consacrés à tous les autres prophètes bibliques. Moïse est le plus présent, le plus avantagé. Son nom apparaît cent trente-six fois, bien plus que ceux d'Abraham et Jésus.

Dans le Coran, même les épisodes de la vie de Mahomet semblent calqués sur ceux de la vie de Moïse. Comme Moïse, Mahomet a connu l'exode (l'Hégire) ; comme lui, il s'est opposé au pouvoir en place (dans le Coran, Pharaon incarne tous les adversaires du prophète, qu'ils soient mecquois ou médinois) ; comme lui, il a lutté contre l'idolâtrie ; comme lui, il a combattu les israélites ; comme lui, il a dû batailler pour s'imposer comme prophète ; comme lui, il est d'abord et avant tout un législateur, etc. Tout ce qui concerne Moïse procède d'une ample reprise des récits de la Bible, des livres apocryphes, de la Haggadah et des *midrashim* juifs, que le Coran réinterprète et développe. Par rétroprojection, Moïse est pour Mahomet un modèle non seulement religieux, mais aussi un modèle juridique, politique et militaire.

Ce n'est pas suffisant. Afin d'obtenir une légitimité égale voire supérieure à celle de Moïse, Mahomet, contournant les prétentions juives et chrétiennes, se place non seulement sous l'invocation d'Adam, mais aussi sous la tutelle d'Abraham. « Ô gens du Livre ! Pourquoi vous disputez-vous au sujet d'Abraham, alors que la Tora et l'Évangile n'ont été révélés qu'après lui ? Ne comprenez-vous pas ? [...] Abraham n'était ni juif ni chrétien [nazaréen] mais il était un vrai croyant soumis à Dieu » (III, 65 et 67). L'idée de génie de Mahomet, c'est l'abrahamisme, « la religion d'Abraham » (XVI, 123), phrase répétée trois fois en tout dans le Coran (IV, 125 ; VI, 161).

Il est vrai que, selon la Bible, Abraham est le père des Arabes par son fils Ismaël né de son union avec la servante Agar : « Alors Sarah dit à Abraham : Tu es responsable de l'injure qui m'est faite ! J'ai mis ma servante entre tes bras et, depuis qu'elle s'est vue enceinte, je ne compte plus à ses yeux ! » (Gn 16,5). Abraham laisse alors sa femme agir à sa guise vis-à-vis d'Agar : « Sarah la maltraita tellement que l'autre s'enfuit devant elle » (Gn 16,6). Après la naissance d'Ismaël, la jalousie de Sarah (devenue entretemps mère d'Isaac) s'accrut, pestant, récriminant, suppliant Abraham de chasser cette servante et son fils qui lui faisaient horreur. Dieu intervint alors pour réconforter Abraham : « Tout ce que Sarah te demande, fais-le, car c'est par Isaac qu'une descendance perpétuera ton nom, mais du fils de la servante je ferai aussi une grande nation car il est de ta race » (Gn 21,12-13)[1].

Or de cette grande nation de la race d'Ismaël, il n'est paradoxalement pas question dans le Coran qui nomme fréquemment ensemble les deux fils d'Abraham, Isaac et Ismaël, sans privilégier spécialement ce dernier. Ainsi en est-il dans la profession de foi répétée au moins à deux reprises : « Nous croyons en Dieu, à ce qui nous a été révélé, à ce qui a été révélé à Abraham, à Ismaël, à Isaac, à Jacob et aux tribus ; à ce qui a été donné à Moïse et à Jésus ; à ce qui a été donné aux prophètes, de la part de leur Seigneur. Nous n'avons de préférence pour aucun d'entre eux » (II, 136 ; cf. III, 84).

---

1. Voir Pierre-Antoine Bernheim et Guy Stavridès, « L'origine des israélites », dans *Le Passé révélé,* Agnès Viénot Éditions, 2006, p. 98-162.

On peut supposer que le récit de la Genèse était connu, sans compter l'histoire du sacrifice d'Isaac qui l'est plus encore (XXXVII, 101-111), même si le nom d'Isaac n'est pas mentionné dans la sourate. Ce qui a permis à des exégètes musulmans ultérieurs (à l'exception notable de Tabarî) d'affirmer que l'enfant immolé à Dieu aurait dû être précisément non pas Isaac, mais Ismaël… Ismaël qui aidera son père Abraham à édifier le sanctuaire de la Kaaba (si l'on peut interpréter ainsi « la Maison » de la sourate II) et à fonder le pèlerinage à La Mecque avant que le lieu saint ne soit censé avoir été dénaturé par les adorateurs d'idoles : « Nous avons confié une mission à Abraham et à Ismaël : "Purifiez ma Maison pour ceux qui accomplissent les circuits, pour ceux qui s'y retirent pieusement, pour ceux qui s'inclinent et se prosternent" » (II, 125).

Pour le Coran, la véritable descendance résulte non du sang, mais de la foi. L'ancêtre fondateur est donc beaucoup moins l'ancêtre physique que l'ancêtre spirituel, l'ancêtre de tous les prophètes. Le père de la vraie croyance en un Dieu unique, le monothéisme premier, est Abraham qui n'était ni juif ni chrétien et qui a été adopté par Dieu : « Dieu a pris Abraham pour ami » (IV, 125).

Abraham est la figure prototypique des trois religions, bien qu'il ne soit jamais le même personnage pour les uns et les autres. Dans les textes juifs de l'époque du second Temple, Abraham est un patriarche observant la Torah – avant même l'existence des patriarches, avant même les Commandements de Moïse ! Dans le christianisme, il est considéré par Paul comme le père de la Foi : « Que dirons-nous donc d'Abraham, notre ancêtre selon la chair ? » (Rm 4,1). Il deviendra un chrétien avant la lettre chez Eusèbe de Césarée.

Le concept de religions abrahamiques est une notion moderne qui permet de réunir les trois monothéismes et de mettre en lumière leur origine commune tout en cherchant à les distinguer. Mais ce concept scientifique est aussi un leurre puisque, au nom d'un même ancêtre, judaïsme, christianisme et islam se disputent la propriété d'Abraham comme on se dispute un territoire. Chaque camp se retranche derrière la certitude qu'il est le seul légitime héritier, et les autres – tous les autres – sont stigmatisés comme hérétiques. À l'heure des Lumières, au XVIIIe siècle, l'écrivain allemand Lessing, dans sa pièce *Nathan le Sage,* avait plaidé pour la tolérance entre les trois monothéismes : « Un homme est d'abord un homme avant d'être juif, chrétien ou musulman. »

« Hanîf »

Le Coran peint Abraham comme un ancêtre mythologique. C'est avant l'heure un musulman, le premier musulman. « Abraham n'était ni juif ni chrétien [nazaréen] mais il était un vrai croyant soumis à Dieu. Il n'était pas au nombre des polythéistes » (III, 67). Soumis à Dieu, à la volonté de Dieu, c'est la signification du terme arabe *muslim,* d'où dérive « musulman ». Quant au mot « croyant » qu'emploie la traduction de Denise Masson, il s'agit en fait du mot arabe *hanîf,* un terme dont l'étymologie est très particulière pour ne pas dire énigmatique. Tabarî par exemple n'en rapporte pas moins de cinq interprétations différentes. En arabe, le mot *hanîf* qui qualifie Abraham (II, 128-135 ; voir aussi III, 67 et 95 ; IV, 125 ; VI, 79 et 161 ; XVI, 120 et 123) désigne celui qui a saisi la véritable conception du monothéisme avant la révélation, la religion naturelle la plus pure. C'est un concept clé du Coran.

Dans les vestiges retrouvés de la recension d'un des grands compagnons du Prophète, Ibn Mas'ûd, Alfred-Louis de Prémare, relève qu'« à la place du texte actuel qui dit : "La religion pour Dieu, c'est *l'islam*", nous trouvons : "La religion pour Dieu, c'est *'l'hanîfiyya',* ce terme désignant le culte pur et originel, dont il est dit qu'il était celui d'Abraham, destructeur des idoles de son père"[1]. » La religion de Mahomet n'est pas non plus l'islam, c'est l'*hanîfiyya* comme l'indique l'injonction : « Acquitte-toi des devoirs de la religion en vrai croyant (*hanîf*). Ne sois pas au nombre des polythéistes » (X, 105 ; cf. XXX, 30). Le *hanîf* est celui qui exècre les polythéistes et les associateurs (c'est-à-dire les chrétiens trinitaires), celui qui refuse les idoles (VI, 79 ; XVI, 120).

Selon les philologues, *hanîf* provient probablement d'un terme syriaque, *hanpê*. Or en syriaque – l'araméen employé par les chrétiens –, le terme signifie « incroyant », « païen », « hérétique ». Les Arabes n'étant ni des juifs ni des chrétiens sont naturellement identifiés au paganisme et font donc partie des peuples *hanputa* (païens). Et en premier Abraham qui, historiquement n'étant ni juif ni chrétien, faisait donc partie des *goyim,* du paganisme, de la *hanputa*. Mais en découvrant la conception de la religion vraie, la religion divine, le *hanîf* Abraham est devenu dans le Coran le détenteur de la religion divine des origines. Ainsi le mot *hanîf* qui signifiait en syriaque « païen », « gentil », « hérétique » signifie-t-il son contraire en arabe, « fidèle à Dieu », à sa volonté première. Le mot *hanpê* aurait été purement et simplement retourné, comme un mot pris à l'adversaire (l'Église syriaque) et, en changeant de langue, aurait donné au terme dépréciatif *hanîf* un sens laudatif. N'en avait-il pas été ainsi du mot *christianoï,* sobriquet désignant peu avantageusement à l'origine les partisans de Jésus ?

Pour expliquer ce cas remarquable d'*énantiosémie* – le terme savant qui désigne un mot à double sens contraire, ce phénomène courant, mais toujours déroutant, propre à la plupart des langues –, on peut aussi s'interroger, sociologiquement, sur la nature du monothéisme préislamique, qui n'était pas nécessairement le monothéisme juif ou chrétien.

1. Alfred-Louis de Prémare, *Aux origines du Coran, op. cit.*, p. 88.

Et pourquoi l'aurait-il été lorsqu'on observe le cas d'Abraham, prototype et modèle du genre, monothéiste avant même l'invention de la religion d'Israël ? « L'affirmation coranique, suivant laquelle Abraham n'était ni juif ni chrétien, et n'était pas non plus polythéiste (*mushrik*), met en évidence, souligne Glenn Bowersock, l'espace théologique dans lequel l'ange Gabriel poussa le Messager de Dieu à travers les révélations qui commencèrent à La Mecque et se poursuivirent à Médine[1]. » Le double sens du mot *hanîf* qui permet de l'appliquer à la fois à un croyant et à un païen est un paradoxe qui implique l'existence d'une société dans laquelle pouvaient coexister des monothéistes différents, vrais et faux aux yeux des uns ou des autres, comme le montrera la violence des conflits entre juifs et chrétiens.

« Mais il fallait aussi compter avec le polythéisme, et le zoroastrisme dualiste des Perses, qui travaillaient de pair avec les juifs monothéistes, a montré qu'il n'y avait pas d'alignement inévitable à travers les visions de la divinité. Aussi Muhammad devait-il se frayer une route qui était aussi traître théologiquement qu'elle l'était politiquement et militairement[2]. »

Le laboratoire du monothéisme

Surtout connu pour son livre *Qu'est-ce qu'une nation ?* et pour sa biographie de Jésus – le plus grand *best-seller* du XIXe siècle, traduit dans quantité de langues –, le grand savant du XIXe siècle, Ernest Renan n'avait pas beaucoup de sympathie pour l'islam qui, selon lui, était la dernière et la plus médiocre des inventions religieuses de l'humanité. « L'islam est le dédain de la science, la suppression de la société civile ;

1. Glenn Bowersock, *Le Trône d'Adoulis*, traduit de l'anglais par Pierre-Emmanuel Dauzat, Albin Michel, 2014, p. 153.
2. *Ibid.*, p. 154.

c'est l'épouvantable simplicité de l'esprit sémitique, rétrécissant le cerveau humain, le fermant à toute idée délicate, à tout sentiment fin, à toute recherche rationnelle, pour le mettre en face d'une éternelle tautologie : Dieu est Dieu[1]. » Pour lui, les Sémites en général et les Arabes en particulier ne pouvaient pas élaborer de réflexions religieuses très profondes. Selon Renan, les Sémites ne pouvaient concevoir qu'un seul Dieu car c'étaient des gens du désert, venant de paysages monotones, sans forêts, sans montagnes, sans fleuves, et ils ne pouvaient donc pas rêver de divinités, d'histoires, de mythologies.

Et pourtant…

L'islam est né dans un milieu où au moins cinq traditions religieuses prospèrent. Le judaïsme et le christianisme se côtoient dans le Hedjaz (la région de La Mecque et de Médine), mais aussi les cultes polythéistes de la péninsule Arabe, le zoroastrisme, le manichéisme, ainsi que diverses conceptions intermédiaires plus ou moins marginales, comme le judéo-christianisme et certaines traditions gnostiques, les baptistes, les sabéens en allant jusqu'au dualisme, ce monothéisme radicalisé où les forces du mal deviennent quasi équivalentes aux forces du bien.

Dans ce laboratoire des religions qu'est l'Arabie du début du VIIe siècle, se déploie un éventail de variations sur le thème monothéiste. Toutes ces traditions sont en contact les unes avec les autres, aussi bien en conflit qu'en échange. Ce sont des communautés dont les idées religieuses sont plus fluides et perméables que n'ont souvent voulu l'admettre les historiens pour mieux les classer. « De nombreuses interprétations des récits et des personnages bibliques sont en conflit, offrant comme autant de transformation d'un kaléidoscope. […] Il n'y a aucune raison de penser, souligne avec force Guy Stroumsa, que dans un

1. Discours au Collège de France, *De la part des peuples sémitiques dans l'Histoire de la civilisation*, t. II, Michel Lévy, 1862, p. 317-335.

milieu religieux, culturel et politique aussi complexe que le Proche-Orient aux VIe et VIIe siècles, l'islam naissant tire son origine, essentiellement d'une seule source[1]. »

Et lorsqu'on veut définir ce qui provient de qui ou de quoi, on a toutes les chances de se tromper parce que les sources ne peuvent plus être distinguées tellement elles sont mélangées. Le Coran est un maelström. Les concepts et les images, les personnages bibliques qui apparaissent dans les sourates, les héros mythiques, au-delà de leur appartenance aux communautés juives ou chrétiennes, font partie de l'imaginaire et de la culture de beaucoup dans l'Arabie du VIIe siècle. Le Coran porte la mémoire d'une très riche tradition d'échanges culturels et religieux d'où émergera une nouvelle structure qui deviendra l'islam avant même de le savoir.

1. Guy Stroumsa, « Judéo-christianisme et origine de l'islam », art. cité.

7

L'exil de Mahomet

Même s'il n'y a pas de doute raisonnable quant à l'existence du personnage, aussi étonnant que cela paraisse le Coran ne contient pratiquement aucun détail biographique à propos de Mahomet. Son nom lui-même demeure énigmatique. *Muhammad* est le passif du verbe « louer » et signifie donc « le loué », « le louangé ». Plutôt qu'un nom, ce pourrait être un surnom, voire un titre que l'on peut rapprocher de celui attribué à Jésus dans l'Épître aux Éphésiens (Éph 1,6) ou l'Ascension d'Isaïe (8,17-18) : « le Bien-aimé ». Encore que certains aient pu défendre l'hypothèse que ce nom, ce surnom devenu l'étendard de l'islam, abriterait plutôt deux individus qu'un seul, ne serait-ce que pour expliquer le grand fossé qui sépare la nature et le style des deux messages dont le Coran est porteur ; l'un censé avoir été proclamé à La Mecque, l'autre à Médine.

Mahomet selon le Coran

Parmi les rares indications de nature biographique, le texte du Coran signale que Mahomet était orphelin : « Ne t'a-t-il pas trouvé orphelin et il t'a procuré un refuge » (XCIII, 6). Peut-être. Peut-être pas. En effet, rien ne prouve qu'il ne s'agit pas d'une métaphore exprimant combien, avant sa révélation,

Mahomet était « orphelin » du véritable Dieu puisqu'à la ligne suivante on lit : « Il t'a trouvé errant et il t'a guidé » (XCIII, 7). Donc, la certitude que Mahomet ait été orphelin se révèle pour le moins fragile, même si la Tradition musulmane ultérieure a adopté sans hésitation ce signe particulier comme une donnée historique. Pour le reste, le texte demeure obstinément muet sur les parents du prophète, sur leur identité, sur sa famille en général, voire sur ses compagnons les plus proches, ses disciples. Quand on sait l'importance de la généalogie dans la culture sémitique, cette absence de lien généalogique est l'un des points obscurs du Coran. C'est d'ailleurs de cette absence inexplicable que les chiites tirent argument pour dénoncer les coupes sévères qui, selon eux, auraient été effectuées à la période omeyyade par le calife Othmân ibn Affân, afin de faire disparaître du Coran d'origine les traces d'Ali, gendre de Mahomet, de Fâtima, sa fille, de leurs enfants Hasan et Husayin, et de toute leur lignée. « Le principal grief présenté finalement à l'encontre d'Othmân par ses opposants aurait été précisément d'avoir fait brûler les recueils coraniques concurrents de celui qu'il avait imposé, en raison, dit-on, des passages favorables à 'Alî qui en auraient été retranchés », rappelait Alfred-Louis de Prémare[1].

Il faut la foi chevillée au corps pour écrire comme le grand historien Hichem Djaït : « Le Coran ne raconte pas la vie du Prophète dans ses moindres détails, mais on y trouve les principaux jalons, y compris ceux de sa vie privée : son ascendance quraychite, la perte de ses parents, le passage de la pauvreté à l'aisance, l'apparition de l'Ange de Dieu lui-même, la Dénégation qu'il rencontra et les persécutions qu'il dut affronter au début de la Prédication, l'Émigration, les batailles de Badr et Uhud, l'épisode des Hypocrites *"Munafiqun"*, la conquête de La Mecque et autres événements majeurs au regard de la Prophétie

1. *Les Fondations de l'islam*, *op. cit.*, p. 288.

ou de l'histoire[1]. » « À prendre quelque recul, s'étonne au contraire Alfred-Louis de Prémare, il est très étonnant que certains orientalistes aient pu estimer que le Coran était le document historique de base des tout débuts de l'histoire de l'islam, et même qu'il constituait la référence première, et la seule qui soit à peu près assurée, de la biographie de son fondateur[2]. » Selon lui, le Coran ne peut en aucun cas être une source pour écrire la biographie de Mahomet : « toute biographie du prophète de l'islam n'a de valeur que celle d'un roman que l'on espère historique[3] ».

Fort de son succès avec Jésus, Renan n'hésitera pas à se risquer sur ce terrain romanesque. L'auteur d'*Études d'histoire religieuse* (1868) décrira Mahomet comme s'il l'avait bien connu. « En somme, Mahomet nous apparaît comme un homme doux, sensible, fidèle, exempt de haine. Ses affections étaient sincères ; son caractère, en général, porté à la bienveillance. Lorsqu'on lui serrait la main en l'abordant, il répondait cordialement à cette étreinte, et jamais il ne retirait la main le premier. Il saluait les petits enfants et montrait une grande tendresse de cœur pour les femmes et les faibles. "Le paradis, disait-il, est au pied des mères." Ni les pensées d'ambition, ni l'exaltation religieuse n'avaient desséché en lui le germe des sentiments individuels. »

Quant à Victor Hugo, il écrira sur les derniers jours de Mahomet un poème qui n'aurait pas déparé dans la Tradition musulmane :

Comme s'il pressentait que son heure était proche,
Grave, il ne faisait plus à personne un reproche ;
Il marchait en rendant aux passants leur salut ;
On le voyait vieillir chaque jour, quoiqu'il eût
À peine vingt poils blancs à sa barbe encor noire ;

1. Hichem Djaït, *La Vie de Muhammad,* t. II, *op. cit.,* p. 42.
2. Alfred-Louis de Prémare, *Aux origines du Coran, op. cit.,* p. 19.
3. *Ibid.,* p. 30.

Il s'arrêtait parfois pour voir les chameaux boire,
Se souvenant du temps qu'il était chamelier.

La Légende des siècles, « L'an neuf de l'Hégire »

Si Mahomet n'était pas issu de « la lie du peuple », selon la formule de Voltaire à propos de Jésus, dans sa tribu le Prophète « n'aurait été suivi que par les sans-grade de la cité : esclaves, affranchis, protégés temporaires ou alliés rattachés à divers clans », selon les analyses de Jacqueline Chabbi[1]. Non seulement Mahomet était mal considéré, mais il était moqué : « Aucun prophète ne vient à eux qu'ils ne le moquent » ou « qu'ils ne l'aient tourné en dérision » (XLIII, 7). Dans la courte sourate « L'Abondance », on peut entendre les injures dont il était la cible. Pour ne pas avoir eu d'héritier mâle, il est traité d'*abtar,* littéralement « à la queue coupée ». « C'est celui qui t'insulte qui est le châtré ! » (CVIII, 3), traduit littéralement Jacqueline Chabbi. Ce que d'autres ont tenté d'atténuer : « Celui qui te hait : voilà celui qui n'aura jamais de postérité ! » (Denise Masson), « Qui te veut du mal, le mutilé, c'est lui ! » (Jacques Berque), « Celui qui te hait se trouve être le Déshérité ! » (Régis Blachère), etc. « Mahomet est généralement montré comme se trouvant en situation d'insulté et non d'insultant, relève Jacqueline Chabbi. On peut penser qu'il y a là une stratégie de représentation, beaucoup plus qu'une réalité. [...] On feint ainsi de croire qu'il n'aurait pas participé à la parole drue de ces tribus de pasteurs et de caravaniers dont il était pourtant et dans lesquelles abondaient les propos à connotation sexuelle[2]. »

Mais quelles que soient les précautions oratoires des traducteurs, cette absence de fils est un très sérieux handicap symbolique pour Mahomet parmi les siens. Si l'on ajoute à cela qu'il est accusé d'être inspiré par des djinns, d'être un poète – « Allons-

1. Jacqueline Chabbi, *Le Seigneur des tribus. L'islam de Mahomet, op. cit.*, p. 239.
2. *Ibid.*

nous abandonner nos divinités pour un poète possédé ? » (XXXVII, 36) –, un devin (LII, 29), un magicien (LI, 39), on comprend pourquoi il ne pouvait qu'occuper une position subalterne parmi les Quraychites. Sans vouloir forcer la comparaison entre Jésus et Mahomet, certains parallélismes sautent aux yeux dans la construction littéraire du personnage : Jésus était un enfant sans père connu et sans descendance ; il était accusé d'être un magicien, un possédé – « N'avons-nous pas raison de dire que tu es un Samaritain et un possédé » (Jn 8,48). Les pharisiens, les foules, Hérode, les Romains se moquaient de lui ; il n'était pas non plus écouté par les siens – « Un prophète n'est méprisé que dans sa patrie et dans sa maison » (Mt 13,57) – et ne trouvait une audience qu'auprès des réprouvés, de la pécheresse aimante et pardonnée (Lc 7,37), des publicains et des prostituées (Mt 21,32)... N'y aurait-il à travers les siècles qu'un modèle unique de prophète ? Si ces parallélismes ont pu servir d'argument aux mythistes, à ceux qui ont contesté l'existence historique de Jésus comme celle de Mahomet, c'est confondre un peu vite réalité historique et formes narratives.

Mahomet selon la Tradition

La *Sîra,* la première Vie du prophète par Ibn Ishâq, rédigée sur l'ordre du calife al-Mansûr pour son fils, le prince héritier al-Mahdî mort en 767, a été perdue. Nous connaissons sa version abrégée par Ibn Hishâm (mort v. 830), qui fait aujourd'hui figure de biographie officielle, puis un court texte, rédigé par Ibn Sa'd (mort en 845), limité aux razzias de Mahomet, et enfin le *Tafsîr,* les « Commentaires » de Tabarî (mort en 923). Ces écrits qui prennent forme deux siècles après la mort du Prophète reposent sur des chaînes de traditions orales laissant nécessairement l'imagination suppléer le vide qui sépare le Mahomet de l'histoire (dont nous ne savons rien ou presque) et le Mahomet de la foi. Une figure construite par le *Hadîth* et la *Sîra,* pour faire parler le Prophète bien après sa mort, sans autre appui qu'une indéfectible volonté apologétique.

À s'en tenir à ces sources, les choses sont relativement simples et claires, même si l'auteur de la *Sîra* a la prudence d'avertir que « Dieu sait davantage ce qu'il fut à ce sujet ». Mahomet serait né vers 570 à La Mecque, dans le Hedjaz, et serait mort le 8 juin 632 (le 13 du mois de *Rabi'* premier, selon le calendrier arabe), mais il existe des textes du VIIe siècle, juifs, chrétiens et samaritains, indépendants les uns des autres, qui laissent penser qu'il aurait participé au moins au début de la conquête de la Palestine. Ce qui situerait alors sa mort plutôt en 634 ou 635[1]. Sa naissance comme sa mort ne peuvent donc être fixées que par volontarisme avec une apparence de précision. Selon la *Sîra*, admettons que Mahomet ait été réellement orphelin de père et de mère à l'âge de six ans, il aurait été élevé par son grand-père Abd al-Muttalib puis, à la mort de ce dernier, par son oncle Abî Tâlib – le père d'Ali. Toujours selon les mêmes sources il aurait épousé une riche veuve au service de laquelle il travaillait, Khadîja bint Khuwaylid, dont il aurait eu quatre filles (Zaynab, Umm Kulthûm, Fâtima et Ruqayya). Mahomet aurait appartenu au clan des Banû Hâshim, un clan en perte d'influence dans la tribu des Quraychites – tribu qui n'est citée qu'une seule fois par le Coran (CVI) mais dont la Tradition fait grand cas. Un hadîth dit que tous les califes doivent descendre des Quraychites : « Abd Allah ben 'Umar rapporte : Le Messager de Dieu disait : Le califat restera parmi les Quraychites même s'il ne reste que deux personnes sur terre » (Muslim, n° 4476).

Toutes les biographies de Mahomet s'écrivent donc essentiellement à partir des données de la littérature musulmane du VIIIe au Xe siècle. Les informations qu'elles fournissent, même si elles ne proviennent que d'une seule source, sont en quelque sorte incontournables. Il n'y en a pas d'autres. Il faut les accepter pour

1. Voir le chapitre suivant.

ce qu'elles sont, sans pour autant leur accorder le crédit que trop de chercheurs leur accordent. Comme les peintres orientalistes, comme le font Renan ou Hugo, si les historiens, les biographes de Mahomet, qu'ils soient musulmans ou non, ne veulent pas inventer purement et simplement, ils n'ont donc d'autre recours que de mettre à contribution cette littérature ultérieure pour en tirer tout ce qui peut sortir le Prophète du brouillard qui l'entoure. Le christianisme a connu une situation comparable à propos de l'apôtre Paul. Ses épîtres considérées comme authentiques ne conservent pratiquement aucun détail sur le personnage, aussi les chercheurs et les exégètes sont-ils obligés de puiser dans les Actes des Apôtres de quoi construire sa biographie et sont tentés de mettre en relation ses aventures avec le texte des épîtres. La difficulté est plus grande qu'il n'y paraît puisque dans un cas il s'agit d'un auteur (Paul) écrivant lui-même et dans l'autre du personnage d'un récit écrit par un tiers (l'auteur des Actes des Apôtres). Les deux projets littéraire et théologique ne coïncident entre eux que si l'on cherche à aboutir à une figure cohérente, alors qu'elle résulte en fait d'une pure pétition de principe. Le Paul de la littérature chrétienne est vraisemblablement aussi éloigné du Paul de l'histoire que le Mahomet de l'histoire peut l'être du Mahomet de la Tradition musulmane.

La Mecque

En dehors des routes commerciales connues de la péninsule Arabique, La Mecque est presque une ville fantôme située « dans une vallée stérile » et inhospitalière (XIV, 37). Les preuves historiques la concernant sont faibles. Rien nc prouve en effet que « la cité » évoquée plusieurs fois dans le Coran soit précisément La Mecque ou même une cité réelle. De même, quand on lit dans la sourate III : « Le premier Temple qui ait été fondé pour les hommes est, en vérité, celui de Bakka : il est béni et sert de Direction aux mondes » (III, 96), comment être sûr que c'est de La Mecque qu'il s'agit ou de la « vallée des larmes » citée au psaume 84 ? (Ps 84,7). En réalité, La Mecque n'est désignée qu'une fois sous son nom dans la sourate XLVIII. « C'est lui qui a écarté leurs mains de vous et d'eux vos mains, dans la vallée de La Mecque (*Makka*), après vous avoir donné avantage sur eux » (XLVIII, 24).

Rien dans le Coran ne permet de l'affirmer ou de démentir que La Mecque était réellement le lieu où l'enseignement de Mahomet prit son essor. Comme le remarquaient Patricia Crone et Michael Cook : « Des Quraychites et de leur centre de commerce (La Mecque) on ne trouve aucune mention, que ce soit en grec, en latin, en syriaque, en araméen, en copte, ou en une autre littérature composée en dehors de l'Arabie avant l'époque des conquêtes[1]. » C'est-à-dire qu'aussi bien la tribu d'origine de Mahomet et sa ville natale qui sont acceptées comme « historiques » le sont peut-être moins ou, en tout cas, de manière très différente de ce que la Tradition musulmane présente comme des certitudes. La remise en cause de localisation de La Mecque par Patricia Crone et Michael Cook eut un grand retentissement. Même si elle n'a pas été acceptée, cette localisation réelle continue d'être une question pour la recherche.

La Mecque demeure une zone grise sur la carte de l'Arabie comme elle l'est dans l'imaginaire, d'autant plus que l'Arabie Saoudite actuelle interdit depuis longtemps toute fouille archéologique. Le quotidien panarabe *Al-Quds al-Arabî* a rapporté, dans son édition datée du samedi 20 avril 2013, que le grand mufti wahhabite, Abd al-'Azîz ibn Abdallah al-Shayikh, avait déclaré licite de détruire les mosquées et les maisons de Mahomet, de sa femme et de sa famille : « il n'y a pas de problème à détruire le patrimoine islamique à La Mecque et Médine. Mais il s'avère indispensable d'élargir la mosquée

1. *Hagarism. The Making of the Islamic World,* Cambridge University Press, 1977.

Nabawiya et Masjid al-Haram ». C'est dire combien, d'un point de vue scientifique, sont pauvres les traces géographiques, architecturales et archéologiques qui témoigneraient du contexte dans lequel Mahomet a prêché et, au-delà, celles qui permettraient d'esquisser une biographie historique du Prophète.

Kaaba

Selon la Tradition musulmane, La Mecque était une cité qui se consacrait au commerce sous l'autorité d'un conseil des Anciens. Elle prospérait grâce à des relations d'alliance avec plusieurs tribus de la péninsule Arabique. Ne semblant pas liée à l'un des deux grands empires, elle jouissait d'une large autonomie politique.

La Tradition musulmane décrit La Mecque du temps de la jeunesse de Mahomet, comme une terre païenne par excellence, « le Vatican du paganisme », selon la forte expression d'Hichem Djaït. C'était un site sacré, protégé symboliquement de toute agression par les divinités qu'elle abritait, et elle le serait restée durant toute « la période de l'ignorance », c'est-à-dire avant l'islam. La Mecque semble avoir été avant tout un lieu de pèlerinage, au creux d'une vallée encaissée où convergent plusieurs oueds en période de pluie, autour du point d'eau, la source Zamzam au nom mystérieux : l'histoire sainte dit que sa source a été révélée par l'ange Gabriel à Agar, la femme d'Abraham, pendant son exil dans le désert. On ne peut que spéculer sur la nature des rites liés à la Kaaba préislamique. Qu'adoraient ceux qui venaient en pèlerinage ? Les déesses al-'Uzzâ, al-Lât et al-Manât, vénérées sous forme de bétyles (de l'hébreu *béthel*), les pierres sacrées ? « Avez-vous considéré al-Lât et al-'Uzzâ, et l'autre al-Manât la troisième ? » (LIII, 19-20) interroge le Coran. Que faisaient les pèlerins dans la Kaaba ? Rendaient-ils un culte au dieu Hubal, aux Dames protectrices de la tribu ? Tournaient-ils autour des pierres sacrées comme dans la plupart des rites de pèlerinage avant l'islam ? Les touchaient-ils ? Se prosternaient-ils ? Étaient-ils nus ou habillés, ou le verset de la sourate VII serait-il purement métaphorique ? « Ô fils d'Adam ! Nous avons fait descendre sur vous un vêtement qui cache votre nudité » (VII, 26). Offraient-ils des guirlandes fleuries, procédaient-ils à des sacrifices de bétail ?

La Kaaba actuelle en Arabie Saoudite, « le sanctuaire cubique », a peu à voir sur le plan architectural avec ce qu'elle était du temps de Mahomet, sinon que la célèbre Pierre noire y est toujours enchâssée près de son angle oriental.

À l'origine, plutôt qu'un temple dans l'acception hellénistique du terme, la Kaaba semble avoir été un simple enclos à ciel ouvert délimitant un espace sacré (*al-Harâm*) entouré de murs. En mauvais état, elle avait été démolie puis reconstruite en 608 à l'initiative des Quraychites, la tribu à laquelle appartenait Mahomet, par un maçon et charpentier venu d'Abyssinie en récupérant le bois d'un bateau. Selon al-Azraqî, l'historien de La Mecque (mort en 858) dont la documentation remonte principalement à celle qui avait été collectée par son grand-père au VIIIe siècle, la Kaaba fut reconstruite avec une alternance de couches apparentes de pierre et de bois. Les murs étaient couverts de stuc. Le toit reposait sur six piliers. La Kaaba était déjà un bâtiment de la forme d'un cube de quinze mètres de haut et de dix et douze mètres de côté, ne possédant qu'une seule porte donnant sur une grande salle, vide à l'intérieur[1].

Selon les hadîths recueillis par Bukhârî, lors de la conquête de La Mecque en 629 par Mahomet et ses partisans contre les Quraychites mecquois, il y avait plus de trois cent soixante idoles (représentant probablement les jours de l'année) autour de la Kaaba. Si l'on peut s'appuyer sur l'historien arabe Al-Wâqidî (mort en 822), citant lui-même Ibn Shihâb az-Zuhrî relatant un épisode qui se trouvait mentionné dans l'histoire d'Ibn Ishâq

1. Keppel Archibald Cameron Creswell, *A Short Account of Early Muslim Architecture,* The American University in Caro Press (1958), 1989, p. 4.

avant qu'Ibn Hishâm ne l'abrège : « Le Prophète s'avança vers les idoles au nombre de trois cent soixante qui étaient disposées en un vaste cercle autour de la Maison sacrée [Kaaba]. Il chevauchait tout en pointant son bâton vers chacune d'elles. Et chaque fois l'idole tombait la face en avant.[1] » Mais selon al-Azraqî, le plafond, les murs et les colonnes de la Kaaba étaient ornés d'images de prophètes, d'arbres et d'anges. Comme Martin Lings le rapporte dans son livre de compilation des traditions, « à part l'icône représentant la Vierge Marie et l'Enfant Jésus, et la peinture d'un vieillard qu'on disait être Abraham, les murs à l'intérieur de la Kaaba étaient couverts de représentations de déités païennes. Plaçant sa main sur l'icône en signe de protection, le Prophète dit à Othmân de veiller à ce que toutes les autres peintures à l'exception d'Abraham soient effacées[2] ». Sur la colonne la plus proche de la porte, on pouvait voir ainsi, outre Abraham, Marie tenant sur ses genoux l'Enfant Jésus, comme le dit aussi un hadîth (Bukhârî, n° 6487).

Le Seigneur

Dans la sourate XCVI, considérée par beaucoup comme la première du Coran transmis par Mahomet, est célébré le « *Rabb* », le seigneur et le maître, le créateur du monde : « Lis au nom de ton Seigneur qui t'a créé ! » (XCVI, 1). Ce terme *Rabb* sera employé plus de neuf cents fois pour désigner Dieu et six fois avec une acception plus profane (dans la sourate XII, la sourate « Joseph »). On constate que *Rabb* est massivement présent dans les sourates réputées primitives alors que le mot *Allah* serait apparu plus tardivement. *Rabb* et *Allah* ne seraient donc pas nécessairement deux façons de nommer Dieu, mais

1. Martin Lings, *Le Prophète Muhammad. Sa vie d'après les sources les plus anciennes*, Seuil, 1986, p. 492.
2. *Ibid.*

plutôt le nom de deux divinités différentes qui se fondront en une seule quand l'islam aura atteint sa maturité – d'autant qu'*Allah* qui se traduit par « Dieu » signifie la divinité par excellence. Un mouvement comparable à celui qui a pu être décelé dans la tradition juive où Élohim et Yahvé (*YHWH*) ont fini par fusionner en une seule et même déité lorsque les yahvistes l'ont emporté à l'époque de David.

À l'origine, ce « Seigneur » loué par le texte du Coran pourrait donc être très précisément ce Seigneur de la tribu des Quraychites dont Mahomet aurait voulu revivifier le culte. Dans la sourate très courte qui porte le nom de sa tribu, il est dit : « Qu'ils adorent le Seigneur de cette maison : il les a nourris ; il les a préservés de la famine ; il les a délivrés de la peur » (CVI, 3-4). Mahomet, pour redonner une place prépondérante à son clan, pour s'affirmer lui-même face aux anciens et aux notables, se serait élevé contre la négligence criminelle de ses concitoyens envers le seigneur *Rabb,* leur protecteur céleste. Il voulait restaurer, voire ranimer son culte, réaffirmer l'alliance des Quraychites avec celui à qui, à ses yeux, ils devaient protection et prospérité. Ses auditeurs, voire ses adversaires étaient-ils des païens ? Autrement dit, peut-on parler à La Mecque d'un paganisme et d'un polythéisme arabe au temps du Prophète ? Il s'agissait plus vraisemblablement d'une forme d'ethnothéisme, voire d'un hénothéisme ou d'une monolâtrie qui reconnaissait l'existence de plusieurs dieux, mais privilégiait le culte d'une divinité principale trônant au-dessus des autres.

Le Seigneur de la tribu des Quraychites pourrait donc être ce dieu principal auquel, dans un premier temps, se serait voué Mahomet, lequel aurait même reconnu la place intermédiaire des déesses de la Kaaba dans la hiérarchie divine. Il aurait recommandé qu'on leur rendît un culte. Ces versets prononcés puis abrogés sont les fameux versets sataniques. L'historien Tabarî rapporte l'anecdote : « Alors fut révélée au prophète la sourate de l'Étoile. Il se rendit au centre de La Mecque, où étaient réunis les Quraychites, et récita cette sourate. Lorsqu'il fut arrivé au verset 19 : "Que croyez-vous d'al-Lât, de 'Uzzâ et de Manât, la troisième ? Est-il possible que Dieu ait des filles, et vous des garçons ? La belle répartition des tâches que ce serait là…" Iblîs [le Diable] vint et mit dans sa bouche ces paroles : "Ces idoles sont d'illustres divinités, dont l'intercession doit être espérée." Les incrédules furent très heureux de ces paroles et dirent : "Il est arrivé à Muhammad de louer nos idoles et d'en dire du bien." Le Prophète termina la sourate, ensuite il se prosterna, et les incrédules se prosternèrent à son exemple, à cause des paroles qu'il avait prononcées, par erreur, croyant qu'il avait loué leurs idoles. »

« Le lendemain, Gabriel vint trouver le Prophète et lui dit : "Ô Muhammad, récite-moi la sourate de l'Étoile." Comme Muhammad en répétait les termes, Gabriel dit : "Ce n'est pas ainsi que je te l'ai transmise. J'ai dit : 'Ce partage est injuste.' Tu l'as changée et tu as mis autre chose à la place de ce que je t'avais dit." Le Prophète, effrayé, retourna à la mosquée et récita la sourate de nouveau. Lorsqu'il prononça les paroles : "Et ce partage est injuste", les incrédules dirent : "Muhammad s'est repenti d'avoir loué nos dieux." Le Prophète fut très inquiet et s'abstint de manger et de boire pendant trois jours, craignant la colère de Dieu. Ensuite Gabriel transmit à Mahomet le verset suivant : "Nous n'avons pas envoyé avant toi un seul prophète ou envoyé sans que Satan n'ait jeté à travers dans ses vœux quelque désir coupable ; mais Dieu met au néant ce que Satan jette à travers, et il raffermit ses signes[1]." »

On peut lire ces paroles comme l'écho direct de deux versets du Coran lui-même : « Nous avons suscité à chaque prophète un ennemi : des hommes démoniaques et des djinns qui se suggèrent les uns les autres le clinquant de paroles trompeuses. Si ton Seigneur l'avait voulu, ils ne l'auraient pas fait. Laisse-les donc, eux et ce qu'ils inventent » (VI, 112).

1. Tabarî, *La Chronique*, t. II, *op. cit.*, p. 90-91.

En se rétractant, Mahomet abandonnait les déesses protectrices de la Kaaba à leur sort, mais cela ne fit qu'exacerber les tensions avec les membres de sa tribu. Non seulement ses discours étaient provocateurs mais qui plus est inaudibles. Le Prophète assortissait ses prophéties de la Fin des temps de menaces envers ceux qui refusaient de le croire : « Ce Jour-là les hommes surgiront par groupes pour que leurs actions soient connues, [la terre] racontera sa propre histoire d'après ce que son Seigneur lui a révélé. Celui qui aura fait le poids d'un atome de bien le verra ; celui qui aura fait le poids d'un atome de mal, le verra » (XCIX, 6-8) ; « Celui dont les œuvres seront lourdes connaîtra une vie heureuse. Celui dont les œuvres sont légères aura un abîme pour demeure. Comment pourrais-tu les reconnaître ? C'est un feu ardent » (CI, 6-11) ; « Vous verrez sûrement la fournaise ; vous la verrez avec l'œil de la certitude, puis, ce Jour-là, vous serez interrogés sur vos plaisirs passés » (CII, 6-8) ; « C'est le Feu de Dieu allumé qui dévore jusqu'aux entrailles » (CIV, 6-7).

La ligue des Anciens

Toujours selon les récits musulmans traditionnels, la même année, en 619, Mahomet voit mourir sa femme Khadîja et son oncle Abî Tâlib, chef du clan des Banû Hâshim et père d'Ali, son futur gendre. Un autre oncle, Abû Lahab, prend la tête du clan. Il est présenté comme un ennemi juré du Prophète. Tabarî raconte un prêche que Mahomet aurait prononcé au mont Safâ devant les habitants de La Mecque : « Quelle conduite ai-je tenue parmi vous ? » Ils répondent : « Tu es un homme véridique et sûr ; nous n'avons jamais entendu de toi un mensonge. » Muhammad reprend : « Maintenant je dis : Je suis l'apôtre de Dieu, envoyé vers vous. Adorez Dieu et abandonnez les idoles, sinon le châtiment descendra sur vous du ciel et vous serez exterminés. » Abû Lahab, son oncle, qui se trouve dans l'assistance, se lève et dit : « Toi, Muhammad, tu veux nous appeler à une religion. Sois maudit, toi et ta religion. » Il engage le peuple à se retirer, en disant : « Allez, ce Muhammad est fou[1]. » Mahomet n'aura pas de mots trop durs contre son oncle. « Que les deux mains d'Abû Lahab périssent et que lui-même périsse. Ses richesses et tout ce qu'il a acquis ne lui serviront à rien. Il sera exposé au feu ardent [*Lahab* signifie en arabe "feu" ou "flamme"], ainsi que sa femme, porteuse de bois, dont le cou est attaché par une corde de fibre » (CXI, 1-5). Mais Mahomet, privé de protection, voit se liguer contre lui les Anciens, les notables, les commerçants qui craignent pour leurs revenus liés aux pèlerinages à la Kaaba, les adorateurs d'al-Lât, al-'Uzzâ et al-Manât, et tous ceux qu'il insupporte. Ils bannissent Mahomet de La Mecque et le Prophète doit s'enfuir. Fuite dont l'écho est des plus ténus dans le Coran. Peut-être arrive-t-on à y lire une allusion dans le verset 30 de la sourate VIII : « Lorsque les incrédules usent de stratagèmes contre toi, pour s'emparer de toi, pour te tuer ou t'expulser ; s'ils usent de stratagèmes, Dieu aussi use de stratagèmes et c'est Dieu qui est le plus fort en stratagèmes » (VIII, 30). Jacques Berque utilise le verbe « bannir » et Jacqueline Chabbi parle d'un « complot » et du meilleur comploteur qui est Dieu lui-même, qui soutient Mahomet : « Si vous ne secourez pas le Prophète, Dieu l'a déjà secouru, lorsque les incrédules l'ont expulsé » (IX, 40).

L'Hégire

L'exil de Mahomet va le mener à près de cinq cents kilomètres au nord de La Mecque, à Yathrib – renommée depuis *madinât al-nabî,* « la ville du Prophète », Médine. Si La Mecque est une bourgade enclavée dans les montagnes, une cité

1. *Ibid.*, chap. 72.

adossée à la barrière rocheuse qui isole la Péninsule de la mer Rouge, Médine appartient à la zone du plateau central, plus à l'ouest. C'est une grande oasis au milieu d'une région désertique, avec d'importantes ressources en eau, des palmeraies, des cultures agricoles. Même si la route de l'encens est tombée en désuétude au VIIe siècle, elle continue de servir aux échanges intérieurs entre le Nord et le Sud, entre la Syrie et Najrân, qui est la porte du Yémen. C'est un milieu beaucoup plus cosmopolite que parcourent sans cesse les grands nomades d'Arabie.

Les motivations religieuses poussant Mahomet à fuir La Mecque, le rôle des négociants, celui des familles hostiles au Prophète, les menaces d'assassinat comme son accueil à Médine demeurent difficiles à cerner et ne reposent que sur le crédit que l'on peut accorder aux récits tardifs de la *Sîra*. Il est pour le moins étrange que la vie de Mahomet ait été menacée à La Mecque – le bannissement étant en soi un terrible châtiment équivalant à une mort sociale – comme il est pour le moins délicat d'accepter que les Médinois aient accueilli à bras ouverts un prophète banni par les siens, démuni de tout, arrivant d'une ville rivale ; un homme à qui ils auraient aussitôt accordé asile, offert des terres, faisant de lui l'arbitre de leurs différends avant de le reconnaître comme chef de guerre…

Ce départ et cette arrivée auraient-ils pu être négociés sous la tutelle d'une puissance étrangère, l'Empire romain de Byzance en l'occurrence, plaçant un soutien local dans ses jeux d'influences et d'alliances contre les Sassanides ? Mais pourquoi exactement ? Ce départ et cette arrivée n'auraient-ils concerné que très peu d'hommes ? Quelques dizaines de familles selon la Tradition. Peut-être même deux hommes seulement : Mahomet et Abû Bakr al-Siddîq, se cachant nuitamment chez un ami ? Ce départ et cette arrivée auraient-ils rapidement échappé à l'histoire pour céder la place à la légende ? « Telle qu'elle est décrite par la *Sîra* et les *Târîkhs* [les lignages, les généalogies], l'histoire est truffée de détails fictifs, reconnaît Hichem Djaït. D'un côté, le Prophète était en butte aux sarcasmes, à la dénégation, aux pressions au-dehors et, en son sein, à la menace d'une issue violente au conflit ; de l'autre, rayonnaient l'espoir resplendissant et l'"ouverture" promise – aussi miraculeuse que réelle – grâce à la conversion des gens de Yathrib. Une scène binaire : l'obscurité d'un côté, la lumière de l'autre ; la crise inextricable, la solution à portée de main. Tout n'est pas faux dans ce tableau : dans ses grandes lignes, la dialectique des événements est bien réelle. Inconsciemment, les historiens se sont faits les interprètes de la réalité. Ils se sont évertués à l'enjoliver et à l'habiller de détails fantastiques[1]. »

Ce qui est faux peut être également vrai.

Ou inversement.

Devant cette littérature croyante, on ne peut que se rappeler la célèbre phrase du cinéaste John Ford : « Entre l'histoire et la légende, je choisis toujours la légende. »

Faisant fi de l'histoire, c'est sur le mode héroïque que la Tradition musulmane va récrire le bannissement de Mahomet, retournant ce qui a dû être un acte humiliant en marche triomphale, expressément ou implicitement sur le modèle de la sortie d'Égypte et de Moïse conduisant les Hébreux à travers le désert (Ex 15,22) ou d'Agar fuyant avec son fils Ismaël (Gn 16,6). Mais, comme le remarque Jacqueline Chabbi : « On pourrait aller jusqu'à dire que ce double bannissement a fort bien pu passer à peu près inaperçu. L'Hégire comme événement ne se serait construite qu'*a posteriori*. C'est souvent le futur qui fait les événements du passé[2]. » C'est-à-dire que ce serait à la lumière des razzias, des victoires militaires ultérieures, des conquêtes territoriales que l'arrivée de Mahomet à Médine aurait été élevée au rang d'épreuve fondatrice.

Omar ibn al-Khattâb, le deuxième successeur de Mahomet, fera de l'Hégire le symbole même de l'islam et fixera à l'an 622

1. Hichem Djaït, *La Vie de Muhammad,* t. II, *op. cit.*, p. 451.
2. Jacqueline Chabbi, *Le Seigneur des tribus. L'islam de Mahomet, op. cit.*, p. 264.

le début de l'ère musulmane. Dans les trois traditions monothéistes, un événement marque toujours la fondation d'une ère nouvelle : dans la tradition juive, c'est la création du monde fixée en – 3761 ; la naissance de Jésus pour la tradition chrétienne et l'Hégire pour les musulmans. Celui qui maîtrise le temps maîtrise les hommes et en décrétant que désormais il faudrait le compter à partir d'un calendrier purement musulman, Omar agissait à la fois pour des raisons identitaires, fiscales et administratives. Mais surtout, sous couvert de religiosité, pour des raisons politiques. L'Hégire datera désormais le début officiel de l'*islam,* l'an zéro de la nouvelle ère dont le Prophète a jeté les bases.

Le prophète de Médine

Dans ses épîtres on voit que Paul tente en vain de vouloir faire reconnaître sa qualité d'apôtre par « l'Église de Jérusalem » : « Ne suis-je pas apôtre ? » (1 Co 9,1) ; « J'estime que je n'ai été inférieur en rien à ces apôtres par excellence » (2 Co 11,5) ; « Paul, apôtre non de la part d'un homme, mais par Jésus-Christ et Dieu le Père » (Ga 1,1). À l'instar de Paul, Mahomet a sans doute été dans l'impossibilité d'être considéré comme « prophète » dans sa ville d'origine. À La Mecque, trop le connaissaient et nul ne pouvait écouter ses péroraisons apocalyptiques, encore moins croire que Dieu lui parlait en personne comme le Coran s'en fait l'écho. Paradoxalement, c'est son bannissement qui va offrir à Mahomet la chance inespérée de trouver une audience favorable et obtenir la place que ses concitoyens lui refusaient. Arrivé à Médine – aussi douloureux et peu glorieux que cela ait pu être –, Mahomet, en tant qu'homme venu d'ailleurs, à la parole si étrange, va enfin acquérir le statut de prophète.

Dès lors, animé à la fois par la certitude que ses imaginations ne le trompaient pas et par le désir d'assouvir sa vengeance contre ceux qui l'avaient exilé, le Prophète va parvenir à organiser ce qui sera la première théocratie musulmane, entièrement à sa dévotion, la *Oumma*. Avant de se lancer à la reconquête de La Mecque, il va fixer ce que l'on nomme « la constitution de Médine », selon un texte tiré de la *Sîra* et transmis sous le titre « Le pacte entre les Émigrés [*Muhâjirûns*, les compagnons mecquois de Mahomet] et les *convertis médinois* (*Ansârs*) et où il a également établi une réconciliation avec les juifs[1] ». Ce pacte de paix définit les droits et les devoirs des musulmans, des juifs et des autres communautés arabes tribales de Médine. À Médine, le Prophète devient un autre homme. Sa place d'arbitre donne à Mahomet une importance déterminante et de tout autres responsabilités. Sa parole s'institutionnalise. Mahomet se mue en homme d'État, en stratège, en chef de guerre. Le Prophète renonce à prédire la Fin des temps. Il glisse de l'adoration du Seigneur de la tribu de La Mecque à celle d'un dieu unique, Allah (qui signifie « Dieu » ou « la divinité par excellence » ou encore « le nom ultime de Dieu », sans être à l'origine un nom propre).

Mecquois/Médinois

Au-delà de la détermination de la nature exacte de ce qu'a été l'Hégire et de l'historicité du pacte scellé avec les tribus, le passage de Mahomet de La Mecque à Médine est un marqueur essentiel pour la compréhension de l'émergence de l'islam. Mais aussi pour la lecture du texte du Coran. En effet, le texte sacré des musulmans ne se présente jamais selon la chronologie des paroles « révélées » par Mahomet, mais selon un reclassement singulier, qui ordonne les sourates en fonction de leur ampleur, allant des plus longues aux plus courtes – quelque peu à la façon dont ont été ordonnées les épîtres de Paul dans le Nouveau

1. Ibn 'Ishâq, *La Vie du Prophète Muhammad*, *op. cit.*, p. 407-410.

Testament – indépendamment de l'ordre selon lequel les sourates auraient pris forme d'abord à La Mecque puis à Médine.

Dès lors, comment parvenir à distinguer les sourates dites mecquoises et celles dites médinoises, si tant est que la séparation puisse être postulée ? C'est la quête du Graal de la chronologie primitive dans laquelle les savants musulmans se sont lancés depuis longtemps, mais aussi les chercheurs occidentaux pour dépasser l'arbitraire apparent de la présentation du texte tel qu'il est connu aujourd'hui.

Aux yeux de la Tradition, ce reclassement chronologique revêt une incidence capitale d'un point de vue pratique : il permet de définir la législation édictée par le Coran en fonction du temps et du lieu de son énonciation. Ainsi, entre deux versets contradictoires sur un même thème, le verset mecquois antérieur pourra-t-il être considéré comme abrogé par le verset médinois plus récent.

Pour opérer la distinction entre les quatre-vingt-six sourates réputées mecquoises et les vingt-huit réputées médinoises, l'exégèse islamique classique s'appuie exclusivement sur la biographie du Prophète. L'enjeu est d'établir un lien de causalité entre chaque verset du Coran et les épisodes de la vie de Mahomet, selon la biographie consignée par Ibn Ishâq près de deux cents ans après sa mort ; c'est-à-dire de replacer un verset ou un passage du Coran dans le contexte « historique » que les auteurs musulmans appellent « les Circonstances de la révélation ». Il est pourtant clair que cette littérature islamique poursuit moins des objectifs historiques que théologiques, et qu'elle a pu orienter l'histoire si ce n'est la récrire pour surinterpréter tel ou tel verset.

Ce travail de l'exégèse musulmane débute très tôt. Dès le IVe siècle de l'hégire, s'appuyant sur des recensions coraniques de compagnons du Prophète, Ibn al-Nadîm dans son livre *Kitâb al-Fihrist* donne une liste des sourates prétendues être dans l'ordre chronologique de la révélation. Pourtant, toutes les autres listes sont différentes, la sienne comme celles des compagnons du Prophète, celle de 'Alî ibn Abî Tâlib, celle d'Ibn Mas'ûd, celle d'Ubayy. Au VIIIe siècle de l'hégire, al-Zarkashî donne à son tour une liste des sourates dans un ordre chronologique différent des précédents. Un siècle plus tard, Suyûtî donne encore un autre ordre des sourates…

Du Xe siècle de l'ère chrétienne jusqu'au XVe, aucun ordre n'est définitivement établi, pas plus qu'il ne l'est aujourd'hui, comme si les musulmans avaient définitivement perdu la chronologie historique de la révélation. Au XIXe siècle, les chercheurs occidentaux vont tenter de relever le défi. Après Gustav Weil (1808-1889), le premier, le fameux savant allemand Theodor Nöldeke (1836-1930) et ses élèves vont chercher à fonder scientifiquement la distinction chronologique entre les périodes de la carrière de Mahomet. Comme il n'existe aucun autre texte arabe contemporain du Coran, aucun parallèle littéraire, leur travail ne pouvait reposer que sur les analyses stylistiques et formelles : d'une part les sourates mecquoises réputées plus courtes, aux versets brefs tournés vers l'immédiat l'annonce de la Fin des temps ; d'autre part les sourates médinoises aux versets plus longs, axées sur l'attente et l'organisation de la communauté, les règles rituelles et les prescriptions juridiques. Theodor Nöldeke retient trois critères fondamentaux pour classer les sourates et les redistribuer selon leur origine mecquoise ou médinoise. En premier, il classe le style, tenant compte de l'allure brève ou étirée des versets ; en deuxième, les circonstances qui ont provoqué ou fixé des attitudes de Mahomet devant ses opposants ; enfin, les textes consacrés aux rites, les interdictions alimentaires, les règles de droit privé organisant et structurant la communauté[1].

Seraient ainsi « mecquoises » les sourates qui contiennent un verset de prosternation, où apparaît le terme « certes non »

1. Theodor Nöldeke, *Geschichte des Qorans,* ou *Histoire du Coran* (publiée pour la première fois en 1860, et remise à jour en 1909 par Friedrich Schwally, puis poursuivie en 1919 pour le t. II et 1938 par Gotthelf Bergsträsser et Otto Pretzl – *Geschichte des Qurans* [Histoire du Coran]), éd. Brill, 2013.

(*kallâ*), celles ne contenant pas les expressions « Ô les gens » ou « Ô ceux qui ont cru » sauf la sourate du « Pèlerinage » (XXII), les sourates évoquant Adam ou Iblîs (*le diable*), toutes celles relatant l'histoire des prophètes à l'exception de la sourate « La Vache » (II), toute sourate commençant par les lettres entrecoupées (*hurûf al-muqatta'a*) mais à l'exception des sourates « La Vache » et « Famille d'Imran » (III)… Seraient « médinoises » les sourates relatives à la « guerre sainte », aux questions sociales et politiques, celles dénonçant les « hypocrites » (*munâfiqûn*), mais à l'exception de la sourate « L'Araignée » (XXIX), celles relatives aux débats avec les chrétiens, notamment celles qui les encouragent à éviter tout fanatisme et tout excès dans leur religion.

Ainsi Nöldeke parvient-il quant à lui à déterminer trois périodes mecquoises et une période médinoise. Il attribue à chacune des périodes mecquoises un certain nombre de sourates (quarante-huit pour la première période, vingt et une pour la deuxième, vingt et une pour la troisième), quant à la période médinoise, il dénombre vingt-quatre sourates. Le problème étant qu'au regard de ses critères il observe des passages « médinois » dans les sourates dites « mecquoises » et vice versa ; ce qui le conduit à nuancer ses résultats en tentant de démêler le mecquois du médinois et le médinois du mecquois dans le tissu serré que constitue le texte du Coran – au risque de présupposer le résultat avant même d'avoir mené la recherche à son terme.

En réalité, Weil, Nöldeke et tous ceux qui, jusqu'à aujourd'hui, se sont engagés dans cette voie n'ont fait que reformuler autrement la Tradition musulmane, sans pour autant tomber d'accord avec elle. Comme la Tradition musulmane, les chercheurs occidentaux ne sont parvenus qu'à une impasse, bloqués par l'absence de parallèles littéraires et de témoignages externes qui permettraient une approche réellement historique du texte et une contextualisation réelle des versets. À moins d'abandonner le principe de toute distinction, les chercheurs en sont réduits à fonder leur reconstitution sur de pures hypothèses.

Première hypothèse : les sourates mecquoises et les sourates médinoises sont le reflet du changement de statut de Mahomet, le fruit de l'évolution chronologique du même homme confronté à des situations entièrement différentes. Deuxième hypothèse : les sourates mecquoises portent réellement la marque de Mahomet, c'est la voix d'un homme seul qui s'exprime. Au contraire, dans les sourates médinoises se retrouvent les pensées et les opinions d'un groupe où plusieurs voix se font entendre. C'est une parole collective. Troisième hypothèse : Le nom de Mahomet, « le Loué », serait en réalité un titre sous lequel se placeraient deux personnalités distinctes, un prophète apocalyptique à La Mecque, un législateur à Médine. Il y aurait donc non pas un mais deux prophètes agissant – ou ayant agi – sous un même nom ou surnom.

Trois hypothèses, trois scénarios possibles qui ne sont pourtant que spéculations tant la reconstitution chronologique défie la science depuis toujours.

Histoire du texte

À la mort de Mahomet, il est certain que le Coran n'existait pas en tant que livre. Selon la Tradition musulmane, les compagnons du Prophète avaient mémorisé les sourates et les récitaient par cœur. Cela leur suffisait. Mais comme beaucoup d'hommes mouraient au combat, le calife Abû Bakr, le premier successeur de Mahomet de 632 à 634, chargea un des scribes du Prophète, Zayd ibn Thâbit, de recueillir tous les témoignages avant qu'ils ne se perdent ou soient oubliés pour en faire un recueil. Dans un premier temps, Zayd déclina l'invitation, arguant que les paroles du Prophète devaient demeurer dans la tradition orale ; les écrire risquait de les dénaturer, comme avaient été dénaturées les révélations faites aux juifs et aux chrétiens lorsqu'elles avaient été mises par écrit. « Malheur à ceux qui écrivent le Livre de leurs mains et disent ensuite, pour en retirer un faible prix : "Ceci vient de Dieu !" » lit-on dans le Coran (II, 79).

« Par Dieu, se dit Zayd, s'ils m'avaient chargé de transporter une montagne, cela n'aurait pas été plus lourd que de collecter le Coran comme il me l'avait ordonné. Je répondis donc : "Feriez-vous alors quelque chose que l'envoyé de Dieu n'a pas fait ?" – Par Dieu, me répondit-il [Abû Bakr], c'est ce qu'il y a de mieux à faire. Et il ne cessa de revenir à la charge, jusqu'à ce que Dieu m'ouvrît le cœur[1]. » Quand Zayd fut enfin convaincu de la nécessité de « collecter » le Coran, il convoqua une commission composée de compagnons du Prophète qui connaissaient les sourates par cœur et compila les fragments de textes transcrits sur des matériaux de fortune. « Je me mis à suivre les traces du Coran, en recopiant [ce qui était écrit sur] des feuillets, des tiges de palmiers et des pierres plates et [en transcrivant ce qui était] dans la poitrine des hommes[2] », y compris en utilisant d'autres supports encore, « des morceaux d'étoffe, des omoplates [d'animaux] et des tiges de palmiers[3] ». Cela soulève nombre de questions : si Zayd avait mémorisé l'intégralité du Coran comme il le prétend, pourquoi ne s'est-il pas résolu à le mettre directement et fidèlement par écrit ? Pourquoi avoir besoin de réunir une commission ? Y aurait-il eu de graves divergences dans la mémorisation des textes ? « Zayd dit : "Les feuillets où le Coran fut ainsi compilé furent conservés chez Abû Bakr jusqu'à ce qu'Allah le rappelle à Lui puis chez Omar jusqu'à ce qu'Allah le rappelle à Lui à son tour, puis chez Hafsah la fille d'Omar" » (Bukhârî, n° 4701). On peut se demander pourquoi

1. Ibn Hanbal, *Musnad*, V, 188.10, cité et traduit par Alfred-Louis de Prémare, *Les Fondations de l'islam, op. cit.*, p. 448.

2. Ibn Abî-Dawud, *Masâhif*, p. 7, cité par Alfred-Louis de Prémare, *ibid.*, p. 284.

3. Asâkir, TD, XIX, 307, cité par Alfred-Louis de Prémare, *ibid.*, p. 284, n. 19.

la garde du précieux document fut confiée à une femme que le Prophète avait répudiée ? Surtout pourquoi cette première compilation du Coran ne fut pas immédiatement considérée comme le Coran « officiel ».

Selon la Tradition musulmane, le troisième calife Othmân ibn Affân (644-656) aurait en effet repris le corpus réuni par Omar son prédécesseur (634-644), les deux premiers successeurs d'Abû Bakr. Othmân l'aurait fait compléter toujours sous la direction de Zayd. Ensuite il aurait fait détruire tous les matériaux originels et imposa une première version « canonique », le codex othmanien dont il aurait fait réaliser des copies et les aurait expédiées dans les principales villes et garnisons de l'Empire : à La Mecque, Bassora, Koufa et Damas.

Le Coran que nous lisons aujourd'hui n'est pas celui de Mahomet ni de ses compagnons, mais celui d'Othmân, le troisième calife auquel ses adversaires reprochaient son travail d'édition : « Le Coran, c'était plusieurs livres, et toi, tu les as réduits à un seul[1]. » Les premiers compilateurs du Coran étaient conscients que les matériaux à leur disposition ne venaient pas uniquement de la mission de Mahomet, et tout laisse à penser que le Coran a d'abord consisté en plusieurs livres « collectés » en un seul volume. Ce que semble encore attester au VIIIe siècle le chrétien Jean de Damas dans son *Livre des hérésies* quand il considère notamment la sourate « La Vache » comme un écrit en soi.

La Tradition musulmane reconnaît à Othmân le mérite d'avoir fait canoniser le Coran – plus exactement *un* Coran, le sien. Mais aucun de ces exemplaires n'a été retrouvé, ce qui amène le paléographe François Déroche du Collège de France à douter que les textes aient été définitivement fixés sous le calife Othmân : « La Tradition islamique affirme qu'il a voulu fixer le texte afin d'éviter les divergences dans sa récitation. Or l'écriture hedjazienne d'alors, trop imparfaite, ne permet pas d'empêcher

1. Tabarî, *Annales,* 1, 2952 ; 2, 651, et Asâkir, TD, XXXIX, 313.

ces divergences. Au mieux, elle offre un support minimal, acceptable par les différents lecteurs[1]. »

Guerres et successions

L'histoire de la fixation et de la transmission du Coran est évidemment plus complexe que le récit traditionnel qui la glorifie. En se dégageant de l'apologétique, pour retracer la mise par écrit du texte sacré des musulmans d'un point de vue historique, il est indispensable de ne pas oublier le contexte de bruit et de fureur que connut l'Arabie à la mort de Mahomet.

À l'instar de ce qui se passa après la mort de Jésus, deux camps s'opposèrent parmi les musulmans à la mort du Prophète (due à une cause naturelle ou à un empoisonnement, les témoignages divergent) : d'un côté la famille, de l'autre le groupe de ses compagnons. Dans le christianisme, ce fut une succession de type dynastique qui prévalut. Jacques, frère de Jésus, prit la tête de « l'Église de Jérusalem », tandis que dans l'islam c'est Abû Bakr, l'un des plus proches amis du prophète, qui devint calife et non Ali, le gendre de Mahomet et le père de sa seule descendance mâle.

Cette succession ouvrit une très longue période de conflits entre les tribus arabes ; près de trois siècles de guerres civiles et de conquêtes, de répressions, d'exécutions, de meurtres. Période pendant laquelle s'élaborèrent les sources saintes de l'islam, le Coran, puis le *Hadîth* et la *Sîra*. Il est donc impossible de séparer l'histoire des textes musulmans, de leur maîtrise et de leur contrôle, de l'histoire des luttes fratricides, luttes de pouvoir et luttes territoriales qui virent la naissance de l'Empire islamique.

Devenu calife, Abû Bakr dut rapidement faire face à ce que l'on appelle les « guerres de l'apostasie », les tribus arabes s'insurgeant pour revenir à leur religion ancestrale. Abû Bakr

1. *Le Monde*, 7 septembre 2001.

imposa l'islam de force après une très violente répression. Le deuxième calife, Omar, l'artisan des grandes conquêtes, portera la guerre loin d'Arabie, mais ses victoires en Palestine, en Mésopotamie, en Égypte et en Perse mettront les pays conquis à feu et à sang. Il mourra assassiné. Le troisième calife, Othmân, mourra lui aussi assassiné. C'est pendant son califat que surviendra la première grande guerre civile de l'islam (la première *Fitna*), mais les affrontements entre Arabes n'avaient en réalité jamais cessé depuis la mort du Prophète. Après Othmân, le gendre de Mahomet, Ali, deviendra enfin le quatrième calife, comme le réclamaient ses partisans depuis toujours. Son court règne sera marqué par trois grandes guerres civiles. En 657, Mu'âwiya, un ancien scribe du Prophète, fera dissidence et sera nommé calife par ses partisans. Il affrontera Ali à la bataille de Siffîn et sa victoire scellera le premier schisme de l'islam, entre ceux qui seront plus tard appelés sunnites (les suiveurs du calife Mu'âwiya) et les partisans d'Ali, les chiites.

Un événement qui résonne jusque dans *La Divine Comédie* de Dante : « Tandis que sur lui je tenais mes yeux fixés, il me regarda, et avec la main s'ouvrit la poitrine, disant : Vois comme je me déchire. Vois comme dépecé est Mahomet : devant moi Ali va pleurant, le visage fendu du menton jusqu'à la chevelure. Tous ceux qu'ici tu vois furent, de leur vivant, des semeurs de scandale et de schismes ; et pour cela sont-ils fendus de la sorte. Là, derrière, est un diable qui cruellement ainsi nous schismatise, remettant chacun de nous au tranchant de l'épée, les blessures se refermant lorsque nous avons parcouru le triste circuit, avant que nous revenions devant lui[1]. »

Ali sera assassiné comme ses deux prédécesseurs. Les Omeyyades prendront le pouvoir qu'ils garderont de 661 à 750. Le premier calife omeyyade, Mu'âwiya Ier (né en 602 à La Mecque et mort en 680 à Damas), rendra le califat dynastique. Les Omeyyades seront à leur tour balayés par les Abbassides, la

1. Dante, *La Divine comédie,* « L'Enfer », chant 28.

seconde dynastie de l'islam, au terme d'un cycle toujours plus sanglant de révoltes et de répressions (la seconde *Fitna*). Le pouvoir passera de Damas à Bagdad et les Abbassides régneront sur l'islam de 750 à 1258.

Conflit après conflit, bataille après bataille, assassinat après assassinat, des versets seront écartés par les vainqueurs, d'autres modifiés, d'autres encore ajoutés selon la volonté du calife. À en croire un grand compilateur de traditions, Tirmidhî (824-910) : « Aucun événement ne se produisait, opposant l'opinion des gens à celle d'Omar, sans que ne descende un verset du Coran confirmant l'opinion d'Omar » (Tirmidhî, Jâmi, Manâqib 'Umar, n° 345). On ne saurait mieux dire qu'Omar et les autres califes après lui n'hésitèrent pas à ajouter ou à retrancher des versets selon les nécessités politiques de leur temps puis à ordonner, selon leur volonté, ce qui appartiendrait au Coran et ce qui serait dans les hadîths.

Le monothéisme professe qu'il possède la vérité une et indiscutable. Comment ne pas se rappeler ce que disait Diderot de la certitude de détenir « la vraie religion » : « Songez qu'elle a créé et qu'elle perpétue la plus violente antipathie entre les nations, écrivait-il en 1773. Il n'y a pas un musulman qui n'imaginât faire une action agréable à Dieu et à son Prophète en exterminant tous les chrétiens, qui, de leur côté, ne sont guère plus tolérants. Songez qu'elle a créé et qu'elle perpétue dans une même contrée des divisions qui se sont rarement éteintes sans effusion de sang. Notre histoire ne nous en offre que de trop récents et trop funestes exemples. Songez qu'elle a créé et qu'elle perpétue dans la société entre les citoyens, et dans les familles entre les proches, les haines les plus fortes et les plus constantes. Le Christ a dit qu'il était venu pour séparer l'époux de la femme, la mère de ses enfants, le frère de sa sœur, l'ami de l'ami ; et sa prédiction ne s'est que trop fidèlement accomplie[1]. »

1. Denis Diderot, *Entretien d'un philosophe avec la Maréchale de****, 1776.

À propos du judaïsme, mais cela vaut tout autant pour le christianisme et l'islam, dans son *Traité théologico-politique* publié anonymement un siècle auparavant en 1673, Spinoza écrivait : « Tout le monde dit bien que l'Écriture sainte est la parole de Dieu et qu'elle enseigne aux hommes la béatitude vraie ou la voie du salut. La conduite des hommes montre tout autre chose, car le vulgaire ne paraît se soucier de rien moins que vivre suivant les enseignements de l'Écriture sainte, et nous voyons que presque tous substituent à la parole de Dieu leurs propres inventions et s'appliquent uniquement sous couvert de religion à obliger les autres à penser comme eux. Nous voyons, dis-je, les théologiens inquiets pour la plupart du moyen de tirer des livres sacrés, en leur faisant violence, leurs propres inventions et leurs jugements arbitraires et les abriter sous l'autorité divine[1]. »

Au fond, deux attitudes face au texte s'opposent de manière irréconciliable : la position croyante et la position savante. La position croyante glorifie le Coran comme le *verbatim* de la parole de Dieu ; un texte parfait dans sa forme, énoncé en arabe « pur », absolument inimitable par son style et la profondeur de ses idées, un Coran « révélé » à Mahomet verset par verset pendant vingt ans par l'ange Gabriel. Une vision strictement religieuse qui récuse par principe tout travail critique, toute analyse textuelle, creusant un abîme entre les croyants et les historiens. Au nom de la foi, les musulmans fondamentalistes veulent ignorer l'histoire du texte du Coran, les strates rédactionnelles qui le composent, ses influences, ses sources scripturaires, ses doublons, ses impasses, ses inventions littéraires. Ils maudissent ceux qui se risquent à les mettre en lumière, mais n'en a-t-il pas été ainsi dans l'histoire du christianisme, avec l'anathème lancé par Bossuet contre les travaux de Richard Simon ou, au début du XXᵉ siècle, l'excommunication d'Alfred Loisy (1857-1940), l'auteur de *L'Évangile et l'Église*.

1. Spinoza, *Traité théologico-politique*, traduit par Charles Appuhn, Garnier-Flammarion, 1965, p. 134.

« La Fermeture des portes »

L'islam a conquis d'immenses territoires et a attiré à lui des millions, peut-être des milliards de croyants mais, dans le même temps, cette religion, qui à l'origine était ouverte sur les sciences, la philosophie, la médecine, la littérature, les mathématiques, s'est petit à petit refermée sur elle-même jusqu'à la période contemporaine où toute pensée critique semble avoir disparu au profit de slogans d'une pauvreté intellectuelle affligeante. Le coup d'arrêt aurait commencé au XIe siècle quand les courants les plus conservateurs imposèrent « la Fermeture des portes », interrompant pour très longtemps l'*ijtihâd,* l'effort de réflexion des oulémas, des muftis ou des juristes musulmans pour interpréter les textes fondateurs de l'islam et en déduire le droit musulman.

Cet effort d'interprétation supposait en effet une lecture critique des textes, ce qui, par nature, entraîne très au-delà des arguties juridiques. Cela amenait surtout à considérer le Coran comme un texte créé, c'est-à-dire écrit, récrit, développé, commenté pas des hommes. Un travail littéraire dont on peut pas à pas retrouver les motivations, les objectifs, le contexte de rédaction comme les étapes de sa fabrication, si ce n'est d'en retrouver les auteurs.

Quelle que soit la portée réelle de cette « Fermeture des portes », elle pèse aujourd'hui – symboliquement, concrètement – sur les consciences et influe sur les pratiques. On peut regretter que trop de savants de culture musulmane, trop de savants occidentaux demeurent prisonniers du cadre imposé par la Tradition et repoussent jusqu'à l'idée de s'en affranchir. Pourtant il devient urgent de s'y résoudre, comme il est nécessaire de renoncer aussi à retrouver le Mahomet historique enterré sous sa légende et de considérer le texte du Coran comme un ensemble dont il faut sans cesse interroger la complexité en dehors de tout *a priori* croyant ou apologétique.

Non sans mal, les chrétiens ont fait et font encore ce travail historico-critique sur leur propre tradition, les juifs le pratiquent depuis longtemps. Il serait vital que l'islam s'y engage en rouvrant les portes de l'*ijtihâd,* en abordant enfin le Coran et la Tradition musulmane du point de vue de la critique textuelle et de la critique historique.

L'auteur

« Je n'ai pas écrit ce livre. Il m'a été dicté au long des mois par une voix souveraine et je n'ai fait qu'enregistrer, comme un muet, l'écho durable qui frappait à coups redoublés l'obscur tympan du monde », écrivait le poète René Guy Cadou dans son recueil *Hélène ou le règne végétal.*

La première porte à ouvrir est peut-être celle derrière laquelle se trouve « l'auteur » du Coran. Une question qui demeure aujourd'hui encore extrêmement délicate, voire embarrassante pour beaucoup. Pour la croyance commune, il est admis que le Coran est le texte saint, la parole de Dieu transmise par son prophète. Au point que certains savants de la Tradition musulmane depuis Ibn Hanbal (780-855) induisirent que le Coran est éternel et incréé, au même titre que la parole de Dieu qu'il contient, une parole « inimitable » qu'il est impossible de traduire et qui ne peut être que répétée. « De nos jours encore, et depuis les siècles de l'“occultation”, commentait Abdelwahab Meddeb, cette idée est livrée à l'état brut ; elle circule dépouillée de toute problématique théorique [...]. Cet héritage désolant date du XIIe siècle, qui vit le triomphe apparemment définitif de l'autorité religieuse, laquelle a banni la discussion théologique de la cité au nom de l'orthopraxie, c'est-à-dire de la fixation du culte, de son maintien, de son application qui impose un contrôle social qui n'est que l'autre nom de la censure. Les musulmans actuels sont les héritiers d'une police théologique qui a annulé l'investigation théorique, seule capable pourtant d'honorer la sainteté de l'esprit. Cette police a marginalisé avant de condamner à la mort tout ce qui a pu être pensé par les mutazilites (al-*Mu'tazila*) du début du IXe siècle à la fin du XIe ; elle mit au cachot puis au tombeau près de trois siècles d'effervescence intellectuelle, exprimée notamment à travers la controverse sur le Coran, parole de Dieu[1]. »

Pour les théologiens du courant mutazilite (au VIIIe siècle), le Coran qui communique cette parole divine est une réalité *créée,* à moins de préférer en faire une entité éternelle coexistante à la transcendance de Dieu. L'orthodoxie sunnite qui considéra que la révélation divine n'avait pas à être soumise à la critique persécuta les mutazilites jusqu'à ce que ce courant qui défendait le libre arbitre et la raison, avec une grande variété de nuances, disparaisse de la scène intellectuelle et théologique de l'islam. À l'inverse, c'est en revenir à la question du Coran créé qui pourrait aider à pulvériser « le noyau d'amnésie autour duquel s'est forgé notre retard mental – une amnésie qui fige les énergies de tout sujet d'ascendance islamique », dit encore Abdelwahab Meddeb[2].

Philosophe dans la perspective mutazilite, esprit encyclopédique, Al-Kindî (801-873) est considéré comme l'un des plus grands philosophes musulmans. Son œuvre immense (près de deux cent quatre-vingt-dix traités) est nourrie d'Aristote et de Platon. Outre la philosophie, il s'est intéressé aussi bien aux mathématiques qu'à la médecine, à la musique ou à l'astronomie. Al-Kindî, qui a été soutenu par trois califes abbassides, n'écrivait-il pas près de mille ans avant Diderot : « Montrez-moi une preuve ou un signe quelconque d'une seule œuvre merveilleuse réalisée par votre maître Mahomet, qui certifie sa mission et prouve qu'il commit ses massacres et ses pillages sur ordre divin… La conclusion de tout ceci [les diverses rédactions du

1. Abdelwahab Meddeb, *Contre-prêches. Chroniques,* Seuil, « La couleur des idées », 2006, p. 384.
2. *Ibid.,* p. 387.

Coran] est évidente à qui a lu ces écrits et a vu comment, dans ce livre, les récits sont assemblés n'importe comment et entremêlés ; c'est une évidence que diverses mains – et nombreuses – s'y sont mises et ont créé des incohérences, ajoutant ou enlevant ce qui leur plaisait ou déplaisait. Est-ce donc les conditions d'une Révélation envoyée du Ciel[1] ? »

Pour la plupart des croyants, peu importait de situer le Coran dans son contexte et d'analyser les strates successives de sa compilation. Mahomet en tant que transmetteur était, sans discussion, considéré comme « l'auteur » du livre, même si jamais le Coran ne fut reçu comme « le livre du Prophète » et si la notion d'« auteur » n'avait pas le sens que nous lui donnons. Pour les philologues, les historiens – ou tout simplement pour le lecteur attentif –, la réponse n'est pas si évidente, tant sont frappantes la diversité des styles, la nature des discours, la fragmentation des textes. Dans le texte coranique, on trouve la trace de la proclamation oraculaire, de la récitation, de la mise par écrit des versets, des relectures de lectionnaires chrétiens, des commentaires d'épisodes de la Bible hébraïque, notamment des Psaumes, des développements de la tradition évangélique apocryphe, des principes législatifs, juridiques, des préceptes moraux, des exhortations religieuses, des polémiques, des invectives guerrières… dont on ne peut ni désigner l'origine ni les dater. À travers l'hétérogénéité du Coran, la recherche détecte les phases successives de sa constitution, les influences incontestables des textes juifs, judéo-chrétiens et chrétiens, le travail rédactionnel très important dans la mise en forme des sourates (par exemple, un grand nombre en prose rimée), les emprunts stylistiques et théologiques aux traditions antérieures, récitatif, prière, incantations, etc.

Bref, le Coran est indéniablement un texte composite.

---

1. Cité par Andrew Rippin, *Muslims : their Religious Beliefs and Practices,* Routledge, 2011.

Même s'il est vraisemblable qu'il contient des passages très archaïques remontant à Mahomet lui-même (par exemple les annonces de la Fin des temps, annonces démenties par l'histoire mais conservées à titre de vestiges de la parole prophétique), comme Al-Kindî le soutenait, il n'est pas niable que de nombreuses mains sont nécessairement intervenues dans sa mise en forme : secrétaires, copistes, éditeurs, interpolateurs, réviseurs, témoignant de l'histoire tourmentée du texte à travers un immense territoire où pendant plusieurs siècles tout le monde était l'ennemi de tout le monde. Du point de vue de la critique historique, de la critique textuelle, Mahomet ne peut donc pas être considéré comme « l'auteur » du Coran. Il est une des voix parmi beaucoup d'autres qui s'y font entendre. Diderot affirmait à propos des évangiles qu'il n'y en avait pas quatre « mais cent ! ». De même on peut dire qu'il n'y eut pas un Coran, mais des Coran ; qu'il n'y eut pas un auteur mais des auteurs du Coran.

8

Le Dôme du Rocher

Pendant très longtemps, les épigraphistes qui travaillaient en Arabie et plus largement en Orient n'ont prêté attention qu'aux inscriptions monumentales qui citaient le nom des califes et des notables, en délaissant les autres inscriptions, qui paraissaient anodines et pauvrement écrites par des inconnus. À partir de la fin des années 1990, les travaux de l'archéologue Frédéric Imbert sur un corpus de deux cents inscriptions ont changé la donne. Ces graffiti qu'il nomme « le Coran des pierres » se répartissent sur des espaces géographiques extrêmement vastes, globalement l'axe nord-sud qui va de Palmyre, en Syrie, jusqu'à Najrân (mais très peu au Yémen) en passant à travers la Jordanie, la Palestine, le Sinaï, l'Égypte (encore peu prospectée) et surtout en Arabie, pourvoyeuse majeure de ces inscriptions. Beaucoup d'entre elles ont été trouvées sur des sites à proximité de ce qui est appelé actuellement « la route du pèlerinage », une désignation de l'époque islamique qui correspond essentiellement au tracé de la voie commerciale qui traversait l'Arabie aux premiers siècles de l'islam[1].

1. Voir Frédéric Imbert, « Le Coran dans les graffiti des deux premiers siècles de l'Hégire », *Arabica*, n° 47, 2000, p. 381-390 ; « L'islam des pierres : expression de la foi dans les graffiti arabes des premiers siècles », *Écriture de l'histoire et Processus de canonisation dans les premiers siècles de l'islam*, hommage à Alfred-Louis de Prémare, Presses universitaires de Provence, 2011, p. 57-78 ; « Le Coran des pierres : statistiques épigraphiques et premières analyses », p. 98-124, dans

Les graffiti

Majoritairement de nature religieuse, le grand intérêt historique de ces graffiti est d'apporter un autre éclairage sur nombre d'informations transmises aux premières décennies de l'islam par la Tradition arabo-musulmane, voire par le Coran lui-même. Il est impossible de savoir si leurs auteurs sont des membres de tribus locales, des marchands en voyage ou peut-être des pèlerins qui se seraient arrêtés à l'ombre de ces rochers et auraient gravé des textes pieux. Isolément, aucun des graffiti n'est vraiment significatif, mais dès qu'on les analyse dans leur ensemble, des idées fortes apparaissent, notamment l'expression d'un monothéisme pur et dur célébrant Allah à l'exclusion de toute autre divinité.

Ainsi ces inscriptions offrent paradoxalement une image plutôt naïve et monotone de l'islam primitif, reprenant inlassablement des formules individualisées implorant le pardon de Dieu. Pour leurs auteurs, elles constituent une manière détournée de se présenter eux-mêmes, de pérenniser dans la pierre leur nom et celui de leurs ancêtres. Surtout d'implorer l'alliance divine : « Ô Dieu sois mon allié, sois mon renfort. Je conseille de prendre la main de Dieu et de ne faire confiance qu'à la main de Dieu et à celle de la parenté. » Pour ces premiers musulmans, seul compte Dieu, outre leur propre clan. Rien ni personne d'autre ne peut leur apporter paix, gloire et richesses, ces récompenses mirobolantes que garantit le Coran : « Ce sera un succès pour ceux qui craignent Dieu : des vergers, des vignes, des adolescentes d'une égale beauté (ou des "belles aux seins formés d'une égale jeunesse", selon les traductions) » (LXXVIII, 31-33). Dans la sourate LV, la liste des bienfaits accordés aux croyants est même faramineuse : deux

Le Coran, nouvelles approches, dir. Mehdi Azaiez et Sabrina Mervin, CNRS Éditions, 2013.

jardins pleins de floraison, deux sources, toutes les espèces de fruits, sans parler des vierges « semblables au rubis et au corail », « dont les regards sont chastes et que ni homme ni djinn n'a jamais touchées » (LV, 56 et 58). Après avoir rappelé la dureté de l'existence quotidienne des hommes de la Péninsule, un commentateur a remarqué malicieusement : « S'il fallait considérer le Coran comme un document universel pris absolument *à la lettre,* la Normandie serait bien proche du Paradis[1]. » En tout état de cause, les textes laissés sur les pierres revendiquent un monothéisme que l'on pourrait dire matérialiste.

Coran des pierres, Coran des cœurs

Contrairement à ce que la Tradition musulmane décrit comme un jaillissement triomphal, la fixation du texte coranique n'a été ni immédiate ni définitive, mais relativement longue et tortueuse comme le montrent indirectement les travaux de Frédéric Imbert à partir de ce corpus de graffiti. Ses travaux remettent en cause le postulat d'un Coran transcrit dans le plus strict respect des premières révélations, d'un texte quasi immuable dès l'origine. À l'aube de l'époque islamique, comment expliquer que ces graffiti (une petite centaine en tout) divergent absolument du Coran canonisé que nous pouvons lire aujourd'hui, de la vulgate du calife Othmân ? Bien sûr, il est commode d'avancer que ceux qui gravaient les citations connaissaient mal leur Coran ou divaguaient, l'esprit à tous vents. Il paraît cependant peu probable que des hommes qui consacraient entre quatre à cinq heures pour graver ces inscriptions dans la roche (selon l'estimation de l'archéologue) aient pu se tromper de texte ou écrire de manière hasardeuse.

1. René Berthier, « La fermeture de la pensée critique en islam », texte publié sur le site Nouveau-monde.net, rubrique Religion.

Revenons à l'observation de la réalité épigraphique. Que constate-t-on ? Le Coran des pierres – que Frédéric Imbert nomme également « le Coran des cœurs » – comporte une majorité d'inscriptions certes de forme coranique, mais qui sont autant de variantes, de variations, de versions du texte sacré. Il ne s'agit jamais de citations littérales. Plusieurs de ces inscriptions combinent ou amalgament des éléments hétéroclites qui évoquent en effet le style coranique. Ainsi, un mot pouvant se trouver à la place d'un autre, une inscription composée à partir de plusieurs extraits d'allure coranique finit par donner naissance à un verset inconnu du Coran dans sa forme actuelle.

Mais pouvons-nous être sûrs qu'il s'agit bien d'un verset issu de l'appropriation d'un scribe amateur ? Comment déterminer si ce verset inconnu n'est pas en fait un verset archaïque, oublié ou censuré au moment de la fixation canonique du texte ? « À la lecture de ces amalgames ou rabotages, il apparaît que les personnages qui écrivirent ces graffiti étaient habitués à composer avec un texte coranique que nous pourrions qualifier de "souple". La présence durant les cent cinquante premières années de l'islam de versets dont on tronque le début ou la fin, d'implantations de syntagmes grammaticalement recontextualisés, de fins de versets alternatives, sont autant d'éléments qui imposent de nous interroger sur la stabilité du texte avant le début de l'époque abbasside. Son élasticité est flagrante[1]. »

L'absence de Mahomet

Dans ces graffiti, on trouve bien sûr mention de prophètes bibliques : Moïse, Abraham, Noé, Esdras… Et même plusieurs fois de Jésus. Sur un graffiti retrouvé en Syrie, sur le site volcanique du Ğabal Usays à une centaine de kilomètres au sud-est

1. Frédéric Imbert, « Le Coran des pierres », art. cité, p. 114.

de Damas, on peut lire par exemple ce que dit l'Enfant Jésus dans la sourate Maryam (XIX, 30-31) : « Je suis le serviteur d'Allah. Il m'a donné le Livre et m'a fait prophète ; il m'a béni. »

Mais – et c'est pour le moins étonnant – on ne trouve nulle part Mahomet.

Alors qu'il paraît évident à tout musulman que Mahomet était présent et vénéré dès les débuts de l'islam, l'épigraphie témoignerait du contraire. Dans les graffiti les plus anciens, sur les portes des mosquées ou dans les cimetières, on peut lire uniquement la première moitié de la *shahâda,* la profession de foi musulmane : « Il n'est de Dieu que Dieu, seul et sans associé. » La partie suivante concernant Mahomet envoyé d'Allah n'y figure jamais.

L'absence de citation du nom du Prophète soulève quantité de questions qui pourraient être ressenties par certains comme polémiques. Il ne s'agit pourtant pas d'une spéculation aventureuse des épigraphistes, mais de la leçon que l'on peut tirer d'inscriptions gravées qui n'ont jamais pu être retouchées ni censurées. Certains ont appelé cette phase brumeuse de l'islam, la phase prémohammadienne, expliquant que la présence de Mahomet était tellement évidente qu'il n'était pas nécessaire d'évoquer son nom. Peut-être. Même s'il paraît difficile d'admettre que, pendant soixante et un à soixante-deux ans si on part de l'hégire (et pendant quatre-vingts ans si on part du début supposé de la révélation vers 610), Mahomet soit resté un fantôme, un prophète virtuel, avant que l'exégèse et la littérature de la Tradition musulmane s'en emparent pour lui construire une réalité physique et biographique.

Frappé par ce silence (la première mention de Mahomet sur un graffiti ne datant que de l'an 738), l'épigraphiste israélien Yehuda Nevo, qui effectua des recherches dans le Néguev, alla jusqu'à remettre en cause l'existence même de Mahomet : le livre posthume qu'il signa avec Judith Koren, *Crossroads to Islam* (2003), supposa que Mahomet fût une invention tardive de l'État arabe. C'est une hypothèse trop radicale pour être vérifiée. Mais il y a de quoi être troublé par ce que Frédéric Imbert nomme plus factuellement « l'évidence de l'absence ».

La première célébration publique du nom de Mahomet n'a été découverte ni sur un graffiti ni sur un monument, mais sur une monnaie : une pièce arabo-sassanide datée de 685 trouvée dans la ville de Bishâpour au sud-ouest de l'Iran, dans la région du Fars. Il y est écrit : « au nom de Dieu, Mahomet envoyé de Dieu ». Sur cette monnaie frappée par le gouverneur régnant au nom d'Ibn al-Zubayr, « l'anti-calife », Mahomet n'est pas encore cité comme « le Prophète ». Il est « l'envoyé », « le messager d'Allah ». Cette pièce de monnaie est extrêmement importante puisque c'est la première attestation du nom de Mahomet. Cette formulation, « le messager d'Allah », va être reprise sur d'autres monnaies, en particulier cinq ans plus tard, sur une pièce due au clan adverse, celui du calife de Damas. À l'occasion de la bataille de Badr, deux mentions de Mahomet figurent également sur des papyrus datant du début du VIIIe siècle retrouvés à Khirbet el-Mird, au nord-ouest de la mer Morte, mais sans indiquer sa dignité éminente de Prophète.

La conquête

Durant cette période de silence, on constate en revanche que l'un des grands compagnons de Mahomet, un dignitaire de son mouvement, bénéficie quant à lui de plusieurs citations gravées qui ont été trouvées dans la région de Najrân au sud de l'Arabie Saoudite : il s'agit du calife Omar ibn al-Khattâb (634-644), successeur du premier calife Abû Bakr al-Siddîq (632-634) dont il était le petit-fils.

L'accession au pouvoir d'Omar, en 634, marque le commencement de la conquête musulmane. Cinq ou six ans après la mort de Mahomet, Jérusalem tombe aux mains de ses troupes, victorieuses de Byzance ; puis ce sera la prise de Gaza, l'occupation de Damas, les premières incursions en Mésopotamie et en Égypte, la prise de Hira avant celle de Ctésiphon, la capitale des Sassanides, la chute de Babylone d'Égypte, la prise de Césarée, puis d'Alexandrie, la conquête de la Perse occidentale… La fin d'Omar « le grand conquérant » sera moins heureuse. Un graffiti daté de l'an 24 de l'hégire (644-645) découvert à l'est d'al-'Ulâ en Arabie, permet de situer la nature de sa mort : « c'est moi Zoubaîr, j'écris au temps où Omar a été assassiné en l'an 24 ».

Avec son successeur, Othmân, les campagnes toucheront l'Arménie au milieu du VIIe siècle. Ce sera l'occupation définitive d'Alexandrie puis celle de la Perse, élargissant encore le périmètre de l'Empire musulman en train de se constituer. On peut penser que les prêches de Mahomet ont pu donner une cohésion idéologique à ceux qui combattaient en son nom. En parlant de « conquête islamique », la Tradition musulmane voile sous la volonté divine des objectifs purement militaires, économiques et politiques.

La conquête n'a pas pour objet premier de gagner de nouveaux fidèles à la religion naissante – pendant longtemps il sera extrêmement difficile de se convertir – mais plus prosaïquement de calmer les appétits de butin et de territoires des partisans de Mahomet. Dans la seconde moitié du VIIIe siècle, l'astronome Théophile d'Édesse au service des premiers califes abbassides écrit de Mahomet : « Il leur vantait l'excellence de la terre de Palestine leur disant : "C'est à cause de la croyance à l'unique Dieu que leur a été donnée une si bonne terre fertile." Et il ajoutait : "Si vous m'écoutez, Dieu vous donnera à vous aussi une bonne terre où coulent le lait et le miel." Comme il voulait renforcer sa parole, il dirigea une troupe de ceux qui avaient adhéré à lui, et il commença à monter vers la terre de Palestine, ravageant et pillant. Ils revinrent chargés [de butin] sans avoir subi de dommages et ils ne furent pas frustrés de ce qu'il avait promis[1]. »

1. Cité et traduit par Alfred-Louis de Prémare, *Les Fondations de l'islam*, *op. cit.*, p. 132.

Pour Mahomet, plus exactement pour les califes qui agissent en son nom et se réclament de son autorité, sortir des frontières de l'Arabie permet de mobiliser et de fédérer les tribus arabes, de les détourner de conflits internes toujours plus meurtriers. Les victoires sur les deux superpuissances de l'époque, l'Empire sassanide et l'Empire romain de Byzance, récompenseront les combattants et surtout elles confirmeront de manière éclatante l'immense pouvoir de Dieu ; combien son alliance est précieuse et comme elle génère des profits considérables.

La Tradition musulmane récrit l'histoire, comme avant elle l'historiographie chrétienne a fait de la « conversion » de l'empereur Constantin lors de la bataille du pont Milvius en 314 le signe irrésistible de la conversion spirituelle de Rome, le tournant irréversible de la christianisation de l'Empire, alors qu'il s'agissait d'une décision d'opportunité.

En se mettant sous la protection du Dieu chrétien, Constantin, contre toute attente, gagne la bataille décisive contre ses rivaux. Il en conclut logiquement que ce dieu est plus puissant que les dieux antiques et l'adopte pour lui-même, sans pour autant renoncer à vénérer Apollon. De la même manière, pour les combattants musulmans qui volent de victoire en victoire, la preuve est faite par les armes : Allah est le plus grand des dieux puisqu'il leur donne gloire, félicité, fortune. « La conquête signifiait bien une nouvelle domination imposée par la force, même si elle ne s'accompagna pas de destructions systématiques, ne rencontra pas partout de vives résistances locales et fut souvent subie avec indifférence par des populations qui n'y voyaient qu'un changement de maître, et non un basculement définitif vers un autre monde[1]. »

1. Françoise Micheau, *Les Débuts de l'islam. Jalons pour une nouvelle histoire*, Téraèdre, 2012, p. 147.

En Palestine

Sous forme d'un dialogue entre deux juifs, Jacob, un converti au christianisme qui discute avec son coreligionnaire Ioustos fidèle à la Torah, la *Doctrina Jacobi* nous offre une petite apologie chrétienne adressée aux juifs. Écrite dans les années 640 à Carthage, elle a l'immense intérêt d'évoquer la conquête islamique vue du côté byzantin. Dans un des passages, le frère de Jacob, Abramès – qui aurait été présent lors de la prise de Gaza en 634 –, rapporte qu'un prophète arabe (*Saracène* dans le texte, c'est-à-dire « sarrasin ») « proclamait l'arrivée du Christ oint qui allait venir ». Un ancien, très versé dans les Écritures, refuse d'y croire. Pour lui, l'affaire est entendue : « C'est un faux prophète : les prophètes viennent-ils armés de pied en cap ? » Abramès ne peut que renchérir : « On ne trouve rien d'authentique dans ce prétendu prophète : il n'est question que de massacres. Il dit aussi qu'il détient les clés du Paradis, ce qui est incroyable[1]. » Ce récit, le chroniqueur syriaque Thomas le Presbytre semble l'appuyer en donnant une brève notice relatant la bataille survenue en 634 près de Gaza, les Arabes étant sous la conduite de « Mahomet[2] ». Ces deux textes, quasi contemporains des événements, montrent donc Mahomet comme un prophète guerrier. Ils ont pour intérêt fondamental d'être les plus anciens documents connus et d'être des témoignages extérieurs à l'islam. On y voit que le chef des Arabes, Mahomet lui-même (s'il n'était pas mort en 632) ou à défaut – à titre d'hypothèse – un représentant agissant *a posteriori* sous son nom ou sous son surnom, commande les hommes et mène directement les combats.

1. *Doctrina Jacobi,* V, 16, éd. par Gilbert Dagron et Vincent Déroche, traduit par Vincent Déroche, p. 208-210, *Travaux et Mémoires,* 11, Collège de France/De Boccard, 1991.
2. *Chronica minore,* II, 3, cité et traduit par Alfred-Louis de Prémare, *Les Fondations de l'islam, op. cit.*, p. 147.

Quelques mois plus tard, dès Noël 634, on sait que les troupes arabes campent entre Bethléem et Jérusalem, nommée – encore pour longtemps – Aelia Capitolina, par référence au capitole d'Aelia, dédié à Jupiter, Junon et Minerve. Sa population est très largement chrétienne, mais Jérusalem abrite toujours une petite communauté juive. Les Byzantins ont repris la ville aux Sassanides en 628-629, et en 631, l'empereur Héraclius est venu lui-même rapporter au Saint-Sépulcre la relique de la vraie Croix. Mais en 637 ou 638, voire en 635 – les historiens sont en peine de dater exactement l'événement tant les sources ne s'harmonisent pas entre elles –, la ville doit se rendre aux Arabes sans que les détails de cette défaite soient très précis. Les comptes-rendus des chroniqueurs de l'époque, arabes ou byzantins, habillent les événements de manière à faire intervenir le calife Omar en personne. Ce qui donne plus de solennité au processus de reddition effectué sous l'autorité de l'évêque de Jérusalem, Sophronios. Sinon ils cherchent à accroître le sentiment que les conditions de la prise de la ville ont été pacifiques : effectuée sous la conduite d'un rabbin converti et réalisée sans violences. Les contreparties imposées aux habitants de Jérusalem semblent avoir été limitées au paiement d'un tribut de capitation et d'un impôt foncier.

La guerre des califes

Jérusalem est certes la ville sainte où Dieu a élu domicile sur terre. Mais dans le monde musulman, elle se trouve aussi au centre d'un conflit politique avec La Mecque. La rivalité entre deux califes se joue là, entre deux dynasties qui briguent le même pouvoir.

Abd al-Malik, le neuvième calife qui a succédé en 685 à Marwân, est le deuxième Omeyyade marwânide et le cinquième Omeyyade depuis vingt-cinq ans. C'est dire indirectement pourquoi un autre prétendant nommé Abd-Allâh ibn al-Zubayr (623-692) passe, dans l'historiographie occidentale comme dans la Tradition musulmane, pour avoir été l'« anti-calife » ou le « contre-calife ». De fait, Ibn al-Zubayr a été unanimement disqualifié dans ses prétentions, mis au rang de concurrent illégitime, banni par la mémoire officielle et historienne. Mais pourquoi aurait-il été illégitime ?

Ibn al-Zubayr avait pour lui d'être le fils d'un compagnon important de Mahomet et, par sa mère, le petit-fils d'Abû Bakr, le premier calife, le successeur originel du Prophète dont il était l'ami intime. Ibn al-Zubayr refusa de prêter serment au calife Yazîd quand ce dernier vainquit la révolte d'Hussein le fils d'Ali, le neveu et gendre de Mahomet, dès son arrivée au pouvoir en 680. Il pouvait donc estimer à raison qu'Abd al-Malik était, lui, l'imposteur, comme l'étaient à ses yeux les précédents califes omeyyades.

Contre les Omeyyades, Ibn al-Zubayr voulait que le pouvoir revienne aux Médinois. Traditionnellement, ce conflit est expliqué comme une opposition tribale entre ceux du Nord et ceux du Sud mais, comme l'analyse Françoise Micheau, tout laisse penser qu'il s'agit d'une reconstruction, justifiant un état de fait postérieur par l'existence de deux confédérations arabes. « C'est donc la situation de concurrence entre groupes anciennement présents et nouveaux immigrants qui généra la formation de ces ensembles super-tribaux. Néanmoins le processus de leur formation reste très obscur, lié à des intérêts qui nous échappent largement mais qu'attestent les généalogies concurrentes qui ont circulé[1]. » Ibn al-Zubayr contrôle bientôt la péninsule Arabique, l'Irak et les provinces iraniennes qui en dépendaient et même, pendant un temps, l'Égypte, alors même que les califes omeyyades ne contrôlent que la seule Syrie puis la Palestine.

Les guerres intestines perdurent, alternant combats, défaites, victoires, alliances. Les troupes du frère d'Ibn al-Zubayr, qui gouvernait l'Irak, sont finalement vaincues à la fin de l'année 691. Affaibli par la mort de son frère mais aussi par les dissidences et

1. Françoise Micheau, *Les Débuts de l'islam…*, *op. cit.*, p. 170.

la perte de l'Égypte, Ibn al-Zubayr est tué à son tour en 692 à La Mecque par les troupes d'Abd al-Malik. Selon Tabarî, sa tête tranchée aurait même été suspendue en guise de trophée à une gouttière de la Kaaba, incendiée durant le siège de la ville.

La Kaaba même qu'Ibn al-Zubayr avait fait reconstruire quelques années auparavant, en 684, après un premier incendie. Des ouvriers perses y avaient édifié une nouvelle construction, coiffée d'un plafond en poutres sculptées, décorée de frises et de mosaïques de verre remployées provenant d'une église de Sanaa, mais également ornée de colonnes et de claustras de marbre, prémices d'une architecture islamique somptueuse, premier témoignage de l'utilisation de mosaïques avant le Dôme du Rocher[1].

Avec la fin d'Ibn al-Zubayr, les Omeyyades confortent durablement leur pouvoir. Ils allaient l'exercer encore sans partage jusqu'en 750, avant que les Abbassides les renversent et leur succèdent au terme d'un nouvel épisode sanglant.

Comme le propose l'historien américain Chase F. Robinson dans sa biographie d'Abd al-Malik[2], on devrait considérer à juste titre que les années 685-692, celles du califat d'Ibn al-Zubayr, ont été légitimes, et à l'inverse que celles d'Abd al-Malik ont été celles de la sécession.

C'est sous le califat d'Ibn al-Zubayr qu'est apparue, en 685, la première monnaie, retrouvée en Iran, mentionnant le nom de Mahomet. Vainqueur de son rival, Abd al-Malik a aussitôt entrepris de reprendre à son compte la légitimité religieuse que pouvait lui conférer la figure de Mahomet. À son tour il frappe des monnaies sur le modèle initié par Ibn al-Zubayr. Surtout, au moment précis où s'achèvent en désastre les espoirs politiques

1. Keppel Archibald Cameron Creswell, *A Short Account of Early Muslim Architecture, op. cit.*, p. 16.

2. Chase F. Robinson, *Abd al-Malik (Makers of the Muslim World)*, Paperback, 2005.

des Médinois définitivement écartés du pouvoir, Abd al-Malik inaugure le Dôme du Rocher en l'an 72 de l'hégire, soit entre 691 et 692 du calendrier chrétien. Sur la frise intérieure – où le nom du fondateur d'origine, le calife omeyyade Abd al-Malik, a été effacé et remplacé fictivement par le nom du calife abbasside, Abd-Allâh al-Ma'mûn (813-833) –, on peut lire : « Le serviteur de Dieu, le commandeur des croyants, a construit ce dôme [*qubba*] en l'an 72 [691-692]. Que Dieu l'agrée et le trouve agréable. Amen. »

La Tradition musulmane défend que la construction du Dôme aurait été entamée avant le triomphe d'Abd al-Malik et l'écrasement de son rival al-Zubayr et se serait poursuivie pendant plusieurs années. À titre de comparaison, la grande mosquée des Omeyyades à Damas, achevée en 715, aurait été construite en moins de dix ans ; quant à la basilique Sainte-Sophie, à Constantinople, elle aurait été édifiée sur l'ordre de l'empereur Justinien en à peine plus de quatre ans, même si ces deux édifices profitaient de l'existence d'éléments antérieurs.

Le mont du Temple

Six siècles plus tôt, à la fin août de l'an 70 de notre ère, les légions romaines assiègent Jérusalem.

« Et c'est là qu'un soldat sans attendre les ordres, sans être effrayé par une telle initiative, mû par une sorte d'impulsion naturelle, arracha un brandon aux boiseries en feu et, soulevé par un de ses camarades, jeta ce brandon par une petite porte d'or qui donnait accès, du côté nord, aux habitations entourant le Sanctuaire. Les flammes jaillirent et provoquèrent chez les juifs une clameur digne de la catastrophe[1]. » Le Temple de Salomon (rebâti du temps d'Hérode le Grand) est entièrement

1. Flavius Josèphe, *La Guerre des Juifs*, livre VI, 252, traduit du grec par Pierre Savinel, éd. de Minuit, 1977.

détruit malgré les ordres de Titus (« jamais je ne brûlerai un si bel ouvrage », avait-il promis), puis les Romains prennent la ville et la mettent à sac. Quelques dizaines d'années plus tard, l'empereur Hadrien fait ériger, en lieu et place du temple de Salomon, un nouveau temple dédié à Jupiter. Cette profanation du lieu, qui, selon des traditions juives, passait pour avoir été celui même de la création du monde et conservait la pierre du sacrifice d'Isaac par Abraham, fut l'une des causes de la seconde révolte juive menée par Bar Kokhba en 132-135. Réprimée dans le sang, elle se conclura par l'expulsion des juifs de leur ville sainte, désormais renommée Aelia. Devenus chrétiens au IVe siècle, les Romains détruiront alors un autre temple, celui de Vénus, quand Hélène, la mère de l'empereur Constantin, « inventera » le Golgotha à proximité. Sur son emplacement sera bâti le Saint-Sépulcre, que les chrétiens orientaux appellent la basilique de l'Anastasis, l'église de la Résurrection, là où est vénéré le tombeau vide du Christ.

Parallèlement, le mont du Temple, couvert de ruines, deviendra même, selon certaines sources arabes, une décharge publique, un dépôt d'ordures ; manière de dire combien le lieu était désacralisé.

En 634, il semble que la minorité juive ait vu d'un œil favorable la prise de Jérusalem par les troupes musulmanes, et qu'elle ait accueilli les Arabes en libérateurs, comme des précurseurs de l'ère messianique. Les fils d'Israël auraient trouvé des alliés dans les fils d'Ismaël ainsi qu'en ferait foi *La Chronique arménienne* écrite au milieu du VIIe siècle attribuée à l'évêque arménien Sébéos[1]. D'après Sébéos, on peut aussi penser que les juifs auraient sollicité l'autorisation de ceux qu'il nomme les *ismaélites* de reconstruire leur temple, du moins une structure en bois faisant office de sanctuaire. Dans un premier

1. Voir Alfred-Louis de Prémare, *Les Fondations de l'islam, op. cit.*, p. 160-161.

temps, les Arabes auraient accepté puis, mesurant l'enjeu symbolique du lieu, ils auraient décidé de bâtir leur propre temple, ne concédant aux juifs qu'un emplacement voisin.

Ainsi vers 670, un évêque gaulois venu en pèlerinage à Jérusalem fait état de cette construction, un oratoire arabe érigé « sur cet emplacement où se dressait jadis le Temple magnifiquement construit. Les Sarrasins fréquentaient maintenant une maison de prière quadrangulaire qu'ils ont construite de manière grossière sur des ruines. Elle est faite de planches dressées et de grandes poutres. On dit de cette maison qu'elle peut accueillir trois mille personnes à la fois[1] ».

Cette « maison de prière » est sans conteste l'ancêtre du Dôme du Rocher ; communément nommée à tort « mosquée d'Omar », en référence à la tradition, si ce n'est à la légende, qui attribue au deuxième successeur de Mahomet la prise de Jérusalem et la construction de l'édifice. D'une part il ne s'agit en aucun cas d'une mosquée et d'autre part le sanctuaire devrait être appelé « Sanctuaire d'Abd al-Malik » puisqu'il a été édifié, vingt ans plus tard, par le neuvième successeur de Mahomet.

Jérusalem

Pour combattre Ibn al-Zubayr, qui imposait aux pèlerins de La Mecque de lui prêter allégeance, l'historien du Xe siècle Yaqûbî rapporte que le calife Abd al-Malik aurait interdit aux musulmans qui étaient sous son contrôle (ceux de Syrie) d'accomplir ce pèlerinage. À la place, il les obligea à faire le tour du rocher de Jérusalem. « Et ce rocher, dont on rapporte que l'envoyé de Dieu posa dessus son pied lorsqu'il monta au ciel, vous tiendra lieu de Kaaba, déclare Abd al-Malik aux croyants qui protestent. Il bâtit alors un Dôme au-dessus du Rocher, il y suspendit des draperies de brocart, y préposa des desservants et

1. Alfred-Louis de Prémare, *ibid.*, p. 167.

il imposa aux gens d'accomplir la circumambulation rituelle comme ils le faisaient autour de la Kaaba. Cette pratique perdura tout au long du temps des Omeyyades »[1]. À la même époque, le patriarche d'Alexandrie, Eutychius, confirme ce récit. On peut récuser ces témoignages au motif que les deux témoins ont l'un et l'autre été hostiles aux Omeyyades, mais à ce compte la plupart des témoins historiques devraient être écartés, tant l'histoire ancienne, et pas seulement celle des débuts de l'islam, est très souvent animée d'arrière-pensées et de desseins polémiques.

Les « trêves » dont certains font état pour justifier l'hypothèse de la continuité des pèlerinages à la Kaaba pendant la guerre des califes demeurent pourtant assez improbables. De même que l'affirmation selon laquelle ce projet de pèlerinage de substitution à Jérusalem, « s'il s'était réalisé, aurait constitué une véritable hérésie religieuse[2] » semble une analyse des plus anachroniques, d'autant que ce qui était précisément en jeu dans le conflit entre les deux califes rivaux était le pouvoir sacral. Nul doute qu'une guerre des symboles se soit déroulée à la fin du VIIe siècle entre les deux califes, entre La Mecque et Jérusalem.

La Kaaba étant devenue inaccessible, on voit mal Abd al-Malik (calife de 685 à 705) lui reconnaître une quelconque prééminence. Du fait de l'existence d'une pierre sacrée censée remonter à l'origine du monde, « le Rocher de la Fondation », le Dôme apparaît non seulement comme un site de pèlerinage probable, du moins dans un futur immédiat, mais surtout comme le lieu où les croyants devaient prêter allégeance au calife « légitime », à son pouvoir temporel et spirituel.

Pourquoi construire ce monument de l'islam triomphant si loin de l'Arabie ? Ce déracinement constitue un véritable basculement dans l'histoire musulmane. La rivalité entre les deux

1. Traduit et cité par Alfred-Louis de Prémare, *Les Fondations de l'islam*, *op. cit.*, p. 462-463.

2. Michel Orcel, *L'Invention de l'islam*, Perrin, 2012, p. 140.

califes explique pourquoi le Dôme du Rocher a été édifié à Jérusalem, en Terre sainte où les califes règnent depuis Omar, si ce n'est depuis Abû Bakr. D'une certaine façon, Abd al-Malik qui n'avait pas d'autre choix a retourné la contrainte à son avantage.

Un monument d'architecture

Le Dôme est bâti sur le principe du *martyrium,* qui a déjà servi de plan au Saint-Sépulcre, récupérant le modèle architectural chrétien que l'on peut voir en Syrie et en Palestine. Leurs diamètres imposants sont d'ailleurs quasi identiques. Par la perfection de sa conception géométrique, l'édifice est une réussite architecturale. Le plan octogonal est rythmé par le chiffre huit et ses multiples utilisés pour les arcades et les séries de colonnes ou de piliers qui délimitent les déambulatoires, les portiques, les fenêtres, seize dans le tambour et quarante dans les murs extérieurs[1].

L'immense coupole dorée qui le signale au loin, les mosaïques où rivalisent les motifs ornementaux, les figures végétales, les joyaux de pierres du revêtement, la dorure des chapiteaux corinthiens, les coloris étincelants, tous ces éléments inspirés par des motifs venus de Perse ou de Byzance dominent de leur splendeur le Saint-Sépulcre, sobre et froid, le lieu saint par excellence des chrétiens, édifié à distance, en contrebas. Mais c'est aussi une réplique au faste de la basilique Sainte-Sophie qui trône depuis la fin du VIe siècle dans la capitale de l'Empire byzantin à Constantinople. Le Dôme du Rocher, visible de tous côtés, surplombe la ville de Jérusalem.

« D'abord, on peut dire qu'il n'y a rien de nouveau dans la Coupole du Rocher, sauf qu'il n'y a rien de pareil ailleurs non plus, remarquait le grand historien de l'art islamique Oleg

1. Voir Oleg Grabar, *Le Dôme du Rocher, joyau de Jérusalem,* Albin Michel/IMA, 1997, et *La Formation de l'art islamique, op. cit.*

Grabar. Comment peut-on dire à la fois que quelque chose n'est pas nouveau et complètement nouveau ? Ensuite, cette Coupole du Rocher telle que nous la voyons maintenant est entièrement une création de la fin du XXe siècle, tout a été refait, sauf les mosaïques à l'intérieur, mais bien refait. Là, on a un cas de plan octogonal parfait. Or, jamais une église chrétienne n'a présenté la forme d'un octogone parfait : il y a toujours une abside, par exemple. Mais l'idée d'une forme géométrique parfaite, elle, existait déjà. En somme, on a pris une forme ancienne et traditionnelle, et on l'a adaptée à un besoin nouveau. Quel était au juste ce besoin ? Nous n'en avons aucune idée ! Nous ne savons pas pourquoi la Coupole du Rocher a été construite, c'est-à-dire que nous ne savons pas ce qu'on y faisait. On sait que l'endroit a une valeur commémorative. Ensuite, petit à petit, on y ajoute des éléments : l'ascension du Prophète au ciel, ajoutée au IXe siècle, sa venue, au Xe siècle. Quelqu'un a construit ce bâtiment sous cette forme non pas tant pour les musulmans, mais pour que les non-musulmans le comprennent[1]. »

Le voyage nocturne

Le Coran dit que la Kaaba est le ventre de La Mecque. C'est un bas lieu ; le lieu de collecte des eaux près du puits de la ville. Tout au contraire, le Dôme du Rocher est un haut lieu, dressé comme un défi aux autres religions qui se réclament du ciel. Bien avant que les minarets n'envahissent l'espace musulman, ce choix architectural constitue une innovation majeure. Le Dôme du Rocher « marque une nette rupture de continuité dans l'imaginaire collectif du premier islam [...]. En effet toute construction en hauteur, tout édifice de pierres destiné à durer au-delà d'une vie d'homme, y était vue comme une offense à la

1. Oleg Grabar, « L'art islamique et l'antiquité », entretien avec Corinne Bonnet, *Anabases*, 11, 2010, p. 210.

divinité et une marque d'orgueil incommensurable qui ne manqueraient pas de conduire à sa perte le groupe humain concerné[1] ». C'est un lieu de communication entre la terre et le ciel, thème que la littérature islamique a superbement mis en musique avec l'épisode du voyage nocturne du Prophète de La Mecque à Jérusalem – sans que jamais ces deux villes soient explicitement nommées.

Selon le verset 1 de la sourate XVII : « Gloire à celui qui a fait voyager de nuit son serviteur de la Mosquée sacrée à la Mosquée très éloignée dont nous avons béni l'enceinte, et ceci pour lui montrer certains de nos signes. – Dieu est celui qui entend et qui voit parfaitement », Denise Masson suit le texte arabe, sans intervenir davantage, mais elle éprouve le besoin d'ajouter en note à sa traduction une explication : « Cette Mosquée très éloignée pourrait symboliquement désigner le Paradis, mais on pense plutôt au Temple de Jérusalem où le Prophète Muhammad se vit transporté. » Alfred-Louis de Prémare ose une traduction plus littérale de ce verset énigmatique : « Gloire à celui qui fit voyager de nuit son serviteur du sanctuaire sacré au sanctuaire le plus éloigné dont nous avons béni le pourtour afin de lui faire voir nos signes[2]. » Profitant du mot *al-Aqsâ* qui signifie « lointain » élevé au rang de nom propre, on peut lire dans plusieurs traductions « autorisées » : « Gloire et Pureté à Celui qui de nuit fit voyager Son serviteur [Muhammad] de la Mosquée Al-Harâm [la Kaaba] à la Mosquée Al-Aqsâ [la lointaine] dont Nous avons béni l'alentour, afin de lui faire voir certaines de nos merveilles. » Plus prudente quant à l'identification de la Kaaba, la traduction d'André Chouraqui, pourtant marquée par son littéralisme exacerbé, se laisse tenter également par l'anachronisme : « Louange à celui qui a transporté

1. Jacqueline Chabbi, « L'islam des origines ; discontinuité historique et représentation religieuse », dans *Interventions sociales et faits religieux,* dir. Daniel Verba et Faïza Guélamine, Presses de l'École des hautes études en santé publique, 2014, p. 43-59.

2. Alfred-Louis de Prémare, *Les Fondations de l'islam, op. cit.,* p. 421

son serviteur, de nuit, de la Mosquée interdite à la Mosquée d'Al-Aqsâ. Le voici, Lui, l'Entendeur, le Voyant. » Ces précisions topographiques sont pourtant résolument étrangères au texte arabe du Coran – sans même ajouter que la référence aux deux sanctuaires introduit une rupture dans la versification des versets, ce qui pourrait donc être le symptôme d'une interpolation « peut-être à l'époque d'Abd al-Malik[1] ».

La Tradition musulmane a généralement fusionné le verset de la sourate XVII avec la sourate LIII selon lequel l'ange Gabriel avait transmis la Révélation au Prophète au cours de ce même voyage jusqu'au « lotus de la limite », l'arbre qui borne le paradis. Le Prophète aurait accompli son voyage nocturne sur le dos d'une monture fantastique nommée *Al-Burâq,* un cheval ailé à visage de femme, avec laquelle Abraham aurait autrefois rejoint son fils Ismaël à La Mecque. Mahomet aurait ainsi été emporté nuitamment depuis le Hedjaz jusqu'à Jérusalem. Là, le roc de la Fondation aurait été la planche d'appel de son ascension à travers les cieux, il y aurait d'ailleurs laissé l'empreinte de son pas...

Après avoir vu Adam, Jésus, Idris et tous les autres prophètes jusqu'à Abraham, Mahomet serait parvenu à atteindre le septième ciel où il aurait rencontré Dieu lui-même, qui lui prescrivit notamment l'obligation pour les croyants de réciter cinquante prières quotidiennes. Sur les conseils de Moïse, plus réaliste quant aux possibilités humaines, Mahomet par tractations directes avec Dieu aurait obtenu que ce chiffre soit finalement ramené à cinq prières par jour (mais qui équivalent à cinquante).

En observant les différentes traditions – toujours tardives – concernant le voyage nocturne, notamment dans *La Vie du Prophète* d'Ibn 'Ishâq (VIIIe siècle) ou chez Tabarî (IXe siècle), on peut parvenir au récit suivant : « Une nuit, alors qu'il dormait (chez lui ; ou près de la Kaaba), Muhammad est réveillé par des

1. Alfred-Louis de Prémare, *Les Fondations de l'islam*, *op. cit*, p. 422, n. 97, et p. 463, n. 253.

messagers (l'ange Gabriel est expressément nommé). On lui présente une monture fabuleuse et, monté sur elle, il s'envole de La Mecque vers Jérusalem. Là, il retrouve plusieurs grands prophètes, dont, selon les versions les plus courantes, Abraham, Moïse et Jésus. Tous y effectuent ensemble la prière rituelle derrière Mahomet, qui assume en l'occurrence la fonction éminemment symbolique d'imam. Puis Mahomet, toujours guidé par Gabriel, monte de ciel en ciel depuis l'endroit précis qui, à Jérusalem, relie les deux dimensions de l'univers. Il contemple le paradis et l'enfer. À chaque ciel, il rencontre un prophète qui en est comme le préposé. Au-delà du septième ciel, où il retrouve Abraham, il vit une rencontre en quelque sorte immédiate avec Dieu lui-même[1]. »

Bien avant que cela sous-tende un passage de *Finnegans Wake* de Joyce, le périple extraordinaire de Mahomet aurait largement inspiré *La Divine Comédie* de Dante. En 1919, l'Espagnol Miguel Asín Palacios, islamologue et prêtre catholique, fit scandale en exposant pour la première fois ce rapprochement entre le génie italien et la Tradition musulmane. Selon lui, la structure de *La Divine Comédie,* son fondement allégorique et ses images dérivent des modèles islamiques qu'on trouve dans l'eschatologie musulmane, précisément dans le récit du voyage nocturne du prophète Mahomet et son ascension au ciel. Quoi qu'il en soit, on peut constater que ce scénario magnifiant la montée au ciel du Prophète a irrigué la littérature, des grandes œuvres aux récits populaires. Avant Mahomet, aucun humain ne l'avait fait et personne ne l'a fait depuis : aux yeux de certains sites musulmans traditionalistes, cet événement démontrerait avec éclat la capacité illimitée de Dieu à accomplir des actes impossibles.

1. Pierre Lory, « Jérusalem ville sacrée dans la tradition islamique », *Politica hermetica,* « Les contrées secrètes », n° 12, L'Âge d'homme, 1998, p. 30-31.

Pour Pierre Lory, le récit signifie explicitement que Jérusalem est la porte du ciel ; elle ouvre la voie qui conduit au paradis, au nombril de l'univers, à l'origine du monde et au trône de Dieu. « Retenons en tout cas de ce récit du voyage nocturne un point décisif : si le culte extérieur des musulmans a lieu à La Mecque et nulle part ailleurs, le culte spirituel, celui qui prélude à la rencontre avec le divin, a eu lieu en rapport avec le sanctuaire de Jérusalem[1]. » Le rocher sur lequel le Dôme est construit, est celui sur lequel le Temple de Salomon s'élevait. C'est le rocher où Abraham voulut sacrifier son fils Isaac avant que Dieu retienne son bras. C'est le rocher sur lequel toutes les rivières, tous les fleuves du monde prennent leur source, le tabouret sur lequel reposaient les pieds de Dieu au moment de la création du monde.

En tout état de cause, il n'y a, directement ou indirectement, aucune référence au « Voyage nocturne » dans les inscriptions tant à l'intérieur qu'à l'extérieur du Dôme du Rocher. Si le monument avait prétendu célébrer un « événement » aussi mémorable, ce silence serait bien étonnant. De surcroît, le Dôme n'a jamais été nommé, au cours de l'histoire, « le Dôme de l'Ascension du Prophète ». C'est donc tardivement, lors des phases ultérieures d'élaboration de la *Vie du Prophète,* alors que le Dôme était construit depuis longtemps, que l'épisode du voyage céleste a dû entrer dans le Coran puis connaître la fortune que l'on sait dans le monde musulman.

Apparition de Mahomet

Si les carreaux de céramique qui recouvrent l'extérieur du Dôme datent de la conquête ottomane et remontent à Soliman le Magnifique au début du XVe siècle, la frise intérieure est d'origine. Elle a vraisemblablement été réalisée par des ouvriers

1. Pierre Lory, « Jérusalem ville sacrée dans la tradition islamique », art. cité.

chrétiens arméniens. C'est une inscription de deux cent quarante mètres de long en mosaïque dorée sur fond bleu, en écriture coufique qui surmonte les arcades autour de la galerie intérieure. Toutes les inscriptions semblent tirées du Coran ou sont d'inspiration coranique. Ces citations, comme celles du « Coran des pierres », ne sont pas nécessairement empruntées à la forme canonique du livre saint de l'islam. À l'instar des graffiti, elles pourraient attester au contraire que le texte du Coran n'est pas encore définitivement fixé au moment de l'érection du Dôme.

Mais c'est dans l'inscription du Dôme du Rocher que le nom de Mahomet apparaît enfin triomphalement à Jérusalem, en 691 ou en 692. « La rupture que l'on observe ici concernant la promotion de la figure de Mahomet comme "messager de Dieu sur lequel Dieu et ses anges prient", souligne Jacqueline Chabbi, constitue donc un écart important avec le statut d'homme que l'on peut dire métaphoriquement "sans qualités" qui avait forcément été le sien dans sa tribu. C'était son inspiration intrinsèque qui le distinguait, mais pas plus que celle d'un poète inspiré par son djinn, un sorcier ou un devin, figures auxquelles il fut d'ailleurs assimilé par ses adversaires[1]. » La *shahâda,* la profession de foi musulmane, est proclamée dans la forme qui est venue jusqu'à nous : « Il n'est de Dieu que Dieu. Il est unique et sans associé. À lui appartient la souveraineté, à lui la louange. Il fait vivre et il fait mourir, il est puissant sur toutes choses. » En même temps, l'inscription sacre Mahomet comme prophète : « Mahomet est le serviteur de Dieu et son Messager. En vérité Dieu et ses anges bénissent le Prophète. »

Dès lors la figure personnelle de Mahomet échappe à la réalité historique. Sa stature dépasse la simple humanité, devient exceptionnelle, hors du commun. Son nom devient l'objet de

1. Jacqueline Chabbi, « L'islam des origines », art. cit., *supra.*

formules de vénération tandis qu'il va être désormais indissociable et emblématique de l'islam.

C'est en somme l'intronisation officielle de Mahomet comme « Messager de Dieu et Sceau des prophètes ».

Les deux messagers

L'épigraphiste israélien Yehuda Nevo n'avait peut-être pas tort de parler d'« invention » de Mahomet par l'État musulman. S'il s'égarait certainement en niant l'existence historique du Prophète, indéniablement le rôle de l'inscription du Dôme du Rocher a été de proclamer la grandeur de Mahomet, de célébrer son rôle aux ordres de Dieu. C'est-à-dire, hors de l'histoire, d'inventer un autre Mahomet, le Mahomet qui sera celui de la foi.

Pourtant Mahomet n'est pas le seul prophète mentionné sur l'inscription du Dôme du Rocher. Un autre lui fait concurrence : Jésus. Six fois Mahomet apparaît nommément, Jésus cinq fois. L'inscription va jouer constamment de l'inversion des formules de célébration : parfois Jésus sera qualifié de « serviteur de Dieu et envoyé de Dieu », d'autres fois ce sera Mahomet qui sera « envoyé » puis « serviteur ». Ce qui sert à décrire Jésus sert tout autant à qualifier Mahomet. Les textes sont réversibles comme si les deux personnages n'étaient que les deux faces d'une même pièce.

Si l'on observe de plus près la manière dont Mahomet est présenté, il est frappant de constater que l'inscription ressasse l'incantation « *Mohammad rassoul Allah* » ; c'est-à-dire Mahomet est « l'envoyé de Dieu » : « Mahomet est l'envoyé de Dieu, que Dieu le bénisse » ; « Mahomet est l'envoyé de Dieu, en vérité que Dieu et ses anges bénissent le Prophète » ; « Mahomet est l'envoyé de Dieu, que Dieu le bénisse et ses anges » ; « Mahomet est l'envoyé de Dieu », etc., comme si le pouvoir voulait imposer une formule que les croyants devront désormais réciter et répéter.

Mais la désignation de Jésus fait comparativement l'objet d'une plus grande élaboration que celle réservée à Mahomet : « Le Messie, Jésus, fils de Marie, est messager de Dieu. Son verbe qu'il a jeté en Marie, un esprit émanant de lui. » Dans un autre passage, on lit : « Ô Dieu, bénis ton messager et ton serviteur, Jésus, fils de Marie, et protège-le du jour de sa naissance jusqu'au jour de sa mort où il sera ressuscité vivant. » Ou encore : « C'est lui, Jésus, fils de Marie, la parole de vérité de laquelle il doute. » Contrairement à ce que l'on pourrait attendre, les développements les plus élaborés d'une manière rhétorique sont ceux qui concernent Jésus. Quand il est dit : « Béni soit l'envoyé de Dieu, Dieu et ses anges bénissent le Prophète », certes il s'agit d'élever Mahomet et de lui donner l'ascendant sur Jésus, mais force est de constater que Jésus, explicitement ou implicitement, occupe une place singulière dans l'inscription. Ce qui indique peut-être que le personnage de Jésus était incontournable à l'époque d'Abd al-Malik ou que demeurait une hésitation quant à son statut dans l'islam naissant.

En favorisant la présentation du messie Jésus, fils de Marie au côté de Mahomet, en faisant de lui un « envoyé de Dieu » à part égale avec le Prophète, Abd al-Malik ménage les chrétiens, témoigne de son respect envers leur Messie, mais persiste à les convaincre d'adhérer à la nouvelle foi et d'accepter les termes de sa proclamation. De même que le texte accorde avec réserve le titre de « prophète » à Mahomet (décerné seulement une fois à l'occasion d'une bénédiction), il ramène sans cesse Jésus à sa condition humaine, lui déniant publiquement le fait d'être « le fils de Dieu », la troisième figure de la Trinité chrétienne : « Ô gens du Livre n'exagérez pas dans votre religion et ne dites sur Dieu que la vérité [...]. Croyez donc en Dieu et en ses messagers et ne dites pas “Trois” ! Cessez. Cela vaut mieux pour vous. Dieu est un Dieu unique. » Si elle célèbre Jésus, l'inscription de Jérusalem dit et redit haut et fort son hostilité à l'incarnation chrétienne.

Le raccourci théologique qu'affiche le Dôme du Rocher marque un fondement symbolique. Le choix de Jérusalem, même imposé par les circonstances militaires et politiques, est emblématique. L'inscription ne le dit pas aussi ouvertement, mais on doit comprendre que Mahomet prend la succession de Jésus. Le Dôme du Rocher symbolise la volonté de mettre sous tutelle le christianisme, religion dominante dans la région. Le Christ byzantin qui régnait jusque-là à Jérusalem comme à Byzance est destitué – comme le roi Richard II dans la pièce de Shakespeare : « Ainsi soumis, comment pouvez-vous me dire que je suis roi ? » (acte III, scène II). Jésus doit faire allégeance au nouveau pouvoir, à la nouvelle doctrine de foi. C'est à ce prix-là qu'il pourra subsister à l'intérieur de l'islam.

Désormais, la vérité révélée n'appartient plus ni aux chrétiens ni aux juifs (lesquels ne sont pas même évoqués, sauf par le truchement indirect de Jésus). Les « gens du Livre » sont disqualifiés pour avoir mal lu ou pour avoir falsifié les textes des précédentes révélations. La vraie foi monothéiste est désormais l'apanage des musulmans, ultimes détenteurs de l'élection divine. Il ne s'agit pas encore réellement de proclamer une nouvelle religion, mais d'affirmer que seul l'islam exprime la religion vraie ; la seule et unique religion voulue par Dieu. La parole transmise par le Prophète qui dévalue tous les autres livres. N'aurait-il pas dit à Hafsa, la fille d'Omar, que le Coran « suffit à l'exclusion de tout autre livre[1] ».

La centième hérésie

Une cinquantaine d'années après l'érection du Dôme du Rocher, un moine d'origine syrienne, le dernier Père de l'Église (il ne le devint qu'à la fin du XIXe siècle), Jean de Damas, dit Jean

1. Alfred-Louis de Prémare, *Les Fondations de l'islam, op. cit.*, p. 290.

Damascène (676-749), écrit sur la centième hérésie du christianisme que serait l'islam, qu'il ne cite jamais sous ce nom[1].

Jean Damascène fut haut fonctionnaire de l'État omeyyade. Avant lui déjà son père et son grand-père, tout en étant des chrétiens très attachés à l'orthodoxie du concile de Chalcédoine, avaient exercé de grandes responsabilités auprès des califes[2].

Mansour, le grand-père de Jean Damascène, fut responsable de l'administration fiscale de l'Empire musulman et devint donc « pratiquement responsable du financement de la conquête et de la guerre contre Byzance. Peut-être fut-il même à la tête de l'administration civile ». Son fils, le père de Jean Damascène (Serge ou, en arabe, Sarjûn ibn Mansûr), lui succéda dans ses fonctions officielles, alors que l'Empire s'étendait au Maghreb, à l'Irak, à la Perse, et devint l'ami intime du calife. Vers la fin du califat d'Abd al-Malik, Jean Damascène seconda son père. Il aurait notamment persuadé le souverain de renoncer à réemployer les pierres de l'église de Gethsémani pour reconstruire la mosquée de La Mecque.

Jean Damascène continua d'appartenir à l'entourage des deux califes suivants en exerçant toujours de hautes responsabilités. Vers 720, le nouveau calife décida d'islamiser son administration et chassa les chrétiens qui refusaient de se convertir. Jean Damascène, désormais sans fonction, entre au monastère Saint-Sabas, foyer intellectuel du christianisme melkite de langue grecque, et est ordonné prêtre.

Très bien informé de ce qu'il appelle « la doctrine des ismaélites », bon connaisseur du contenu du Coran qu'il cite en plusieurs passages dans son *Livre des hérésies,* Jean de Damas écrit à propos des Arabes (dont il parlait couramment la langue) : « À partir de

---

1. Jean de Damas, *Écrits sur l'islam*, présentation, commentaires et traduction par Raymond Le Coz, éd. du Cerf, « Sources chrétiennes », 2011.

2. Voir présentation de Jean Damascène par Raymond Le Coz dans *Écrits sur l'islam, op. cit.*, p. 46.

cette époque et jusqu'à nos jours, un faux prophète du nom de Mahomet s'est levé parmi eux qui, après avoir pris connaissance par hasard de l'Ancien et du Nouveau Testament, et de même fréquenté vraisemblablement un moine arien, fonda sa propre hérésie[1]. » On pouvait penser en effet que l'islam avait hérité d'une forme de christianisme antérieure au concile de Nicée, et certains ont continué longtemps à le croire, jusqu'au Moyen Âge, voire jusqu'à nos jours.

« Après s'être concilié la faveur du peuple en simulant la piété, poursuit Jean de Damas, il insinue qu'une écriture venue du ciel lui a été révélée par Dieu. Ayant rédigé dans son livre quelques doctrines risibles, il leur transmet cette façon d'adorer Dieu[2]. » La suite contient moins de pointes polémiques : « il dit qu'il y a un seul Dieu, créateur de toute chose, qu'Il n'a pas été engendré et qu'Il n'a pas engendré[3] ». Cela semble une paraphrase de l'inscription du Dôme du Rocher, voire une exégèse du Coran. Jean de Damas ajoute plus loin : « Ils nous appellent “associateurs”, parce que, disent-ils, nous introduisons au côté de Dieu un associé lorsque nous disons que le Christ est fils de Dieu et Dieu[4]. » Là se situe très précisément le point de rupture entre l'islam et le christianisme, sur la remise en cause de la nature même du Christ que Mahomet ne peut concevoir comme divine : « Selon ses dires, le Christ est le Verbe de Dieu et son esprit, mais il est créé et il est un serviteur. Il est né sans semence de Marie, la sœur de Moïse et d'Aaron. En effet, le verbe et l'esprit de Dieu sont entrés en Marie et ont engendré Jésus qui fut un prophète et un serviteur de Dieu[5]. »

Certainement Jean de Damas méprisait-il le Coran qui apparaissait à ses yeux d'un piètre niveau d'élaboration théologique. N'étant pas encore, en cette première moitié du VIIIe siècle,

1. Jean de Damas, *Écrits sur l'islam*, *op. cit.*, p. 211 et 213.
2. *Ibid.*, p. 213.
3. *Ibid.*
4. *Ibid.*, p. 217.
5. *Ibid.*, p. 213.

confronté aux grands théologiens musulmans qui se révéleraient plus tard, il déplore que « beaucoup d'autres absurdités dignes de rire sont rapportées dans cet Écrit[1] ». Écrivant une trentaine d'années après son départ forcé de Damas, l'amertume ne pouvait que guider sa plume et alimenter son ressentiment, révolté de constater que le loyalisme des élites chrétiennes avait été si mal récompensé par les califes. Son jugement, certes négatif, offre cependant une vue plongeante sur le Coran avant sa réunion en un seul livre.

Il est des plus symptomatiques de voir que la critique du Coran n'occupe qu'une vingtaine de pages dans toute l'œuvre de Jean Damascène (y compris *La Controverse entre un musulman et un chrétien* publiée après *Le Livre des hérésies*), alors qu'il multiplie d'abondance les écrits et les arguments contre les iconoclastes qui lui semblent alors un péril bien plus grand pour le christianisme que l'islam naissant.

Jean Damascène devait penser que la doctrine de Mahomet s'éteindrait, ou resterait très marginale comme toutes les hérésies les plus affreuses ou les plus simplistes qu'il recense dans son traité. Sans doute aurait-il eu raison si l'islam n'était devenu la religion officielle d'un empire. Une institutionnalisation que Jean Damascène, malgré son poste d'observation privilégié dans les hautes sphères de l'Administration omeyyade, n'avait pu concevoir.

Abd al-Malik ibn Marwân le fondateur

Même si le titre de calife va mettre du temps à s'imposer jusqu'à l'époque abbasside, l'un des plus importants poètes de l'époque omeyyade, Al-Akhtal (v. 640-710) (d'origine chrétienne du reste), aurait chanté en ces termes le panégyrique d'Abd al-Malik après sa victoire sur Ibn al-Zubayr : « C'est lui, le calife de

1. Jean de Damas, *Écrits sur l'islam*, *op. cit.*, p. 215.

Dieu. De lui nous attendons la pluie... Les descendants d'Umayya sont les soutiens de la justice, amis de l'honneur, magnanimes ; quand le danger les menace, ils l'attendent de pied ferme. Leur haute fortune ne les enfle pas : d'autres s'en seraient prévalus. Terribles dans leur colère, tant qu'on leur résiste, ils sont les plus cléments des hommes après la victoire [...] plus prompts que les vents à secourir les malheureux qui les implorent[1]. » Il créera une dynastie qui, à travers ses descendants, va régner plus d'un demi-siècle, plaçant aux principaux postes de pouvoir de l'Empire ses fils ou des membres de sa famille.

Entre Damas et Jérusalem, Abd al-Malik jalonne le territoire qu'il contrôle de bornes où l'on peut lire : « Au nom de Dieu le clément le miséricordieux, il n'y a pas d'autre dieu que Dieu, Il n'a pas d'associé, Mahomet est l'envoyé de Dieu. Abd al-Malik est l'émir des croyants[2]... » Le calife est l'artisan de la centralisation de l'Administration et de son arabisation. Les fonctionnaires ne s'expriment plus en pehlevi – la langue de l'Empire sassanide des Perses – ou en grec, c'est-à-dire la langue de Byzance, mais ils écrivent en arabe qui devient la langue officielle. Abd al-Malik crée une armée professionnelle, il renforce la fiscalité, officialise le statut de protégés, les *dhimmîs,* au bénéfice en particulier des juifs et des chrétiens, moyennant paiement d'un impôt, « l'impôt de capitation » qui leur vaut protection comme sujets de l'Empire.

Par ailleurs, Abd al-Malik crée une monnaie, une série de pièces d'or et d'argent, d'un type nouveau, dite par les numismates « au calife debout[3] » ; l'homme est représenté « avec une longue chevelure et une barbe, portant un voile qui ressemble à celui des Bédouins, une longue robe et un sabre[4] ». La formule

1. Cité et traduit par Marc Bergé, *Les Arabes. Histoire et civilisation des Arabes et du monde musulman des origines à la chute du royaume de Grenade racontée par les témoins,* Lidis, 1978, p. 217-218.
2. Cité par Françoise Micheau, *Les Débuts de l'islam, op. cit.*, p. 194-195.
3. *Ibid.*, p. 191.
4. *Ibid.*

célébrant Mahomet comme envoyé de Dieu cerne ce personnage dont on ne sait s'il représente le Prophète en armes ou le calife vainqueur de son ennemi Ibn al-Zubayr. Puis, peut-être parce que ces représentations choquèrent, la monnaie ne porta plus que le nom du Prophète et des formules coraniques. En revanche, c'est sur une monnaie frappée au nom d'Abd al-Malik qu'apparaît le titre de « calife d'Allah », lieutenant de Dieu sur terre[1].

Le règne d'Abd al-Malik verra s'achever le processus de fixation du texte qui va devenir le Coran officiel. On rapporte qu'il ordonna de détruire les exemplaires non conformes à la version établie à sa demande et sous son contrôle, comme avant lui Othmân dont la Tradition rapporte qu'il fit brûler trente et une copies du Coran qui divergeaient de la vulgate qu'il voulut établir. Contrairement à la Tradition musulmane, une majorité d'historiens estime aujourd'hui que c'est à Abd al-Malik que revient la paternité du Coran canonique. « On peut donc faire l'hypothèse que c'est sous son règne que deux corpus, une collection coranique et une collection de prescriptions légales, furent amalgamés pour constituer un Coran quasi définitif[2]. »

Le pouvoir politique doit obligatoirement apparaître comme un pouvoir sacral, donc détenir un texte qui justifie son existence. Face à la Bible hébraïque, face au Nouveau Testament, face aux codex des grands manuscrits, il est essentiel pour le Coran de tenir son rang, de se présenter comme un livre comparable aux autres non seulement par sa portée religieuse, mais aussi par sa taille et son volume. Dans ce but, Abd al-Malik finance de grandes copies manuscrites qu'il expédie aux quatre coins de son empire. Il faut se représenter le coût considérable au début du VIIIe siècle d'un manuscrit de quatre cents feuillets : des mois de travail de copistes, et le sacrifice d'un troupeau de

1. *Ibid.*, p. 186.
2. Alfred-Louis de Prémare, *Aux origines du Coran, op. cit.*, p. 93.

deux cents moutons pour fabriquer le parchemin nécessaire... Comme le dit Mohamed Ali Amir-Moezzi : « Dans ce contexte, le calife et d'autres hommes de pouvoir qui l'entouraient ne pouvaient pas ne pas être attentifs à cet aspect fondamental du pouvoir qu'est la maîtrise des croyances et le fait que celle-ci ne peut être effective qu'à travers la maîtrise et donc la codification des Écritures, surtout dans une société où les mouvements politico-religieux dissidents sont très nombreux. Un Livre scripturaire unique, indépendant des écritures antérieures, en l'occurrence celle des juifs et des chrétiens, codifié selon les dogmes étatiques, est la meilleure garantie de la sécurité doctrinale et donc politique[1]. »

C'est encore sous le califat d'Abd al-Malik que vont commencer à prendre forme les premiers hadîths et les récits de la *Vie du Prophète,* les éléments de la seconde source scripturaire de l'islam. On raconte même qu'Abd al-Malik aurait demandé au frère cadet du calife Ibn al-Zubayr, son rival, de lui rapporter quelques événements importants de la carrière de Mahomet au point qu'Urwa ibn al-Zubayr aurait été le premier à écrire sur le thème des Expéditions du Prophète... « Des passages de ces relations ont été exploitées par Tabarî, à travers une chaîne de transmetteurs, dont le dernier avant Urwa était le fils de celui-ci, Hishâm (al-Zubayr), et que l'historien a distribué par morceaux à travers le déroulement chronologiquement organisé de ses *Annales*[2]. »

Au IVe siècle, avec Constantin d'abord puis *in fine* avec Théodose, le christianisme devient la religion officielle et obligatoire de l'Empire romain, donnant à l'Église une place incomparable sous la figure déifiée de Jésus. Le christianisme né en Palestine, s'éloignant radicalement de son origine, triomphe à

1. Mohamed Ali Amir-Moezzi, *Le Coran silencieux et le Coran parlant,* CNRS Éditions, 2011, p. 83.
2. Alfred-Louis de Prémare, *Les Fondations de l'islam, op. cit.,* p. 387-388.

Rome et dans l'Empire. L'islam va connaître un dépaysement comparable et une pareille sanctification de sa figure majeure. À partir d'Abd al-Malik, en dehors d'Arabie, en dehors des sites historiques de La Mecque et de Médine, l'État devient islamique à Damas et plus tard à Bagdad, le Prophète est glorifié jusqu'à Jérusalem.

L'islam doit son succès fulgurant à la Conquête dont les buts premiers n'étaient pas spirituels mais territoriaux et économiques. Même si le mérite ne peut en revenir à lui seul, sous le règne du calife Abd al-Malik, l'islam, au nom du prophète Mahomet, signe son acte de naissance religieux, militaire et politique. Mahomet sauvé de l'oubli grâce au calife devient, entre Dieu et les croyants, l'intercesseur humain qui manquait jusque-là à la nouvelle doctrine. Grâce à Abd al-Malik, la figure de Mahomet accompagna la restauration du monothéisme, ce monothéisme coranique qui est, paradoxalement, redevable au double rôle que le Coran a accordé à Jésus, un Jésus qui permit de se démarquer des juifs qui l'avaient rejeté comme de se dissocier des chrétiens qui l'avaient défiguré.

Pour paraphraser Alfred Loisy (1857-1940) qui écrivait que « Jésus annonçait le Royaume et c'est l'Église qui est venue », on pourrait avancer que Mahomet annonçait la Fin des temps et qu'avec Abd al-Malik c'est l'islam qui est venu.

Glossaire

Abbassides : dynastie musulmane de 750 à 1258. En 750, les Abbassides mettent fin au règne des Omeyyades (*voir ce nom*) en remportant une victoire décisive à la bataille du Grand Zâb.

Al-Aqsâ : « mosquée lointaine », située à Jérusalem (*Al-Quds* la Sainte pour les musulmans) sur le mont du Temple, à côté du Dôme du Rocher.

Allah : terme arabe qui signifie « la Divinité par excellence ».

Antéchrist : faux messie apparaissant à la Fin des temps, ce qui explique pourquoi il est nommé « l'imposteur » en arabe, *le dajjal.*

Apocryphe : écrit « caché » ou « dont l'authenticité n'est pas établie ». Dans le christianisme, les apocryphes s'opposent aux « écrits canoniques », reconnus par la grande Église.

Apologétique : justification théologique ou philosophique pour défendre sa foi.

Ariens : partisans de la doctrine du moine Arius qui supposait une hiérarchie divine ; que le Fils (le Christ) est subordonné au Père (Dieu). Doctrine déclarée hérétique au concile de Nicée en 325.

Associateurs : ceux qui, dans le Coran, « associent » d'autres figures divines à Dieu, terme qui peut aussi bien désigner des chrétiens que des polythéistes. La notion s'étendra aux musulmans eux-mêmes qui pourraient associer des objets, des idées, des êtres ou des arrière-mondes à Dieu, reniant ainsi l'unicité de Dieu (*tawhîd*) qui fonde l'islam.

Bétyle : pierre sacrée pour les croyants. En islam, le bétyle de référence se trouve sur le mont Ararat, le lieu où Adam se serait retrouvé après la chute du paradis : il n'est pas adoré (ce qui serait de l'associationnisme).

Calife : littéralement « successeur », sous-entendu « successeur du Prophète ». Le calife a d'abord un sens spirituel. Le *khalifa* est étymologiquement en arabe le lieutenant, le vicaire, le représentant, sous-entendu le représentant de Dieu sur terre. Les quatre premiers califes sont nommés « les califes bien guidés » : Abû Bakr al-Siddîq (632-634), Omar ibn al-Khattâb (634-644), Othmân ibn Affân (644-656). Le quatrième calife est Ali, le cousin et le gendre de Mahomet (656-661).

Chiisme : tendance religieuse de l'islam se revendiquant d'Ali, le cousin et le gendre du prophète Mahomet. Les chiites ou *shî'a 'Alî* (partisans d'Ali) sont considérés comme des hérétiques par la frange la plus extrémiste des sunnites.

Christologie : réflexion théologique concernant la figure du Christ.

Circumambulation : rite antique de procession autour d'un lieu sacré. Ce rituel constitue le cinquième pilier de l'islam.

Coran : terme utilisé comme nom propre et comme nom verbal, soit pour désigner l'ensemble des textes réunis dans le Livre saint des musulmans, soit l'acte lui-même de les lire ou de les réciter. Le Coran est censé contenir la Parole de Dieu telle qu'elle a été révélée à Mahomet.

Dénégateur : terme péjoratif, littéralement « celui qui occulte la vérité après l'avoir reçue ». Les juifs sont traités de « dénégateurs » (*kâfir*), même si ailleurs dans le Coran les fils d'Israël sont désignés comme les porteurs de la vraie foi.

Djinns : génies parfois bienfaisants, parfois malfaisants. D'après le Coran, qui intitule une sourate de leur nom, les djinns sont des créatures composées de « feu sans fumée », au contraire de l'homme qui est composé d'argile et des anges qui sont composés de lumière. Ils vivent dans une autre dimension que les humains, mais peuvent entrer en contact avec eux.

Docétisme : du grec *dokein,* « paraître », hérésie chrétienne du début du christianisme pour laquelle le Christ, du fait de sa nature divine, ne pouvait pas réellement mourir sur la croix, que ce n'était qu'une illusion.

Dôme du Rocher : sanctuaire bâti sur l'emplacement de l'ancien temple de Salomon à Jérusalem sous le règne d'Abd al-Malik (neuvième calife). Il fut achevé en 691-692. Sa frise intérieure, une inscription de 240 mètres, fait voisiner les noms de Mahomet et de Jésus « serviteurs de Dieu ».

Ébionites : membres d'une secte judéo-chrétienne.

Elkasaïtes : membres d'un mouvement religieux judéo-chrétien baptiste qui attendent la Fin des temps.

Eschatologie : qui concerne la Fin des temps et le Jugement dernier.

Esprit : *rûh* dans le Coran, est assimilé au souffle de Dieu, celui qu'il insuffle à Adam comme à Jésus pour leur donner vie.

Évangiles : récits chrétiens canoniques ou apocryphes. Le mot est toujours employé au singulier dans le Coran : l'Évangile, la Bonne Nouvelle.

Fitna : guerre civile.

Gnostique : qui atteint le salut par la connaissance. Il existe une gnose juive, une gnose chrétienne et une gnose musulmane, notamment à travers le soufisme.

Gentils : les non-juifs.

Gens du Livre : désigne dans le Coran les autres monothéistes, dont la révélation s'appuie également sur un livre sacré, essentiellement les juifs et parfois les nazaréens.

Hadîth : paroles attribuées au prophète Mahomet ou récit de sa vie et de ses actions. Recueils publiés environ deux siècles après sa mort. La *Sîra* (*voir ce mot*) et le *Hadîth* forment la Tradition musulmane, la *Sunna*.

Hanîf : dans le Coran, désigne les fidèles à la religion des origines, celle révélée par Dieu à Abraham et à laquelle les juifs puis les chrétiens auraient été infidèles.

Hégire : exil, émigration ; en arabe *hijra,* marque le départ de La Mecque et l'arrivée à Médine (*Yathrib*) du prophète Mahomet, banni par sa tribu. Cet événement date le commencement de l'ère musulmane le 24 septembre 622.

Hérésie : doctrine non conforme à une religion établie.

Heure : moment précis de la Fin des temps. Dans le Coran, Jésus est « le signe de l'Heure ».

Herméneutique : interprétation des textes.

Hedjaz : ouest de la péninsule Arabique, où se trouvent les territoires de La Mecque et de Médine.

Himyar : royaume du Yémen.

Hypocrites : *munâfiqûn,* terme péjoratif désignant les faux croyants, indécis et perfides. Le mot peut tout aussi bien désigner les chrétiens ou les juifs que les polythéistes, voire les musulmans de façade.

Ignorance : désigne la période où les musulmans sont dans l'ignorance de l'unicité de Dieu et de la révélation coranique.

Ignorants : païens, polythéistes.

Incrédulité : terme appliqué non seulement à ceux qui n'ont pas la foi, mais aussi à ceux qui refusent de croire aux enseignements de Mahomet.

'Isâ : nom de Jésus dans le Coran. Il est présent dans une dizaine de sourates comme « Fils de Marie », « Messie », « Messager de Dieu », « Verbe de Dieu ».

Islam : nom verbal d'*aslama* (se soumettre) avec comme participe *muslim* (celui qui se soumet). Le vrai croyant est celui qui se soumet à Dieu. L'islam, comme terme pour désigner la religion musulmane, est apparu postérieurement.

Ismaélites : descendants d'Ismaël, fils d'Abraham et d'Agar, sa servante, ancêtres présumés des Arabes.

Kaaba : édifice cubique construit à La Mecque, sanctuaire le plus important de l'islam, protégeant la Pierre noire sacrée.

Kérygme : profession de foi chrétienne proclamant que Jésus est né, mort et ressuscité.

Lectionnaire : livre liturgique chrétien contenant les extraits de textes religieux à lire ou à réciter à l'occasion des offices.

Mahdî : « sauveur » attendu par les musulmans à la Fin des temps tel qu'annoncé par certains hadîths. Équivalent du « Paraclet » de la tradition chrétienne.

Mahomet : nommé en arabe Muhammad ou Mohammed, est considéré comme Prophète (*nabî*) et Messager (*rassûl*). Selon la Tradition musulmane, il serait né à La Mecque vers 570 et mort à Médine en 632.

Marie : mère de Jésus (*'Isâ*), Maryam en arabe, seul personnage féminin dont le nom est cité par le Coran. La sourate XIX lui est consacrée. Nommée également « sœur d'Aaron », elle réunit en une seule trois figures : la figure juive (la Myriam sœur de Moïse et d'Aaron), la Marie de Nazareth (mère de Jésus) et la Maryam coranique.

La Mecque : ville d'origine de Mahomet à l'ouest de l'Arabie Saoudite, elle abrite la Kaaba (*voir ce terme*) dans la mosquée Al-Harâm (« La Grande Mosquée »). C'est la ville sainte la plus sacrée de l'islam, interdite aux non-musulmans.

Médine (anciennement *Yathrib*) : ville où Mahomet vint s'installer en 622 après avoir reçu, selon le Coran, l'ordre de Dieu de quitter La Mecque. Mahomet y fonda la première communauté musulmane (la *Oumma*) dont il devint non seulement le prophète, mais le législateur et le chef de guerre.

Messie : titre exclusivement attribué à Jésus dans le Coran où c'est une manière de le désigner mais sans lui attribuer le rôle chrétien de « Rédempteur » ni le rôle juif de « roi-prêtre ». Dans la Tradition musulmane, c'est lui qui revient à la Fin des temps tuer l'Antéchrist, le *Dajjâl,* l'imposteur, le menteur, et ainsi instaurer le temps de la paix et de la justice.

Midrash : commentaire oral d'un passage biblique et développement d'un nouveau récit à partir de ce commentaire.

Monophysisme : doctrine considérant que le Christ est de nature humaine et divine en une seule personne.

Musulman : celui qui se soumet à Dieu ; l'islam est la religion de ceux qui se soumettent à Dieu.

Mutazilisme : école de penseurs rationalistes dans l'islam (VIIIe siècle) soutenant que le Coran était une œuvre créée ; les mutazilites sont opposés aux traditionalistes.

Nestorianisme : doctrine du moine Nestorius qui défendait l'idée qu'il y avait deux personnes distinctes dans le Christ : une personne humaine (morte sur la croix), une personne divine (immortelle).

Nazaréens ou **nazôréens** : secte judéo-chrétienne. Dans le Coran, le mot « nazaréens » (*nasârâ*) est souvent traduit par « chrétiens ».

Omeyyades : première dynastie musulmane qui régna pendant près de quatre siècles avant d'être renversée en 750 par les Abbassides, la deuxième dynastie musulmane. C'est pendant le règne des Omeyyades qu'eurent lieu les grandes conquêtes de l'islam.

Parole : *kalima,* ce terme recouvre trois significations particulières dans le Coran ; c'est par excellence la parole divine (qui peut être comprise comme un ordre), les sentences du Coran lui-même et la parole de Dieu transmise par les prophètes.

Pseudépigraphes : écrits sous le nom d'un autre. Textes juifs écrits du IIe siècle avant notre ère jusqu'au IIe siècle après. Tradition non canonique.

Polythéistes : païens, ceux qui vénèrent plusieurs dieux.

Prophète : celui qui, inspiré par Dieu, transmet sa parole pour délivrer aux hommes la loi à laquelle ils doivent se soumettre pour être en accord avec lui.

Puissance : c'est l'expression du pouvoir absolu de Dieu à qui rien n'est impossible, qui donne la vie et la reprend par sa seule volonté.

Qibla : direction de la prière, dans un premier temps orientée vers Jérusalem puis vers la Kaaba de La Mecque.

Quraychites : nom de la tribu mecquoise dont le prophète Mahomet est originaire.

Rabb : dans le Coran, le *rabb* prend le sens de « Seigneur » ; le terme qui peut désigner le dieu tutélaire d'une tribu s'applique à Allah, le Dieu unique pour les musulmans

Révélation : selon le Coran c'est la grâce accordée à Mahomet, d'avoir reçu *via* l'ange Gabriel la parole de Dieu avec mission de la transmettre.

Saint-Sépulcre : appelé aussi basilique de l'Anastasie, c'est le monument chrétien à Jérusalem où est vénéré le tombeau du Christ.

Shahâda : formule fondamentale de la foi musulmane, énonçant qu'il n'y a de dieu que Dieu et que Mahomet est son prophète.

Salafisme : doctrine politico-religieuse fondamentaliste.

Signes (en arabe, *aya ou ayât*) : à la fois « versets » et « signes », manifestations irréfutables de la volonté de Dieu, de sa puissance et de la grâce qu'il accorde aux croyants.

Signes diacritiques : points permettant de distinguer les voyelles en étant placés au-dessus ou en dessous de la lettre. Peuvent aussi désigner des sons spécifiques.

Sîra an-nabawīya : biographie de Mahomet écrite par Ibn Ishâq (mort vers 768), elle ne nous est parvenue que sous la forme de la version remaniée par Ibn Hishâm (mort v. 830).

Sourates : chapitres du Coran. Le Coran est constitué de 114 sourates, classées par ordre décroissant, de la plus longue à la plus courte, sans aucun souci de chronologie.

Sunna : traditions du prophète Mahomet attestées par le *Hadîth* (*voir ce mot*). Règles selon lesquelles le musulman doit régler sa conduite rituelle, morale et sociale.

Sunnisme : courant majoritaire de l'islam, son nom renvoie à la *Sunna*, la tradition prophétique transmise par les hadîths.

Tafsîr : commentaires exégétiques du Coran. Le plus célèbre est celui de Tabarî (IXe-Xe siècle).

Talmud : commentaires cultuels, législatifs, éthiques et symboliques de la Bible hébraïque.

Targoum : interprétation orale des livres saints.

Tradition : on appelle Tradition musulmane le *Hadîth* (paroles attribuées au Prophète) et la *Sîra* (biographie de Mahomet) mise par écrit au IIIe siècle de l'hégire.

Traditionniste : en islam, le traditionniste est le théologien spécialisé dans la « science du *Hadîth* », celui qui connaît par cœur plusieurs dizaines de milliers de hadîths, leur généalogie et les méthodes pour discerner entre eux les différentes catégories.

Torah : Bible hébraïque.

Versets : paragraphes du texte du Coran ou de la Bible.

Vulgate othmanienne : version officielle du Coran, réputée avoir été établie par le troisième calife (579-656) ; texte de référence du monde musulman.

Wahhâbisme : fondé sur la doctrine de l'imam Ibn Abd al-Wahhab (mort en 1792), mouvement politico-religieux qui s'est développé essentiellement à partir du XIXe siècle, alliant le littéralisme et le rigorisme, et s'opposant à toute innovation. Intégrisme sunnite, doctrine officielle de l'Arabie Saoudite.

Yathrib : ancien nom de Médine.

Zoroastrisme : religion monothéiste de la Perse, prophétisée par Zarathoustra, dont le nom a été transcrit Zoroastre par les Grecs. Les musulmans considéraient les zoroastriens comme faisant partie des « gens du Livre ».

Repères historiques

Les données historiques concernant la vie de Mahomet sont tirées principalement de la Tradition musulmane, le Hadîth *et la* Sîra, *mise par écrit environ deux siècles après la mort du Prophète. C'est à ce titre que sont indiquées la plupart de ces données, comme points de référence.*

Vers 570	Naissance de Mahomet à La Mecque.
Vers 610	Premières révélations coraniques.
610	Avènement d'Héraclius, exarque (gouverneur) d'Afrique qui entre à Constantinople, fait exécuter l'empereur et monte sur le trône. Il transforme l'Empire romain d'Orient en Empire byzantin.
Vers 612	Début de l'apostolat de Mahomet.
622	Mahomet proclame un Dieu unique contre les croyances des notables de sa tribu. Il est chassé de La Mecque et émigre à Yathrib (future Médine). Le 24 septembre 622 marque l'an I de l'hégire. Selon le calendrier lunaire islamique, date de la naissance officielle de l'islam.
623	Mahomet élabore à Médine « la constitution de Médine », destinée à surmonter les conflits entre les habitants (juifs et polythéistes). Cela aboutit à leur faire former la *Oumma* (première communauté musulmane). Sa décision d'orienter la prière non plus vers Jérusalem mais vers La Mecque provoque la rupture avec les juifs de Médine.
624	Mahomet et sa communauté attaquent et pillent les caravanes mecquoises. Première bataille gagnée par

	Mahomet. Selon la Tradition, cette bataille de Badr, le 17 mars 624, porte le nom de *Jour décisif*.
625	Bataille d'Uhud entre Mecquois et Médinois. Défaite de Mahomet.
627	Bataille des fossés. Les Mecquois, renforcés par des Bédouins, parviennent presque à s'emparer de Médine. Massacre par les partisans de Mahomet des Banû Qurayza, tribu juive de Médine (plusieurs centaines de morts).
630	Conquête de La Mecque par Mahomet en janvier. L'aristocratie mecquoise, divisée, évite l'épreuve de force en se soumettant avant de se convertir. Après cinq ans de guerre sainte, Mahomet rentre victorieux à La Mecque. Enfin accepté, il fait le tour de la Kaaba et détruit les trois cents idoles qui l'ornent. La plupart des habitants se convertissent à l'islam. L'empereur romain byzantin Héraclius écrase l'Empire perse et son roi Chosroès. Héraclius rétablit la frontière de l'Euphrate. Il réinstalle la relique de la « vraie Croix » à Jérusalem.
632	Mahomet, quelques mois avant sa mort, conduit le premier pèlerinage à La Mecque (*hajj*). Mort du prophète à Médine.
632-634	Califat d'Abû Bakr. Début des conquêtes arabes dans trois directions : l'Afrique du Nord, Numidie et Mauritanie, les pays du Levant, l'Égypte. Les Arabes entreprennent la conquête de la Perse et de la Syrie. Premières recensions du Coran. Une lutte s'engage entre Byzance et les Arabes.
634	Victoire des troupes d'Abû Bakr sur les Byzantins à Ajnaydan (Palestine). Mort d'Abû Bakr.
634-644	Califat d'Omar, deuxième successeur de Mahomet.
636	Nouvelle victoire sur les Byzantins, conquête de Damas et occupation de la Syrie et de la Palestine. Les Arabes réussissent à détruire l'armée d'Héraclius près du Jourdain puis s'emparent de la Syrie (Antioche), de la Palestine et de l'Égypte.
636	Victoire sur les Byzantins et installation des Arabes en Syrie-Palestine (Damas).
637	Défaite des Perses contre les Arabes à la bataille de Qâdisiyya.

637	Prise de Jérusalem par les troupes d'Omar. Les reliques chrétiennes sont déplacées à Constantinople. Victoire sur les Perses, les musulmans s'emparent de la capitale Ctésiphon.
639-641	Conquête de la Mésopotamie.
642	Prise de Dvin, la capitale arménienne ; les Byzantins évacuent Alexandrie en Égypte.
644	Assassinat d'Omar et début du califat d'Othmân.
647-649	Incursion arabe en Cappadoce, en Phrygie, à Carthage. Ils débarquent à Chypre.
Vers 650	Établissement de la vulgate othmanienne. Othmân fait détruire toutes les autres copies du Coran (par exemple les copies conservées par les épouses du Prophète) pour que ne subsiste qu'une seule version du texte sacré, la sienne.
656	Assassinat d'Othmân à Médine. Ali, cousin et gendre du prophète, est désigné comme calife. Il est aussitôt contesté par le cousin d'Othmân, Mu'âwiya, gouverneur de Damas, qui l'accuse d'avoir pris part à l'assassinat de son cousin. Mu'âwiya dispose d'une armée et déclenche une guerre civile entre Ali et ses partisans…
657	Bataille de Siffîn entre Ali et le Syrien Mu'âwiya. Au moment où ses troupes vont être défaites, Mu'âwiya demande l'arbitrage qu'Ali accepte. Les hostilités cessent et un arbitrage est organisé par une commission. Certains partisans d'Ali refusent l'arbitrage et sortent de la communauté, ce sont les kharijites (de *khâraj*, sortir). Première dissidence de l'islam.
661	Assassinat d'Ali en pleine prière à l'aube, par un fanatique kharijite (an 41 de l'hégire). Fin du califat dit de la Rectitude spirituelle. Le principe de succession dynastique écarte irrévocablement les descendants d'Ali, le cousin et gendre du Prophète. Mu'âwiya, fondateur de la dynastie des Omeyyades, se fait élire calife à Jérusalem (679). Il installe un système dynastique copié sur le modèle byzantin. Construction d'un empire. Les partisans d'Ali (en arabe *shî'a 'Alî*) poursuivent le combat et seront dénommés chiites. Mu'âwiya et les siens, restés fidèles à la Tradition, la *Sunna*, seront qualifiés de sunnites ou *ahl al-Sunna*, les gens de la Tradition.
661-750	Califat omeyyade, poursuite des conquêtes en Iran.
674	Siège de Constantinople par les Arabes.

680	Deuxième guerre civile. Fondation du parti chiite (fidèles d'Ali, gendre de Mahomet) qui développe une opposition clandestine et refuse son allégeance au nouveau calife. Yazîd Ier bat et tue l'imam Hussein, le deuxième fils d'Ali à la bataille de Kerbala (jour de deuil et lieu de pèlerinage des chiites).
684	Abd-Allâh ibn al-Zubayr se déclare calife de La Mecque. Marwân Ier devient calife de Damas. Bataille de Marj Râhat.
685-705	Califat d'Abd al-Malik ibn Marwân, en rivalité avec celui d'Abd-Allâh ibn al-Zubayr. Mort de Marwân. Abd al-Malik devient calife de Damas. Bataille de 'Ain al-Wadâ.
685	L'empereur Justinien II, fils de Constantin IV et de sa femme Anastasie, est le dernier représentant de la dynastie héraclide. Il règne de 685 à 695, puis de 705 à 711.
685-686	Mukhtâr se déclare calife de Koufa.
687	Bataille de Koufa entre les armées de Mukhtâr et d'Abd-Allâh ibn al-Zubayr. Mukhtâr est tué.
690-691	Achèvement de la construction du Dôme du Rocher à Jérusalem. L'inscription portée sur la frise intérieure mentionne les noms de Mahomet et de Jésus.
691	Bataille de Dayr al-Jaliq. Koufa tombe entre les mains d'Abd al-Malik.
692	Chute de La Mecque. Mort au combat d'Ibn al-Zubayr. Abd al-Malik devient l'unique calife. Établissement de la version définitive du Coran
696	Le calife Abd al-Malik impose l'arabe comme langue administrative. Constitution de la grammaire arabe.
704	Raid musulman en Sicile.
711	Les musulmans s'emparent de Gibraltar, Cordoue, Tolède, en Espagne.
712-714	Conquête musulmane progressive de l'Asie centrale.
732	Les musulmans sont vaincus à Poitiers par Charles Martel.
750-1258	Califat des Abbassides (sunnites). Bagdad devient le centre politique, culturel et économique d'un immense empire, dont le morcellement commencera à se produire au IXe siècle en même temps que l'affaiblissement du pouvoir des Abbassides au profit de leurs vizirs et des gouverneurs régionaux.

Index

Bibliographie sommaire

Sahîh Muslim (six volumes traduits en français), Al-Hadîth Édition, 2012.

Sahîh al-Bukhârî (cinq volumes traduits en français), Al-Qalam, 2009.

Ibn Hisham, *Abrégé de la vie du Prophète,* traduit de l'arabe et édité par Wahib Atallah, Fayard, 2004.

Ibn 'Ishâq, *La Vie du Prophète Muhammad,* 2 vol., traduit et présenté par Abdurrahmân Badawi, éd. Albouraq, 2006.

Al Sirâ, le Prophète de l'islam raconté par ses compagnons, traduit de l'arabe et présenté par Mahmoud Hussein, Pluriel, 2011.

Dictionnaire du Coran, sous la direction de Mohamed Ali Amir-Moezzi, Robert Laffont, « Bouquins », 2007.

Écrits apocryphes chrétiens, t. I, sous la direction de François Bovon et Pierre Geoltrain, Gallimard, « Bibliothèque de la Pléiade », 1997.

Écrits apocryphes chrétiens, t. II, sous la direction de Pierre Geoltrain et Jean-Daniel Kaestli, Gallimard, « Bibliothèque de la Pléiade », 2005.

Évangile de Barnabé, fac-similé, traduction et notes par Luigi Cirillo et Michel Frémaux, 2e éd., Beauchesne, 1999.

Homélies clémentines, introduction et traduction d'Albert Siouville, préface Christian Jambet, Verdier, 1991.

Jean de Damas, *Écrits sur l'islam,* présentation, commentaires et traductions de Raymond Le Coz, éd. du Cerf, « Sources chrétiennes », 2011.

Tabarî, *La Chronique. Histoire des prophètes et des rois,* t. I et II, traduit du persan par Hermann Zotenberg, Actes Sud/Sindbad, 1984 et 2001.

TOLAND, John, *Le Nazaréen ou le christianisme des juifs, des gentils et des mahométans,* traduction française publiée à Londres (sous le nom de Jean Toland), 1777.

Judaïsme, christianisme et islam, Didier Devillez Éditeur/Institut d'études du judaïsme, Bruxelles, 2010.

AMIR-MOEZZI, Mohamed Ali, *Le Coran silencieux et le Coran parlant,* CNRS Éditions, 2011.

ANDRAE, Tor, *Les Origines de l'islam et le christianisme* (1923-1925), traduit de l'allemand par Jules Roche, Maisonneuve, 1955.

AZAIEZ, Mehdi, et MERVIN, Sabrina (éd.), DÉROCHE, François, IMBERT, Frédéric, NEUWIRTH, Angelika, GILLIOT, Claude, CHABBI, Jacqueline, BOISLIVEAU, Anne-Sylvie, AZAIEZ, Mehdi, *et al., Le Coran, nouvelles approches,* CNRS Éditions, 2013.

BERNHEIM, Pierre-Antoine, *Jacques, frère de Jésus,* Albin Michel, 2003.

BLACHÈRE, Régis, *Le Coran,* PUF, « Que sais-je ? », 1966.

BLANCHETIÈRE, François, et HERR, Moshe David (éd.), *Aux origines juives du judéo-christianisme,* Cahiers du Centre français de Jérusalem, diffusion Peters, 1993.

BOWERSOCK, Glenn, *Le Trône d'Adoulis,* traduit de l'anglais par Pierre-Emmanuel Dauzat, Albin Michel, 2014.

CASANOVA, Paul, *Mohammed et la fin du monde. Étude critique sur l'islam primitif,* Librairie Paul Geuthner, 1911.

CERBELAUD, Dominique, *Marie, un parcours dogmatique,* éd. du Cerf, 2004.

CHABBI, Jacqueline, *Le Seigneur des tribus. L'islam de Mahomet,* Noêsis, 1997.

–, *Le Coran décrypté. Figures bibliques en Arabie,* Fayard, 2008.

DANIEL, Norman, *Islam et Occident,* traduit de l'anglais par Alain Spiess, éd. du Cerf, 2007.

DJAÏT, Hichem, *La Vie de Muhammad,* t. I et II, Fayard, 2007-2008.

DOUSSE, Michel, *Marie la musulmane,* Albin Michel, 2005.

DYE, Guillaume, et NOBILIO, Fabien (éd.), *Figures bibliques en islam,* EME, 2011.

DYE, Guillaume, « La théologie de la substitution du point de vue de l'islam », dans *Judaïsme, christianisme et islam,* Didier Devillez Éditeur/Institut d'études du judaïsme, 2010.

FILIU, Jean-Pierre, *L'Apocalypse dans l'islam,* Fayard, 2008.

GALLEZ, Édouard-Marie, *Le Messie et son prophète,* t. I et II, éd. de Paris, 2005-2012.

GILLIOT, Claude, « Le Coran, production littéraire de l'Antiquité tardive ou Mahomet interprète le "lectionnaire arabe" de La Mecque », *Revue des mondes musulmans et de la Méditerranée,* 2011.

GLOTON, Maurice, *Jésus fils de Marie dans le Coran selon l'enseignement d'Ibn Arabî,* éd. Al Bouraq, 2006.

GNILKA, Joseph, *Qui sont les chrétiens du Coran ?,* Cerf/MediasPaul, 2008.

GOLDZIHER, Ignaz, *Études sur la tradition islamique,* traduit par Léon Bercher, Maisonneuve, 1984.

GRABAR, Oleg, *La Formation de l'art islamique,* Flammarion, 2000.

– *Penser l'art islamique,* Albin Michel, 1996.

KHALIDI, Tarif, *Un musulman nommé Jésus,* traduit de l'anglais et de l'arabe par Jean-Louis Bour, Albin Michel, 2003.

KROPP, Manfred, *Cours au Collège de France,* 2007-2008.

LEMONON, Jean-Pierre, « Les judéo-chrétiens : des témoins oubliés », *Cahiers Évangile,* éd. du Cerf, 2006.

MEDDEB, Abdelwahab, *La Maladie de l'islam,* Seuil, 2002.

–, *Contre-prêches. Chroniques,* Seuil, « La couleur des idées », 2006.

MICHEAU, Françoise, *Les Débuts de l'islam. Jalons pour une nouvelle histoire,* Téraèdre, 2012.

MIMOUNI, Simon Claude, *Le Judéo-christianisme ancien,* éd. du Cerf, 1998.

NAGEL, Tilman, *Mahomet. Histoire d'un Arabe, invention d'un prophète,* traduit de l'allemand par Jean-Marc Tétaz, Labor et Fides, 2012.

OLENDER, Maurice, *Les Langues du Paradis. Aryens et sémites : un couple providentiel,* Seuil, « Points Essais » n° 294, 2002.

PREMARE, Alfred-Louis de, *Les Fondations de l'islam. Entre écriture et histoire,* Seuil, « L'Univers historique », 2002.

–, *Aux origines du Coran,* Téraèdre, 2004.

ROBIN, Christian Julien, « Quel judaïsme en Arabie ? », dans ROBIN, Christian Julien (éd.), *Le Judaïsme de l'Arabie antique* (Judaïsme antique et origines du christianisme, I), Brepols, 2015.
SIMON, Marcel, *Verus Israël,* éd. de Boccard, 1983.
SFAR, Mondher, *Le Coran, la Bible et l'Orient ancien,* éd. Sfar, 1998.
STROUMSA, Guy, *Le Rire du Christ,* Bayard, 2006.
–, « Judéo-christianisme et origine de l'islam », Communication à l'Académie des inscriptions et belles lettres, *Comptes-rendus des séances,* janvier-mars 2013, diffusion de Boccard, 2013, p. 489-519 ; « Jewish Christianity and Islamic Origins », version complétée dans *Islamic Cultures, Islamic Contexts. Essays in Honor of Professor Patricia Crone*, Brill, 2015, p. 72-96.

Remerciements

Les auteurs tiennent à exprimer toute leur reconnaissance aux chercheurs qu'ils ont interrogés pour la réalisation de leur série *Jésus et l'Islam* (7x52') :

Mohammad Ali Amir-Moezzi (École pratique des hautes études), Aziz Al-Azmeh (Central European University, Budapest), Mehdi Azaiez (Department of Theology and Religious Studies, KU Leuven, Belgique), Dominique Cerbelaud (abbaye de Boscodon), Jacqueline Chabbi (Université Paris-VIII) Abdelmajid Charfi (Université de la Manouba, Tunisie), Patricia Crone (Institute for Advanced Study, Princeton), François Déroche (Collège de France), Hichem Djaït (Académie tunisienne Beit Al-Hikma), Guillaume Dye (Université libre de Bruxelles), Emran El-Badawi (University of Houston), Claude Gilliot (Université d'Aix-Marseille), Sidney H. Griffith (The Catholic University of America), Asma Hilali (The Institute of Ismaili Studies, Londres), Frédéric Imbert (Université d'Aix-Marseille), David Kiltz (Berlin-Brandenburgische Akademie der Wissenschaften), Yousef Kouriyhe (Freie Universität Berlin), Michael Marx (Berlin-Brandenburgische Akademie der Wissenschaften), Suleiman Ali Mourad (Smith College), Angelika Neuwirth (Freie Universität Berlin), François-Xavier Pons (EEChO, Civilisations proches-orientales), Gabriel Said Reynolds (University of Notre Dame, États-Unis), Christian Julien Robin (CNRS, Académie des inscriptions et belles lettres), Guy Stroumsa (Hebrew University of Jerusalem et University of Oxford), Shawkat M. Toorawa (Cornell University, États-Unis), Holger Zellentin (The University of Nottingham).

Ils remercient tout particulièrement Guy Stroumsa, Guillaume Dye, Mehdi Azaiez, ainsi que Odile Conseil, Sibylle Mazot, Éric Stemmelen.

Ils expriment leur gratitude à Denis Freyd et à Maurice Olender.

Table

Des mêmes auteurs

Corpus Christi
Enquête sur l'écriture des Évangiles
Mille et Une Nuits/Arte éditions, 6 vol., 1997-1998

Jésus contre Jésus
Seuil, 1999
et « Points Essais », n° 608, 2008

Jésus, illustre et inconnu
Desclée de Brouwer, 2001
et Albin Michel, 2004

Jésus après Jésus
L'origine du christianisme
Seuil, 2004
et « Points Essais », n° 533, 2005

Jésus sans Jésus
La christianisation de l'Empire romain
Seuil, 2008
et « Points Essais », n° 648, 2010

DE GÉRARD MORDILLAT

Vive la Sociale !
Mazarine, 1981
Vive la Sociale ! revu et corrigé...
Seuil, « Point Virgule », 1987, et « Points », n° P1383, 2005

À quoi pense Walter ?
Calmann-Lévy, 1987
et Seuil, « Point Virgule », 1988

L'Attraction universelle
Calmann-Lévy, 1990, 2006 ;
« Le Livre de poche », 1993
et Libra Diffusio, 2009

Les Cinq Parties du Monde
Éditions Mazarine, 1984
et « Le Livre de poche », 2012

Célébrités Poldèves
(avec Gilles Aillaud et Eduardo Arroyo)
Éditions Mazarine, 1984

Zartmo
Calmann Lévy, 1994 (hors commerce), 2004

Béthanie
Calmann-Lévy, 1996
et « Le Livre de poche », 1998

Le Retour du permissionnaire
Éditions La Pionnière, 1999

La Grande Jument noire
Les cheminots dans l'aventure du siècle
Éditions de La Martinière, 2000

Vichy-Menthe
Eden éditions, 2001

Madame Gore
(illustrations de Bob Meyer)
Eden éditions, 2001
Grand prix Humour noir

L'Ombre portée
(dessins de Patrice Giorda)
Éditions La Main parle, 2002

Rue des Rigoles
Calmann-Lévy, 2002
et « Le Livre de poche », 2004

Les Rudiments du monde
(photographies de Georges Azenstarck)
Eden éditions, 2002

Yorick
Eden éditions, 2003
Yorick
(illustrations d'André Faber)
Libertalia, 2013

Comment calmer Mr Bracke
Calmann-Lévy, 2003
et « Le Livre de poche », 2005

C'est mon Tour
(avec Jean-Marie Catonné, Éric Fottorino
et Jean-Bernard Pouy)
Eden éditions, 2003

Douce Banlieue
(avec Frédérique Jacquet)
Éditions de l'Atelier, 2005

Les Vivants et les Morts
Calmann-Lévy, 2005
et « Le Livre de poche », 2006
Grand Prix RTL/Lire

Scandale et Folies
Neuf récits du monde où nous sommes
Seuil, « Points », n° P1849, 2007

Notre part des ténèbres
Calmann-Lévy, 2008
et « Le Livre de poche », 2009

Les Invisibles
(photographies de Joël Peyrou)
Éditions de l'Atelier, 2010

Rouge dans la brume
Calmann-Lévy, 2011
et « Le Livre de poche », 2012

Subito Presto
Calmann-Lévy, 2011 (hors commerce)

Le Linceul du vieux monde
Le Temps qu'il fait, 2011

Il n'y a pas d'alternative
Trente ans de propagande économique
(avec Bertrand Rothé)
Seuil, 2011

Jésus le naze
Colophon, 2012

Ce que savait Jennie
Calmann-Lévy, 2012
et « Le Livre de poche », 2014

Xenia
Calmann-Lévy, 2014
et « Le Livre de poche », 2015

Le Miroir voilé
Et autres écrits sur l'image
Calmann-Lévy, 2014

Pignon-Ernest : prisons
Galerie Lelong, 2014

Sombres Lumières du désir
Le Temps qu'il fait, 2014

La Boîte à ragoût
Éditions La Pionnière, 2015

La Brigade du rire
Albin Michel, 2015

DE JÉRÔME PRIEUR

Nuits blanches
Essai sur le cinéma
Gallimard, « Le Chemin », 1980

Séance de lanterne magique
Gallimard, « Le Chemin », 1985

Le Spectateur nocturne
Les écrivains au cinéma, une anthologie
Éditions des Cahiers du cinéma, 1993

Guerre éclair
Éditions La Pionnière, 1997

Petit Tombeau de Marcel Proust
Éditions La Pionnière, 2000

Proust fantôme
Gallimard, « Le Promeneur », 2001
et « Folio », 2006

Tous les objets sont des sphinx
Éditions La Pionnière, 2002

La Fabrique des doubles
(photographies de Gérard Macé)
La Pierre d'Alun, 2006

Roman noir
Seuil, « La Librairie du XXIe siècle », 2006

Babylone 1900
Éditions La Pionnière, 2008

Rendez-vous dans une autre vie
Seuil, « La Librairie du XXIe siècle », 2010

Le Mur de l'Atlantique
Monument de la Collaboration
Denoël, 2010

Ingres en miroir
Le Passage/Musée Ingres, 2012

Marcel avant Proust
suivi de Marcel Proust, *Le Mensuel* retrouvé
Éditions des Busclats, 2012

Une femme dangereuse
Le Passage, 2013

RÉALISATION : NORD COMPO À VILLENEUVE-D'ASCQ
IMPRESSION : CPI
DÉPÔT LÉGAL : NOVEMBRE 2015. N° 117206-2 (132580)
Imprimé en France